本书为

中宣部2019年宣传思想文化青年英才自主选题项目资助成果

国家社科基金国家应急管理体系建设研究专项"我国应对重大公共危机的实践经验和制度优势研究"（项目编号：20VYJ003）的阶段性研究成果

国家社科基金重大项目"西方民主制度与国家治理困境研究"（项目编号：20ZDA109）的阶段性研究成果

樊鹏 等 著

新技术革命与国家治理现代化

中国社会科学出版社

图书在版编目（CIP）数据

新技术革命与国家治理现代化 / 樊鹏等著. —北京：中国社会科学出版社，2021.2
ISBN 978 - 7 - 5203 - 7369 - 2

Ⅰ.①新… Ⅱ.①樊… Ⅲ.①国家—行政管理—现代化管理—研究—中国 Ⅳ.①D630.1

中国版本图书馆 CIP 数据核字（2020）第 186971 号

出 版 人	赵剑英
责任编辑	周晓慧
责任校对	刘 念
责任印制	戴 宽

出　　版	中国社会科学出版社
社　　址	北京鼓楼西大街甲 158 号
邮　　编	100720
网　　址	http://www.csspw.cn
发 行 部	010 - 84083685
门 市 部	010 - 84029450
经　　销	新华书店及其他书店
印刷装订	北京明恒达印务有限公司
版　　次	2021 年 2 月第 1 版
印　　次	2021 年 2 月第 2 次印刷
开　　本	710×1000　1/16
印　　张	17.5
插　　页	2
字　　数	225 千字
定　　价	79.00 元

凡购买中国社会科学出版社图书，如有质量问题请与本社营销中心联系调换
电话：010 - 84083683
版权所有　侵权必究

项目顾问（按姓氏拼音排序）

房　宁　中国社会科学院政治学研究所研究员
胡鞍钢　清华大学国情研究院教授
孔　丹　中信改革发展研究基金会理事长
凌　岩　虎什哈塞北学堂教师
潘　维　北京大学国际关系学院教授
王绍光　清华大学苏世民书院、公共管理学院教授
杨　平　《文化纵横》杂志社主编
杨学军　《中央社会主义学院学报》执行主编
张树华　中国社会科学院政治学研究所所长
张维为　上海复旦大学中国研究院院长

作者名录（按章节顺序）

王绍光　清华大学苏世民书院、公共管理学院教授
樊　鹏　中国社会科学院政治学研究所研究员
张　源　中共中央党校（国家行政学院）科学社会主义教研部副教授
鄢一龙　清华大学公共管理学院副教授
魏南枝　中国社会科学院美国研究所副研究员
李立敏　清华大学历史系博士研究生
孟天广　清华大学社会科学学院政治学系长聘副教授
赵　娟　清华大学社会科学学院政治学系博士后
赵金旭　清华大学社会科学学院政治学系博士后
张楠迪杨　中国人民大学公共管理学院副教授
彭成义　中国社会科学院世界经济与政治研究所副教授
吕　鹏　中国社会科学院社会学研究所研究员
刘　学　中国社会科学院社会发展战略研究院助理研究员
马玉春、方荣平　中国社会科学院 MPA 中心在读研究生
文　野　美团公司事务平台运营官

目　　录

绪　论　新技术革命、超级权力与治理变革 ……………………（1）
　　一　超级权力 ……………………………………………（3）
　　二　治理契机 ……………………………………………（9）
　　三　风险考验 ……………………………………………（13）
　　四　未来展望 ……………………………………………（21）

政治影响

第一章　新技术革命与国家理论 …………………………………（25）
　　一　现代政治学的基石 …………………………………（25）
　　二　新技术革命的挑战 …………………………………（30）
　　三　国家垄断时代的结束 ………………………………（37）
第二章　新技术公司与政治变革 …………………………………（38）
　　一　大型新技术公司的崛起 ……………………………（38）
　　二　新技术公司的政治影响 ……………………………（41）
　　三　新技术驱动的政治变革 ……………………………（49）
　　四　结语 …………………………………………………（56）
第三章　新技术环境下的政治安全 ………………………………（58）
　　一　新技术环境的政治内涵 ……………………………（59）
　　二　政治安全风险的的几种形态 ………………………（61）

· 1 ·

三　探寻数字化时代的新型治理工具 …………………………… (66)
　　四　理论工具和理论视角的思考 …………………………… (70)
第四章　新技术革命与全球社会运动 …………………………… (74)
　　一　技术因素成塑造政治发展的重要变量 …………………… (74)
　　二　新技术在新兴社会运动中的运用 ……………………… (76)
　　三　新技术介入社会运动的政治影响 ……………………… (81)
　　四　结论与启迪 …………………………………………… (86)

经济社会

第五章　新科技革命与社会生产力 …………………………… (91)
　　一　科技与社会生产力的内在关系 ………………………… (91)
　　二　新科技革命推动下的社会生产力变革 ………………… (97)
　　三　社会生产力变革的内在张力 ………………………… (101)
　　四　以社会主义制度优势推动新科技和生产力发展 ……… (107)
第六章　新技术发展与新计划经济 ………………………… (110)
　　一　新计划经济 VS. "新鸟笼经济" ……………………… (111)
　　二　市场经济条件下的"国家计划" ……………………… (113)
　　三　基于计划的总量平衡调控 …………………………… (114)
　　四　保持高广义积累率，激活公共投资需求 …………… (115)
　　五　探索开放产权，让共享的真正共享 ………………… (117)
　　六　推行基本公共消费制度 ……………………………… (117)
第七章　新技术革命与经济全球化 ………………………… (119)
　　一　新技术革命的"非中性"特征 ………………………… (119)
　　二　新技术与经济全球化的相互影响 …………………… (123)
　　三　"资本+新技术"与全球治理分化 …………………… (126)

第八章	新技术革命与"数据暴力"	(131)
一	新技术与新暴力	(131)
二	组织要素的数据化	(132)
三	控制模式的技术化	(135)
四	平台式的沟通机制	(137)
五	走向"万物互联"的后勤体系	(139)
六	数据暴力的诞生	(142)

公共治理

第九章	大数据应用与智能化社会治理	(147)
一	大数据时代的社会治理	(147)
二	大数据驱动的社会治理理论创新	(149)
三	智能化社会治理的概念内涵与系统要素	(153)
四	智能化社会治理的体系构建与实现路径	(157)
五	讨论与结论	(162)
第十章	区块链技术与治理变革	(164)
一	区块链的来源、本质与创新	(166)
二	区块链重塑宏观政府治理结构	(170)
三	区块链带来的政府治理模式创新	(175)
四	区块链创新政府治理体系的限度与挑战	(178)
五	结论	(180)
第十一章	区块链技术与政务服务	(182)
一	区块链政务服务：信息时代的政府再造	(182)
二	区块链及核心技术特性	(184)
三	政务服务场景下的区块链技术应用与架构	(187)
四	区块链技术赋能政务服务	(194)

五　"去中心"与"多中心"的行政权力重构 …………………（196）
　　六　前景与挑战 ………………………………………………（197）
第十二章　新技术革命与中国政府信息公开 ……………………（199）
　　一　新技术革命的特征 ………………………………………（199）
　　二　政府信息公开的制度及实践 ……………………………（201）
　　三　新技术革命背景下中国政府信息公开面临的挑战 ……（204）
　　四　新技术革命背景下中国信息公开的机遇 ………………（206）

典型案例

第十三章　数字公益：科技支撑的社会治理创新样本 …………（213）
　　一　科技与数字公益新潮流 …………………………………（214）
　　二　数字公益创新治理样本 …………………………………（215）
　　三　数字公益的社会治理效能 ………………………………（218）
　　四　数字公益的革新方向 ……………………………………（220）
第十四章　政企协同：新冠肺炎疫情防控中的新技术
　　　　　　企业参与 ……………………………………………（223）
　　一　新技术企业参与疫情防控总体情况 ……………………（223）
　　二　对危机治理与公共管理模式的影响 ……………………（229）
　　三　影响新技术治理的制度因素分析 ………………………（236）
　　四　未来展望 …………………………………………………（239）
第十五章　科技向善：美团"抗疫"的实践案例 …………………（243）
　　一　有温度的科技数字化 ……………………………………（243）
　　二　不可替代的数字化生态 …………………………………（249）
　　三　液态社会的"流动正义" ………………………………（257）
　　四　武汉团战：医生闯烽火，我们送粮草 …………………（261）
　　五　互联网企业如何履行社会责任 …………………………（268）

绪 论

新技术革命、超级权力与治理变革[*]

在第四次工业革命背景下,人工智能、区块链、云计算、5G和大数据等新一代信息技术的快速发展与融合,使得当今社会正在发展成为一个物理与数字、线上与线下高度融合的世界。数字化基础设施和数字化产业生态所构成的"新基建",将促进更多领域和更多行业的数字化转型和智能升级。与此同时,伴随着以互联网承载的新技术融合为核心利器的新技术企业群体的加速崛起,新一代数字技术的应用向更广泛的领域延伸,如今,颠覆性科技的触角几乎延伸到人类物质和精神生活所能企及的所有空间,新兴技术在经济、政治、社会、文化乃至大众心理结构与精神秩序等方面,每时每刻都产生着重大而深远的影响。

新技术的运用不仅彻底地改变了生产、管理体系,颠覆了几乎所有国家的所有行业,深刻地改变了经济社会资源的配置方式和使用效率,而且在社会和政治领域所产生的颠覆性影响更加值得注意。新技术应用大大加速了社会结构变革与"再组织化"过程,改变了政治权力的传统特征与运行方式,从而在很大程度上改变了所有政治主体的行动能力与机会结构。技术在公共领域的使用,从一定意义上来看极大地丰富了公共治理的工具,与此同时也几乎让政府的所有公共行为

---

[*] 本绪论部分内容首发于《人民论坛》2020年第2期,原标题为"新技术时代国家治理的新方向",这里作了拓展。本绪论写作还受到了中国信息通信研究院人工智能网络研究工程师刘姿杉博士的协助,她为本绪论写作提供了丰富的材料和极有意义的观点。

同技术组织的运营密切结合起来。新技术革命以及新技术在公共治理领域的广泛应用，为国家治理体系各领域的改革创新提供了巨大的历史契机，但新技术的使用同当下政治运行规则之间的冲突也是显而易见的，所有重大技术的出现在行政和政治领域都会导致某种放大性选择，其影响的深度和广度几乎超越了统治结构自身的涵纳能力。

本书作为一部系统研究新技术革命与国家治理现代化的书籍，旨在结合新一轮技术革命的最新进展与相关理论研究，重点探讨新技术的行政意义与政治影响，研究新技术环境下如何更好地加强技术协同并改善数字化治理。由于作者大部分是从事社会科学研究或教学的，本书大部分内容更加倾向于政治学的思考和社会科学的分析，属于新技术环境下"治道"的探究，但少部分内容也会涉及行政层面"治术"的讨论。本书由"绪论"和15章内容组成，共同关心的问题是，随着新技术广泛融入经济社会运行，它们对于社会和国家治理将带来哪些新的问题和新的挑战？新兴技术在行政与政治领域的应用，同公共管理体系和国家行政权力的广泛深度融合，将为治理领域的改革提供哪些重要契机？将在哪些重要方面和重点环节带来革命性的变化？

值得注意的是，在新技术时代，站在国家对面的，不再完全是一个个由传统资本主义和大工业经济形式揉碎了的公民"个人"，或由国家和传统工业企业组织起来的"市场"和"社会"，而是结合了资本、技术、权力的数字化垄断技术帝国和"超级权力体"，以及因它们而产生的更为复杂的经济、社会结构和一系列现象级的新生社会和政治物种。

本书也将关注以下问题：以当下新技术的广泛应用以及包括中国在内的新技术企业和技术巨头的发展为代表的新生的社会和政治物种如何展现出"超级权力体"的诸多面相？这些对于国家治理产生了以及将会产生何种重要影响？面对这样一个影响力日益扩大的技术组织群体，作为现有的政治形态和治理体系，统治行为和国家行为将以何种本能反应应对这样一个新事物和新问题？2020年抖音国际版Tiktok在美国遭遇前所未有的制裁和打压，是不是可以作为理解国家与技术巨头关系的一个版本？应当如何预估未来主权国家、强势政府同技术企业的合作与对抗？围绕单中心的权力结构与多中心的治理需求之间的关系，如何进行一次符合政治学逻辑的思考与推演？这些问题无疑构成了全新的政治学问题，它们成为本书将要探讨研究的主题。

一　超级权力

中国是新一轮技术革命创新应用的大国，阿里巴巴、腾讯、百度、滴滴出行等大型新技术公司以极快的速度登上经济社会舞台。中国不仅拥有全球最大的"独角兽"新技术企业群体，发展中的小型科技公司和创业组织等，无论其数量规模还是潜在技术能力，在世界范围内都是屈指可数的，融资源源不断，创新披荆斩棘。中国社会不仅是新技术企业成长的乐土，也是自身的国家治理受新技术因素影响范围较广、程度较深的国家之一。从世界范围来看，新技术企业的加速崛起以及新技术的广泛应用，在行政和政治领域都产生了巨大影响，它不但改变了传统国家行政主体权力运行的环境，而且重塑了公共行政和国家治理的条件和资源，在许多重要领域，新技术企业凭借其强大的技术能力和无可匹敌的社会功能，正在加速介入社会治理与国家治理。2020年初以来，随着新型冠状肺炎病毒疫情的爆发，国内新技术企业群体空前介入疫情防控，利用大数据管理、科技算法、远程呈现等技术优势，在线索收集、远程诊疗、分布式管理、保障物资供应链良好运转、对接国际救援资源等方面，发挥了极为重要的作用，这更让世人惊叹于国内新技术企业的强大能力，以及新技术因素在危机防控和公共治理方面的巨大潜力，同时从决策者到大众也开始以更加宽容的心态接受技术企业作为广义社会管理者的角色。然而，在一般的意义上，新技术及其技术企业代表了技术革命环境下的某种超级权力，其特质决定了新技术的应用和新技术企业的崛起具有更加复杂的面相和影响。

（一）重新定义国家的概念与理论

现代政治学有许多重要概念，但最核心的概念可能莫过于"国家"。可以说，围绕国家的概念与理论在很大程度上构成了现代政治学的丰富体系，但是正如任何理论都有它的条件和前提一样，"国家"的概念与理论同样拥有特定的历史前提和技术条件。本书的出发点在于向读者阐明，第四次工业革命和新技术的发展，正在重新定义"国家"这样一个事物。王绍光教授在本书的第一章就提出"离开了国家这个概念，几乎没法讨论现代政治学中的任何问题"。政治学中的关键概念和主要议题都与国家概念丝丝相扣。

然而，传统国家的所有概念和内涵均建立在一个非常显而易见的事实基础上，即国家的一切权力建立在对由具体物质构成的暴力垄断之上，"正当使用暴力"的垄断性权力和权威是国家权力得以实现的基础。然而，新技术革命最重要的特点是数字化，几乎所有事物本身或其特征都可被数字化、信息化，换句话说，在新技术革命条件下，出现了不具物理形态、无形的暴力。不仅暴力，连同国家休戚相关的战争、疆域等概念的内涵、外延同样发生了深刻变化，国家权力本身的概念内涵随之被颠覆。

王绍光教授的分析旨在说明，伴随着概念与理论内涵的瓦解，国家这种组织形态本身在新一轮技术革命的环境下可能面临着根本性的挑战，关于"国家垄断"的时代至少需要打个问号。本书第二章的部分分析也试图说明，20世纪以来政治学的许多理论和假设，均建基于20世纪的大工业时代，在技术革命发生后，伴随着工业结构和社会经济生产方式的深刻变化，原有的建基于20世纪大工业时代的政治学理论、基础和前提可能都要发生很大变化。

（二）经济发展环境与市场监管任务的重塑

第四次工业革命正在重新定义商业、市场和市民文化，新技术所提供的方案，正在以加速度几何式增长的方式同广泛的社会经济生活对接，衍生出复杂的社会生产形态。在创新驱动下，平台型经济巨头加速崛起，新型的经济形态和业态呈现出去实体化、虚拟性的特点，在一个可见的时期内，大量经济行为会在一个并无清晰边界的范畴内运行。例如滴滴出行、蚂蚁金服、菜鸟物流等新型社会组织配置方式和金融资本的运行模式等,大大超前于现有的政府管制体系和政策范畴,大量创新实验得以在监管空隙间游走而免除了必要的合规成本,甚至游走于无数个缺乏有效的行政权力覆盖的新领域,技术巨头的"侵犯式"经济试验与政府传统监管体系的被动因循之间的攻防之势,形成了鲜明对比。

作为互联网技术支撑下的新型经济形态的另一个重要特点,是更多的市场主体获得了行动能力,出现更多微观交易行为,而作为监管方的政府则失去了更多"微观权力",衍生出更多的信息不对称,更多的市场主体具备了参与投机和"搅局"的能力,极大地增加了政府的监管成本,政策制定者难以对变革施加影响。政府正面临着一个极端不确定的社会组织形式和商业组织形态,传统社会主体的行动边界正在无极限地拓展,相应来说,政府管制的传统监管工具则不断萎缩。从政治学上说,这在某种意义上进入了一种"行政权失效"的状态——一个我们过去没有认真考虑过的现象,即在政府能力所不及的地方产生出了新的商业组织形态和无数个体与机构的复杂交易行为。本书将这种现象概括为某种政治安全缺失的状态,具体分析详见本书第三章,这是迄今为止比较少有的关于新技术环境下政治安全的一个崭新视角的讨论。

(三)数字化技术再造核心社会基础设施

经济社会生活都建立在不同的空间基础上,更依赖于特定的基础设施。新技术时代区别于传统社会和大工业时代的最显著标志是,经济社会运行所赖以发生的基础设施供给的主体和结构正在发生重大变化,传统基础设施未必全面解体,但是已经由主体结构降为次级结构,取而代之的是由新技术巨头掌控的数字化的新型基础设施。2016年10月,阿里巴巴集团第一次提出了"五新"发展战略——新零售、新制造、新金融、新技术、新能源。其基本含义是,互联网已经成为经济社会发展的基础设施,云计算、大数据、物联网的加速推进将对传统生产供给、消费需求模式做出重新定义。在这个"五新"战略实施短短几年以来,我们看到云计算、大数据、物联网已经代表了一种新样态的发展基础设施,而其终端就掌握在几个庞大的技术巨头手中。美国社交媒体脸书公司(Facebook)计划在2020年发行的数字货币"Libra"(天秤币),也是对传统经济基础设施的颠覆,尽管对现行主权国家主导的强势货币体系构成了系统性风险,乃至于各国监管机构对其提出质疑,但是由技术巨头部分分享货币发行权可能只是时间问题。

从2020年初开始,国家关于加速开展"新基建"的指导思想已经十分明确,指导性文件层出不穷。"新基建"是区别于旧基建而言的,主要指涉建基于科技端的基础设施建设。根据官方的定义,"新基建"主要包含5G基建、特高压、城际高速铁路和城际轨道交通、新能源汽车充电桩、大数据中心、人工智能、工业互联网七大领域。温晓君总结认为,目前国家正在开展的新型基础设施建设所涵盖的领域主要包括四个方面:一是算力基础设施,包括与生产、生活、社会运行相关的算力中心、算法平台和算据库,如数据中心、超算中心、云计算中心、AI算法云平台、互联网云中心等;二是信息网络基础设施,包括基于新一代信息技术演化生成的信息通信网络,如5G、物联网、工业互联网、卫星互联网等;三是行业应用基础设施,主要指面向行业应用场景构建的融合型基础设施,如面向智慧交通的车路协同基础设施,面向生产制造的工业互联网基础设施,面向广播电视领域的超高清采编播基础设施等;四是平台公益型基础设施,主要指支撑科学研究、技术研发、产品测试、系统验证的具有公益属性的重大科技基础设施、科教基础设施、产业技术创新中心、协同中心、测试平台和测试场等。[①]

同传统基建项目中国家和政府扮演的角色相比较(例如对"铁公机"的投资),尽管政府仍然在"新基建"中扮演着关键角色,然而新技术研究机构、技术企业和其他类型的技术组织在其中扮演着更为重要的先导角色。在新的社会危机防控和公共治理中,"新基建"将成为实施治理的核心基础设施和治理工具,凭借技术公司提供的新型

---

① 参见温晓君《新基建助推经济转型升级和社会治理创新》,《新经济导刊》2020年第2期。

技术平台和治理工具，公共危机防控和社会治理的精准化进程将大大提速，各类智能化公共系统将投入共建共享，社会治理将实现数字化与智能化的升级转型。

以 2020 年初爆发的新冠肺炎疫情的防控为例。新技术企业利用自身优势，不仅为疫情防控和管理提供了必要的数据支撑和技术支撑，而且确保了疫情防控期间全国数亿人口的线上生活和社会平稳运行，预示着新技术巨头掌控的数字化管理能力将重塑社会基础设施。本书的案例分析部分将通过三章内容详细介绍数字化如何助力公共危机防控与社会治理，正如我们每一位公众在 2020 年所经历的那样，疫情期间中国的互联网公司各显神通，百度成为公众获取权威信息和知识的主要入口；科大讯飞为启动重大突发公共卫生事件一级响应的省市地区提供了智能输入终端服务；阿里巴巴凭借着强大算力和人才基础，在病毒的全基因组检测分析方面开展研究；京东、菜鸟物流等科技公司围绕疫情物资采购、生产、物流、服务等，持续迭代上线信息化模块，发挥全球供应链和科技支撑的组织效力，广泛调动国内外运力资源。阿里健康投入巨资推动线上呈现，着力缓解线下医疗资源紧张局面；百度、美团等公司利用海量数据的实时爬取、整合和分析能力，及时对接线上用户需求；阿里巴巴、腾讯和字节跳动等技术公司，向全国超过 1000 万家企业免费开放了在线远程办公系统。新技术巨头掌控的数字化新型基础设施，意味着未来更多的公共安全问题和复杂性社会治理问题，将同技术公司休戚相关，后者将成为重要的社会功能主体和新型的社会"稳定器"。

这个逻辑并不仅仅发生在经济社会领域，在政治和文化宣传等领域，技术巨头所提供的基础设施的意义甚至更为显著，影响更为深远。本书第二章将会系统地分析一个具有重大政治意义的现象：今天的政府系统似乎丧失了大规模快速动作的能力，如果缺乏新技术巨头的支持，好的和坏的政策似乎都难以被高效执行，同传统的国家权力做比较，新技术力量似乎拥有更加独特的能力和优势。信息收集和低级别传送是百度和新浪的职能，而行业的大规模运行能力及数据叠加是阿里巴巴、腾讯、滴滴出行的职能，后者积累了强大的高技术行政能力,这种能力可能会逐步向统治结构的行政体系转移,但是需要付出极高的时间成本和交易成本。

(四) 分割政府角色和公共管理职能

在传统政治学和公共管理中,政府处于公共服务的中心,然而,伴随着新技术的发展,公共服务的供给主体和形式正在发生革命性的变化。新技术公司凭借云计算、人工智能等新技术陆续接管了大量政府公共管理职能,政府的组织形态将随之改变,许多行政部门政策执行的核心职能,将逐步被弱化甚至被加速替代。新技术在某些领域的使用,甚至已经让政府的所有公共行为和企业运营紧密地纠缠在一起了。在社会统计、交通、通信等公共服务领域,技术公司的产品正在替代传统的政府角色和市场主体。

今天,政府仍然是公共产品的最大提供者,但是新兴技术巨头正在分割原有的政府功能,切割那些传统政府合法性赖以生成的绩效。这也意味着传统政治体系中被认定为政府享有垄断权的诸如公共产品供给、社会意见的吸纳以及利益的整合等功能,都可能由技术巨头部分参与或完全享有。随着数字革命和人工智能技术的进步,未来可能有更多政府职能将被新技术方案或新技术机构革新或替代。例如,时下广受热议的区块链技术,其应用已由开始时的金融延伸至包括政府管理在内的广泛领域,未来可能为各类事务提供登记服务,包括出生、死亡、财产、学历、婚姻等证明,一切以代码形式进行的交易行为都可由区块链技术加以登记。随着这项新技术的发展,不久的将来新技术公司所掌控的动态大数据极有可能取代传统的政府人口普查。

(五) 政治运行与社会组织规则的改变

从全世界范围来看,新技术巨头并不满足于参与一般性的社会服务,它们凭借着强大的技术能力直接参与了政治过程,发生在英美等西方国家的一些事情,让我们看到了过往政治学从未触及的政治现象。在特朗普的总统选举中,我们看到"剑桥分析"作为一个技术公司是如何深度介入美国选举的。此外 Facebook、Google、Twitter 也都深度介入了政治过程，新技术公司同政治的联合已经是政治生活中的现象级事件。哈佛大学的一项研究揭示出，在48个国家发现了有组织的社交媒体操纵团队。一些政府机构和政党正在利用社交媒体平台传播垃圾新闻和虚假信息。

因互联网和新技术赋权所改变的不仅是市场领域的复杂交易、权力结构以及政府—市场关系，它对于社会"再组织化"过程的推动以及政治空间的改变，也是显而易见的。传统政治空间的核心特征是组织的稳定性、国家能力或行政能力，但技术赋权使社会呈现出更复杂的组织形态和行动特征，甚至催生出一些人们尚未认识到的现象级的政治物种，对此，传统国家有时并没有有效的工具加以及时了解和管治，但技术巨头却拥有了解、掌控这一切的能力。

在2019年中国香港特别行政区发生的暴乱中，暴徒使用了Telegram、连登社区等新兴技术交流工具，使得这次运动同以往相比，去中心化的特点表现得更为显著。一方面，各种隐匿的行动主体的行为互动和运动发酵方式更为复杂多变，另一方面，传统的政治力量在香港失语、失效，旧有的政治玩家和交易方式不起作用，无论是旧势力和旧的交易对象，还是新势力的发展，在政治上的影响都变得愈发不清晰，这是跟新技术的兴起发展密不可分的。那些不为我们所认识和理解的组织形式，其背后依靠的显然是强大的西方技术巨头的干预和支持。对此，本书的第四章围绕新技术应用与社会运动的关系，提供了更为详尽的分析和叙述。

二 治理契机

新技术企业的广泛参与，在经济社会层面必将产生一系列连锁反应，对经济社会的长期运行产生了重大影响。

（一）社会生产力与生产方式的转型

新一轮科技革命和产业变革是21世纪的重大时代潮流，推动了社会生产力水平呈指数式增长和生产形态的颠覆性变革，这体现在劳动对象由物质资料变为海量数据，生产工具由机器系统变为信息物理体系，劳动者由产业工人变为数字劳工，社会结合方式从"流水线""格子间"变为"在线零工"。本书第五章作者张源指出，上述事实挑战了我们对于社会生产力性质的界定、对于替代劳动的认识，以及对于如何更好地赋能劳动者的预期。她进而从世界社会主义发展史的角度指出，历次科技革命与社会发展都是相互促进、彼此推动的。当下应当将社会主义"置于现实的基础之上"，发挥制度优势，努力推动新科学技术的发展及其在经济和社会领域的有效运用，借势推进经济领域落实社会主义诸理念的系统改革，推进国家治理体系和治理能力与时俱进，进而推动社会主义在21世纪焕发出强大的生机活力。

2020年6月，中国移动董事长杨杰在GSMA万物生晖大会上评论了当前经济社会的数字化转型进程，他认为，这一进程呈现出"五纵三横"的新特征，其中"五纵"是指当前信息技术向经济社会加速渗透的五个典型场景，包括基础设施数字化、社会治理数字化、生产方式数字化、工作方式数字化、生活方式数字化；"三横"是指当前经济社会数字化转型的三大共性需求，包括线上化、智能化、云化。基于这样一种经济发展的现实阶段性特征和事实，本书第六章作者鄢一龙发挥了充分的理论想象力，他认为，新技术的发展为更好地实现"新计划经济"提供了条件，以互联网平台型经济为例，它的发展表露了资本的社会性本质，新技术环境下生产力的社会化程度已经实现了单一的微观组织联合的程度，达到了实现更深刻的社会主义革命所必需的宏观经济条件的规模，而当前这种平台型经济的所有制性质却仍然是私人占有的。鄢一龙提出，这一历史阶段及其经济现象，无疑把社会化的生产力与生产资料私人占有之间的矛盾推至空前尖锐的程度，他发现，新技术在经济领域的深度应用和发展，本身就蕴含着最终解决这一矛盾的"钥匙"。换言之，新技术革命为实现社会主义的伟大理想和期许开辟了前所未有的道路。

（二）数字驱动的社会治理转型

信息技术的发展，推动了"大数据+人工智能+社会治理生态"

的现代社会治理体系的构建，数据驱动的社会治理已经成为国家实现社会高效治理的重要举措。2016年《国家信息化发展战略纲要》提出建设"数字中国"战略，要求提高社会治理能力；2017年党的十九大明确提出要逐步提高社会治理智能化、专业化，推动智慧政府、智慧城市建设；2019年党的十九届四中全会要求强化社会治理的科技支撑力，首次将"数据"作为生产要素增列出来，将数据、科技放在同土地、金融等生产要素同等重要的位置上，并进一步构建关键核心技术攻关新型机制。数据驱动的智能化社会治理相较于传统社会治理将具备新的优势。

从更为广泛的意义来看，在新技术环境下，海量的数据正在成为支撑各类数字技术应用的"燃油"，数字化技术成为数字化社会治理和公共治理的重要工具。数字化治理需要提高对数据更全面、多元、高效的掌握与运用能力，利用数字"新基建"构建平台化、社会化新型数据治理组织，提高基于大数据集成和大数据分析的高效、协同、精准治理效能。通过云平台和区块链等数字化共享与融合技术构建政府"数字中台"，推进全国各地政府数据的汇聚融合，完善政务数据的共享交换与安全保护，打通政府组织之间的数据流通闭环；通过构建数据流通规范机制，整合互联网大数据和各类政府数据，更精准地把住社情民意的脉搏，更精准地把握当前经济社会运行现状和规律，使舆论引导、产业政策和宏观经济调控可以因势利导，顺势而为。

科技进步推动着治理结构和治理能力的发展演进，伴随着大数据时代治理环境复杂化、治理诉求多元化和治理场景网络化，基于大数据构建多主体协同、信息均衡、数据驱动的智能化社会治理体系成为社会治理创新的发展趋势。我们从近年来浙江等地的改革实践上看，数字技术被应用到政府管理与社会治理领域，通过数字化信息以及互联网交互，治理服务与办事流程已经趋于智能化和自动化，人工操作与维护的成本大幅降低。通过大数据互联与云平台技术，推动了社会事务一站式办理无障碍、在线服务无缝隙对接无误差、智能监管全链条对接无阻隔。通过全面采集各种互联网数据，结合大数据与人工智能技术，有助于对社会问题与风险进行提前预测和防控，提高溯源与分析能力。

正如本书第九章作者孟天广所指出的，基于海量数据资源、数据治理思维和智能治理技术的进步，大数据已然成为治理生态优化与社会治理创新的技术驱动力。他试图对智能化社会治理体系进行一个类型化和概念化的提炼。他认为，基于社会治理的实践发展，智能化社会治理强调充分运用大数据理念、资源和技术，在数据、信息、平台、协作、安全五要素联动协同机制下，形成一个囊括社会治理民情（诉求）汇聚、社会治理风险动态评估和基于知识库的诊断式的政府回应模式，这是一种全新类型的智能化社会治理体系。孟天广针对区块链的研究进一步指出，区块链作为一项颠覆式的技术革新，它从技术底层解决了传统互联网所面临的"数据孤岛""数据确权"和信任构建问题，从而重塑着大数据时代的治理结构，促使政府科层组织、政府与市场、政府社会关系发生改变，进而推动公私边界和治理价值的重构。

（三）政府组织形态与权力运行方式将加速变革

在疫情防控中，如果缺乏新技术巨头的大数据分享和远程呈现能力，那么各级政府将难以保证疫情的精准防控以及物资供应链的运转，政府系统甚至难以有效发挥大规模快速行动能力。相较于传统行政组织，新技术企业具备更显著的组织优势和更强大的技术优势，承担信息收集和低级别传送功能的是百度和新浪，而承担行业的大规模运作能力及数据叠加功能的是阿里巴巴、腾讯和京东，后者积累了强大的新技术行政能力。在疫情防控中，如果缺乏新技术巨头的大数据分享和远程呈现能力，那么各级政府将难以保证疫情的精准防控以及物资供应链的运转，政府系统甚至难以发挥有效的大规模快速行动的能力。

因此，新冠肺炎疫情的防控全过程，可视为我国政府融合新技术力量和更高效的组织方式、开展危机管理和公共治理的一次实践演练，未来政府组织形态和行政权力运行方式也将因此而加速变革。然而在这一趋势下，既有必要适时进行政府治理与新技术企业协同治理的顶层设计与相关规划，建立健全运用互联网、大数据、人工智能等技术手段进行政治管理和公共治理的制度规则，加速推进数字化政府建设，构筑新技术企业参与的全新公共治理架构和更高效率的协同治理机制。

三 风险考验

在新技术发展日新月异的今天，新兴技术的广泛应用乃至深度融入公共行政和政治生活，已是不争的事实，技术在某些领域的使用，已经让政府的所有公共行为和企业运营紧密地纠缠在一起了，新技术的拓展也已经让传统的政治权力运行步入了一个全新的领域。但是，随着融合了资本、技术和权力的技术巨头登上历史舞台，尤其是随着颠覆性科技的进一步发展，人们在体验新兴技术及其拥有者所带来的制度红利和技术红利的同时，也不得不面对可能出现的一系列潜在的政治和社会风险。

（一）"头部垄断"与新型不平等问题

从西方发达国家的经验来看，近年来，新技术企业发展与互联网经济出现了明显的"头部固化"趋势，新技术公司大范围介入社会危机管理则会进一步助长这一趋势。全球互联网由谷歌、脸书等几个大型新技术公司垄断"头部格局"后，带来了新型的经济不平等与社会鸿沟，移动互联网出现后使互联网规模成倍增长，但"头部垄断"趋势没有发生改变，市场不平等进一步恶化。对比国际情况，中国创新型技术企业有成长周期短、创新能力强、"硬科技"驱动和爆发集中的特点，同时出现了上游垄断并且已经初具技术霸权的特点。自2016年10月阿里巴巴第一次提出"五新"发展战略以来，云计算、大数据、物联网已经代表了一种新样态的基础设施发展，而其终端就掌握在几大技术巨头手中。根据投中研究院2019年的统计，有近50%的中国"独角兽"技术企业背后有腾讯、阿里巴巴或百度的投资。

建立在高度技术垄断基础上的技术霸权，可能发展成为相较于传统的资本霸权和国家霸权更高的霸权形态，仅从技术巨头的内部权力构成来看，它有着一个比传统的资本帝国和国家政权更为复杂的权力结构，它使权力的高度集中和权力的分布式汲取结合起来，形成了一个既具有统一意志又具有松散、耦合、开放的能力汲取特征的权力系统，这是包括国家在内的传统组织体系所难以企及的。也正因为此，技术巨头不仅极为容易通过这种组织形态维护自身的市场垄断地位，而且在必要的情况下不惜同传统的政府与国家组织抗衡。我们注意到维基解密形成了一个隐遁无形的政治空间，很多微小的个体凭借自己的知识进行集体"拼图"，乃至于最后同超级大国进行对抗，事实上具备了腐蚀和威胁传统国家信用的能力。

技术企业维护市场和政治主导地位的一个重要工具是由人工智能支撑的"算法革命"。人工智能算法作为构建智能化社会治理平台的底层技术要素，分析、预测、识别类等算法逐渐被广泛应用于舆论监督、社会事件分析、溯源与预测等方面，然而在算法的背后，几乎无法规避技术企业特殊的商业考量、价值偏好等底层逻辑。当前，人们似乎还不能很好地考虑算法运用的社会伦理与算法的长期影响，在保护平台数据安全与公民隐私的前提下，是否可以打开技术运营的"算法黑箱"，减少算法在性别、民族、宗教、贫富等方面的歧视？

本书第七章作者魏南枝通过对国际社会领域发展经验的研究指出，一方面，新一轮科技革命和产业变革的兴起使围绕技术展开的国际竞争日趋激烈，另一方面，"资本＋新技术"模式可能正在催生更大程度的社会撕裂、政治割裂和社会不平等。全球新技术巨头掌控的社交媒体平台，建立了貌似开放均衡的社群网络，但在相当程度上正使各国社会陷入不同维度的割裂之中，个人越来越被"技术性地"隔离，因此越来越有排斥不同声音的意识形态趋向。这种趋向不仅导致这些社交媒体被在信息技术和国际话语权上占据主导地位的国家用于冲击其他国家的政治安全，而且正在深刻地改变着发达经济体国家自身的政治生态。

社交媒体通过运用大数据等技术实现了看似人性化的智能自动推

荐,也就是基于个人的选择偏好而自动推送其感兴趣的议题与产品等——其结果是大量不同的声音因个人主动"选择"和人工智能而被屏蔽了,实际上个人越来越因为其政治倾向、价值观点、兴趣爱好、种族等因素而处于相对封闭甚至排外的社群网络之中。所以,现实世界里的矛盾和冲突容易被社群网络扩大化和极端化,基于自由、多元和平等精神的跨社群的交流和协商越来越困难,信息技术发展原本设想的扩大言论自由变成了"信息社群化"。

(二)针对技术巨头的监管成世界性难题

在信息革命背景下世界高度互联,但是,信息和数据的占有使用并非趋于扁平化和公平化,数据拥有的不平等带来了更大的社会鸿沟,这也是一个全球创新经济体面临的共同难题。原有理论都假设科技创新会带来更多的去中心化的竞争,但在全球范围内新技术公司的发展却呈现出加速垄断的特征。互联网经济在经济层面出现了"头部固化"的趋势,全球互联网由几个大型新技术公司垄断"头部格局"后,再也没有出现足以撼动这一"头部格局"的力量,即便是让互联网规模成倍增加的移动互联网也不例外。中国也在此例。以"硬科技"驱动为特点的中国"独角兽"企业群体,有成长周期短、创新能力强、爆发集中的特点,但是技术企业上游垄断并且形成强大的技术霸权的特点也愈加明晰。

新兴技术巨头的崛起,同过去几个世纪以来的资本力量,既有重合之处,又存在质的差异。正同资本在工业时代企业中的地位相类似,技术本身就已经构成了一种全新的权力载体。资本可以驾驭生产资料和劳动力,而颠覆性科技可以驾驭包括人类精神世界在内的几乎一切,任何个体和组织都无可逃遁,对此,认知科学和人工智能的叠加发展正在提供更多的证明。显然,科技可以向善,但是科技也可以为恶。全球范围内大量技术巨头或因商业目的而窃取公民隐私数据,或为参与政治竞争而扭曲民意,甚至为政治目的而散布谣言、煽动仇恨或暴力激进行动,这些事例不一而足。

新技术企业巨头的权力深植于公众日常生活和消费中,掌握着海量数据和市场交易信息，以此次疫情为契机，国内新技术企业巨头将更全面地掌控全国性公共卫生、物资储备和人口结构等数据信息，未来关系国计民生的各项公共数据管理将加速从封闭逐步过渡到有效开放，意味着完全中心化的决策将逐步释放给技术企业参与的"弱中心"管理体系，将进一步加剧人力、资本和技术的分布式管理，在促使政府治理转变习惯的同时，也事实上弱化了政府原有的政策统筹能力和市场监管能力。

从其他国家的经验来看，新技术公司所掌控的海量数据蕴含着广泛的社会功能和政治影响，在缺乏有效监管的情况下，公民隐私信息和公共数据也可能遭受大规模泄露或变成市场交易物品。大数据技术是把双刃剑，它因在社会治理中被广泛应用而出现的数据泄露、隐私侵犯等现象，在世界范围内已经屡见不鲜。从一般意义上说，大数据的占有意味着信息的垄断权力，会产生诸如技术门槛和信息壁垒等问题。因此，维护信息安全、规避治理技术风险也是新技术环境下改善国家治理与公共安全亟待解决的问题。围绕公民数据隐私和公共数据保护的立法改革与监管改革必然成为一种普遍的趋势。

本书第一章作者王绍光认为，数据本身就蕴含着广泛的暴力功能。本书第八章作者李立敏指出，暴力是任何政治组织的基础，不同类型的政治组织依据自身资源形塑了暴力的不同样态。在新技术时代，当数据网络深度嵌入社会生产生活之后，暴力的组织要素、控制模式、沟通机制和后勤体系都发生了数据化转型，"数据暴力"作为一种从未出现过的新暴力样态顺势而生。它将从政治实践与政治理论的双重维度，对经典现代国家理论提出挑战。唯有对数据暴力这一新暴力形态的基础结构有了较为清晰、透彻的理解，才能进一步理顺其与现代国家、现代社会的关系，最终找到将之驯服的有效路径。

对此，国家对这些即将到来的深刻变革施加必要的干预和影响，通过立法手段和行政规制，依法保护个人信息和公共数据，加强公共数据的依法有序共享，尽快确立数据开发的使用标准，为公共数据创新应用提供更多的立法保护和政策支撑等，构成了监管体制改革的急迫任务。

（三）新技术应用将衍生出巨大的社会复杂性问题

科技变革和技术因素还成为塑造当代社会结构变动的深层次动因和"催化剂"。一个典型的表现是，新兴技术的广泛应用在世界范围内都产生了复杂性社会问题，人们在享受由新技术支撑的便捷交通、快递、送餐、家政甚至性产业等高度发达的服务的同时，要注意到技术正加速削弱人们对家庭和传统组织形态的依赖，甚至会加速其解体。当下公共治理的复杂性问题，其产生根源以及处理这些复杂性问题的主要路径和工具，同传统意义上的单位、社区和家庭的必然联系正遭受极大地削弱。在新技术环境下，更多的社会主体、市场主体被赋能，因互联网因素而催生的组织化形态，使传统的组织边界被大大突破，更多的风险呈现出联动的态势，进而将对现有的社会管治结构和管治形式形成更大、更持久的挑战，甚至许多问题挑战了现有制度的极限。

然而，面对互联网、人工智能等新兴技术所带来的社会复杂性问题，尤其是面临一些新兴的社会风险，传统的政府和管治机构还习惯于使用传统的方式和手段处理问题，缺乏对社会复杂性问题的深刻认识和研究。一方面，在国家治理中仍然因循旧有思维，过度依赖家庭、社区等传统的最小社会"稳定器"。考虑到今天社会复杂性问题的源头并不是家庭和社区，而是同包括新技术巨头在内的新型主体密切相关，因此如何寻找更多、更新的社会"稳定器"的入口，对于回应和解决社会复杂性问题可能更为关键。另一方面，在处置新型社会问题的时候，除了依靠官僚系统和官僚化的方式外，没有其他更为多元化的工具和手段，面临各类新型的风险，甚至找不到能够与之开展协商、互动的清晰的政治主体和交易对象。

新技术应用对社会结构的催化功能还体现在全球范围内对各种形式的社会运动的助力与推动方面，成为影响包括全球各地激进运动在内的社会变革与政治发展的重要变量。本书第四章对这一问题展开了详细的分析，提出新兴技术带来低成本的组织化，催生了世界范围内广泛的激进行为。它还成就了某种政治乌托邦，过去潜藏在社会某个角落的价值也可能在新技术条件下被无限放大，甚至成就社会某个集合体的"自我崇高"意识，从而强化更保守的政治价值，促进政治极化现象的发展。这是由于新技术应用为社会运动和政治变革提供了强大动能：深刻改变了所有政治主体所处的环境，帮助他们突破原来所处的信息基础、组织条件和行动结构，实现观念的聚集、组织目标的塑造和广泛而高效的社会动员。社会行动组织一旦完成网络空间的建构，随即可以突破各种物理性阻隔，甚至可以演化成为备受关注的全球性组织。当一个拥有科技能力的社会活动家创建网络空间后，实际上他就拥有了动员和组织数百万人的工具，这个空间可以更好地实现顶层的"权力操控"和社会动员的"权力下放"的双重效应，高效率地开拓"边疆"。未来基于"命名数据网络"（NDN）的区块链信息传输技术的发展，将会颠覆现有互联网基于TCP/IP的基础架构，不仅使得任何点对点的"无限网格网络"的构建更加容易，内容传播也将呈现出无人拥有、无须反馈的广播云端模式，从而推动新一代互联网世界更进一步去中心化，降低社会空间创造者的政治风险。

（四）"创造性破坏"现象或将上升

从世界范围来看，新技术应用开启了全新的商业变局和社会生活方式变革，创造了崭新的经济形态与增长模式，但同时也带来了经济学家熊彼特所说的"创造性破坏"的问题，即密集的创新竞争可能破坏原有稳定的经济社会结构，并释放出新型管治风险。2003年"非典"时的人员隔离使电子商务趁机崛起，并在后续十几年里极大地改变了消费者的生活习惯，间接地带动了第三方支付、现代物流乃至团购、外卖等一众行业的壮大，极大地重塑了经济运行环境和社会监管任务。此轮疫情的暴发，同样将对市场构成、大众消费结构和资产价格等产生一系列重大影响。在新技术革命时代，技能和职业被取代的问题将影响几乎所有行业和地区，此次疫情的发展将加速这个进程。最直接的推动来自于线下配送模式的需求与变革，即无人机、无人车、机器人带来的无人配送技术将加速发展，从而可能促使技术巨头及其相关产业进行大规模裁员。当前国内技术巨头所掌控的人工智能、物联网、大数据等新兴技术已经为无人配送奠定了科技基础。有关利益集团可能会以此次疫情为由，加强对国家进一步开放人工智能无人配送技术和相关实验的游说，全力发展各种类型的全自动机器。建议有关部门加强对技术公司和互联网经济技术研发的跟踪，及时对无人配送等新兴技术的社会影响进行综合评估，及早做好产业规划、加强引导监督，推动技术企业把稳就业作为一项政治任务来抓。

（五）颠覆性科技将催生国家安全风险

新兴技术的发展，使得更多的机构具备了穿越"主权"和"组织"边界的能力，美国在监管领域的"长臂管辖"只是一个极其简单的、清晰可见的超级大国的国家权力范本。与之相比较，国际技术巨头跨越主权边界的能力，无论是隐匿程度还是干预效能，都非传统国家所能比拟。新技术在某些领域的应用，以及技术巨头介入关涉国家安全的各个领域，会助力提升传统国家的统治技术，但是也要注意，这是以合作意识为前提的。如果技术巨头有了颠覆某主权国家的意图，技术能力对他们来说似乎只是一个"万事俱备"的问题。技术巨头可将其掌控的量子计算设备作为加密技术，但是，其本身也是一个超级解密工具，是国家主权赖以维系制度安全的手段。区块链技术的发展以及随之而来的"去中心化"的信息储存方式，可能颠覆政府垄断和操控新闻信息的能力，即使国家可能拥有先进的算法，也无法抵抗庞大的机构和社会力量所形成的复杂算法能力。

在传统意义上，政治学多从政权颠覆的角度理解政治安全，今天应更多地从制度安全的角度理解政治安全。当下出现了大量突破制度能力极限的现象和事件，这背后不可忽视的是互联网和新一轮技术革命的影响。互联网和新技术因素改变了政治运行的结构和规则，赋予更多主体挑战"组织"边界和参与"搅局"的能力，塑造了更多松散的耦合型组织形态和新型政治空间，对于那些不具备自我防备能力的政治体系而言，在国家制度能力不足的情况下，新技术在政治领域的广泛应用以及外部技术企业的介入，往往会大幅度增加政治体系的系统性风险。从制度效能的角度理解政治安全，需要针对市场和社会的开放系统建立必要的风险假设和预警能力,需要对单中心的理性化组织进行技术改造,改善现有治理体系的容错能力和可逆性能力,同时增强同更广泛的新技术力量的利益和风险共享的机制。

颠覆性科技的加速发展还会进一步催生新型的国家安全风险。《技术与国家安全:维护美国边界》(Technology and National Security: Maintaining America's Edge)这部新著讨论了四种新兴技术对于未来国家安全的影响,它们分别是生物技术、小型卫星、量子计算机和认知科学。以小型卫星为例,由全球技术巨头参与的商业卫星以及外太空的民营化,不仅意味着大国在国家情报方面失去了主导优势,而且传统国家不再垄断地球表面的详细图像,同时越来越多的技术巨头所掌控的活跃航天器和轨道非活动物体进入外太空。

(六) 新技术因素将为国际政治增添变数

新技术因素对广义的国际政治也将产生深远的影响,跨越主权的技术巨头不仅为更广泛意义上的国际交易创造了条件,而且使次主权的结构和行为主体被加速赋能,正如新保守主义者所预言的那样,相互冲突的生活方式、宗教信仰和统治模式会相互纠缠,一方面会破坏原有的相处方式和统治秩序,另一方面又会强化某种全新的全球宪兵式的新结构。"共济会"在过去可能是一个传说,未来可能会一点点演化成一个个国际行动,且由于借助新兴技术所带来的低成本的组织化,会形成某种"自我崇高",又进一步发展成主动的行为,并强化更为保守的政治价值。

但值得一提的是,有些新兴技术的应用在带来潜在治理风险的同时,对于民主的发展也蕴含着一些契机。例如命名数据网络 NDN(Named Data Networking)的兴起,将克服传统的内容分发网络 CDN(Content Delivery Network)模式的限制,将使网络内容分发民主化,这一技术的核心思想是摒弃传统网络将内容位置数字化的寻址方式(例如 IP 地址),采用内容名字来代替地址,使得传输与位置无关,命名数据成为网络的主体,只要使用数字签名技术就可以验证内容的准确性。显然,这样的技术发展在选举、传播等领域如果运用得当,就可能会优化大众民主的实现形式。

四 未来展望

如果说技术巨头的崛起是21世纪以来社会领域影响最为深远的现象级事件，那么新技术环境下的国家治理与变革则是政治领域最富有挑战性、最具观察价值的事件。新技术的发展，将从速度、深度和广度上深刻地影响政治、经济、科技和文化的方方面面，新技术的广泛应用对政府、企业、民间机构、普通民众等各个主体的行为方式和选择发生了深刻影响，由此带来国家治理的对象、任务和环境的崭新变化。

从新技术企业参与新冠肺炎疫情防控的实践经验来看，拥有互联网、大数据、人工智能的技术主体的参与不仅具有防范公共卫生危机的功能，而且在更广泛的意义上，技术主体将会伴随着发展环境的变化和国家治理任务的革新——尤其是当政府遭遇一系列同其自身能力不相对等的重大治理危机时——更广泛地参与到各项政府管理职能和公共治理的任务之中。然而，因新技术的使用而出现的以技术巨头为代表的"超级权力体"，同传统的党团、政府、企业、媒体、社会组织等传统政治主体的政治运行规则之间的冲突也是显而易见的，所有重大技术的出现都会导致某种放大性选择，其影响深度和广度往往会超越统治结构自身的涵纳能力。

在新技术环境下，国家权力的巩固和政府治理的有效性，需要政府对各类不确定性风险具有灵活应变的能力。在新技术时代，国家机构同技术巨头的合作协同是一个不可避免的趋势，一个拥有抗风险能力的国家治理主体和治理结构，需要一个广泛的利益和风险分享机制，需要具有更多元化的解决复杂社会问题的"稳定期"，这其中最重要的合作协同对象就是影响巨大的技术巨头。全世界发达国家都正在进入一个国家利维坦同技术巨头协作并存的时代。在面临不确定性考验时，国家要透过有效吸纳新技术因素和团结新技术力量增强能力，合作解决治理问题，与之一道共同构筑全新的公共治理架构和高效的安全预警机制。

近两年来国内外时常发生的同技术企业有关的新闻事件和一系列经验使我们意识到，技术巨头已经在许多重要方面区别甚至超越了传统的资本巨头和部分传统政治主体，拥有后者所不具备的独特资源和超级权能。如何有效驾驭这些垄断了技术、资本和权力的技术帝国和科技"怪兽"，如何建立新技术企业同政府监管部门的良性互动机制，如何在开展高效协同的公共治理的同时，能够更好地克服技术的深度应用所产生的潜在政治影响，引导其在扩大经济规模与市场影响力的同时，始终尊重国家的公共利益和人民大众所珍视的美好价值，将是一个全新的政治学课题。

（樊鹏）

政治影响

第一章

新技术革命与国家理论[*]

国家学说是现代政治学或者现代政治分析的基石；如果这个基石动摇了，现代政治学恐怕就必须改写。而正在发生的新技术革命很可能会釜底抽薪、彻底颠覆现有的国家理论。

一 现代政治学的基石

在政治话语和政治分析中，没有任何其他概念比"国家"这个概念更重要了。"政治"在英文中为Politics，该词来源于古希腊语"Polis"，意指"城邦"或"城市国家"（City-State）。那时，政治意指与城邦相关的公共事务。"城邦"是古希腊时代人们聚居生活的共同体。近现代，拥有几万、几十万居民的城邦型小共同体已十分罕见，取而代之的是人口几百万、几千万乃至几亿的民族国家（Nation-State）。这样，"政治"就变为与国家有关的事务。因此，在现代政治学兴起时，不少学者直截了当地把这个学科与国家联系到一起。例如，1910年，美国出版了两部《政治学入门》，一部将政治学定义为"有关国家的科学"；[①] 另一部则说"政治学自始至终都与国家相关"，其副标

---

[*] 本章内容首发于《中央社会主义学院学报》2019年第5期。
[①] Raymond G. Gettel, *Introduction to Political Science*, New York: Ginn and Co., 1910, p.4.

题为"关于国家起源,性质,功能和组织的论述"。①

作为一门独立的新兴学科,政治学传入中国的标志性起点,是1899年4月梁启超主编的《清议报》增设"政治学译"专栏,开始刊载伯伦知理的《国家论》译文。伯伦知理这部书开宗明义,其第一句话是:"政治学是有关国家的学问。"②

20世纪中叶,发生在政治学领域的"行为主义革命"和"后行为主义革命"认为,把政治学定义为"有关国家的学问"过于狭隘,主张将注意力转向权力、权威、政治系统、社会、阶级。但是,理论上的"去国家化"浪潮并没有持续多久。很快人们便发现,其实"行为主义革命"开辟的新研究范畴都与国家密不可分。到80年代,流行的口号已是"将国家请回来"。③

可以说,离开了国家这个概念,几乎没法讨论现代政治学中的任何问题。这是因为,一方面,在现实中,政治要么发生在民族国家之内,要么发生在民族国家之间;另一方面,在理论上,政治学中的关键概念(主权、权力、权威、阶级、政党、意识形态、政治行为、政治体制、政治参与、政治传播)、主要议题(如国体、政体、国家能力、决策过程、中央—地方关系、国家—社会关系、国家—市场关系、政治变迁、全球化)都与国家概念丝丝相扣。因此,几乎所有的政治学入门教科书都会从国家理论讲起,然后在此基础上一步步引申至其他议题。④ 在这个意义上,政治学依然是研究国家及其相关议题的学问。

如果国家理论是政治学的基石,那么这块基石的崩裂很可能会撼动整个政治学架构。

说到国家理论,不能不提到马克斯·韦伯。在去世的前一年,他

---

① James W. Garner, *Introduction to Political Science*: *A Treatise on the Origin*, *Nature*, *Functions*, *and Organization of the State*, New York: American Book Co., 1910, p. 15.

② Johann Caspar Bluntschli, *The Theory of the State*, Ontario: Batoche, 2000.

③ Peter B. Evans, Dietrich Rueschemeyer, Theda Skocpol, *Bringing the State Back in*, Cambridge: Cambridge University Press, 1985.

④ Rod Hague, Martin Harrop, John MacCormick, *Political Science*: *A Comparative Introduction*, London: Palgrave Macmillan, 2016.

发表一个著名的讲演"以政治为业",他开头便设问:"政治是什么意思?"他回答说:"'政治'就是指争取分享权力或影响权力分配的努力,这或是发生在国家之间,或是发生在一国之内的团体之间。"①在韦伯看来,要了解什么是政治,就要了解什么是国家。而国家不能根据其目标来定义,只能根据其特有的手段来定义。相别于其他任何人类团体,国家特有的手段就是对暴力的垄断:"国家是这样一个人类团体,它在一定疆域之内(成功地)宣布了对正当使用暴力的垄断权。"从远古的氏族社会开始,各种人类团体就把暴力当作完全正常的手段;现在,国家是使用暴力"权力"的唯一来源,其他任何团体和个人只有经过国家许可,才拥有使用暴力的权力。②虽然终其一生,韦伯并未拿出系统的国家理论,③但他对国家的定义已在政治学领域成为广为接受的共识。

需要指出的是,韦伯所说的"暴力"很可能仅限于传统暴力;对传统暴力的垄断虽然并不容易,但经过努力是可以实现的。然而,正在发生的新技术革命,很可能会从根本上改变"暴力"的性质;且在新技术革命条件下,国家恐怕无法对新型暴力实行垄断。如果这种推测不是无稽之谈,那么对"国家"的韦伯式定义恐怕即将过时,现有的国家理论也许必须重写。

本节先简单梳理现有国家理论的四个支柱性概念:暴力、战争、疆域、权力。下一节我们将会看到,新技术革命很可能会改变我们对这些概念的定义,从而改变现有的国家理论。

《汉语大词典》对"暴力"的定义是"强制的力量"。④ 那什么是"强制"呢?《现代汉语词典》的定义是"用力量强迫"。⑤ 连在一起来看,"暴力"与"强制"几乎同义。最权威的英语词典《牛津英文

---

① 马克斯·韦伯:《学术与政治:韦伯的两篇演说》,冯克利译,生活·读书·新知三联书店1998年版,第55页。
② 马克斯·韦伯:《学术与政治:韦伯的两篇演说》,冯克利译,第55页。
③ Andreas Anter, *Max Weber's Theory of the Modern State: Origins, Structure and Significance*, London: Palgrave Macmillan UK, 2014, pp. 1-2.
④ 罗竹风主编:《汉语大词典》,汉语大词典出版社1986年版,第7277页。
⑤ 吕叔湘、丁声树主编:《现代汉语词典》,商务印书馆2012年版,第1042页。

词典》的定义似乎更加精确一点:"暴力"(Violence)是指"故意对人身或财产使用力量";"强制"是指"约束、抑制、强迫,或指使用力量来控制其他自由人的行为"。这里,无论是《汉语大词典》,还是《牛津英文词典》,对"暴力"和"强制"的定义都提到了"力量",而《牛津英文词典》对"力量"的定义是:1)作为生物属性的体力,威力或活力;2)作为 physical action or movement 属性的动力、强力、暴力。这里 physical action or movement 既指身体动作与运作,也泛指物理的、有形的动作与运作。①

战争可以说是暴力的最高形式。《汉语大辞典》对"战争"的定义是"民族、国家、阶级、集团之间的武装斗争";《牛津英文词典》的定义大同小异,指"在不同民族、国家、统治者之间,或同一民族、同一国家内不同集团之间发生的敌对性武装冲突"。在国家理论中,战争是国家形成的基础。早在2500年前,古希腊哲学家赫拉克利特便意识到:"战争是万物之父。"② 一百多年前,赫伯特·斯宾塞在《社会学原理》里率先研究了战争在国家形成中的作用。此后又有很多学者研究战争与国家形成之间的关系。曾有人一度用玛雅文化作为反例,声称国家也可以在和平环境中形成。然而,近几十年的考古表明,古代的玛雅其实与其他文明一样充满暴力,征战不已。不但在国家最初形成时,战争发挥了巨大的作用,而且在近现代民族国家的形成过程中,战争依然扮演了不可或缺的角色。暴力、战争是现代国家形成的基础毋庸置疑。③

马克斯·韦伯下定义说:"国家是这样一个人类团体,它在一定疆域之内(成功地)宣布了对正当使用暴力的垄断权。"紧接着他指

---

① *Oxford English Dictionary*, https://www.oed.com.
② Robert L. Carneiro, "A Theory of the Origin of the State," *Science*, Vol. 169, Issue 3947, Aug. 21, 1970, pp. 733–738.
③ Charles Tilly, *Coercion, Capital and European States, AD 990–1990*, Cambridge, MA: Wiley-Blackwell, 1992; Ian Morris, *The Measure of Civilization: How Social Development Decides the Fate of Nations*, Princeton, NJ: Princeton University Press, 2013.

出:"请注意,'疆域'乃是国家的特征之一。"① 法国政治地理学家让·戈特曼说得更明确:"如果没有其空间定义,没有其疆域,国家是难以想象的。"②

《汉语大词典》对"疆域"的定义是"国土、国境"。③ "疆域"在英文中对应的是 territory。通常,人们认为 territory 源自拉丁文的 territorium,意指"城镇周边的土地";或源自 terra,意指"土地"。但美国政治理论家威廉·尤金·康诺利的解读也许更准确。他指出:"Terra 意味着土地、大地、营养、给养,让人感到的是一种历久弥坚的介质。但是,据《牛津英文词典》所说,这个词的形式表明它其实源自 terrere,意指吓唬,恐吓;而 Territorium 则是指一个'人们受到警告的地方'。也许这两个不同的词源今天依旧适用于 territory 一词。占据一片疆域既是接受给养,也是行使暴力。疆域是靠暴力占据的土地"。④

一个国家的疆域包括在一国主权管辖下的领土(国界或边境内的陆地)、领水(包括河流、湖泊、内海以及它们的底床、底土)、领海和领空。在疆域的组成部分中,领土是基础,最为关键,其他都是领土的衍生物:领水在领土之内,领海是距离海岸线一定宽度的水域,领空是指一个国家的领土和领海上的整个空间。而领土、领海、领空构成了一道屏障:不入侵领土、领海、领空,外部势力就无法对本国主体实施侵害。

韦伯在他对"国家"的定义里提到"对正当使用暴力的垄断权"。"垄断权"涉及两个概念:权力与权威。韦伯对前者的定义是"即使遇到反抗,依然能够实现自己意图的能力";把后者看作被掌权者声称为正当、被相关群体认受的权力。在这个意义上,"对正当使

---

① 马克斯·韦伯:《学术与政治:韦伯的两篇演说》,冯克利译,生活·读书·新知三联书店1998年版,第55页。
② 参见 Stuart Elden, "Land, Terrain, Territory," *Progress in Human Geography*, Vol. 34, No. 6, 2010, p. 800.
③ 罗竹风主编:《汉语大词典》,汉语大词典出版社1986年版,第11012页。
④ William E. Connolly, "Tocqueville, Territory and Violence," *Theory, Culture & Society*, Vol. 11, No. 1, February 1994, pp. 23 – 24.

用暴力的垄断权"既是一种权力，也是一种权威。显然，权威与权力不是平级关系，而是从属关系；韦伯因此把"权威"叫作"一类特殊的权力"。[1] 权力和权威的基础是对资源的占有；国家权力和国家权威的基础是对暴力资源的独占，因为没有暴力或强制力的支撑，就不会有国家权力和国家权威。暴力资源有两大类：一类是暴力工具，即各种武器装备；另一类是暴力组织，即警察与军队。要实现"对正当使用暴力的垄断权"，就必须做到：第一，将武器装备的制造与使用严格区分开来；第二，只允许警察与军队使用武器装备，不允许其他任何未经授权的组织制造和使用武器装备；第三，只允许政府指挥警察与军队，严禁其他未经授权的暴力组织存在。

二 新技术革命的挑战

上节提到的"暴力""战争""疆域"及其相关概念有一个共同特点：它们都具有物理属性，是有形的，是可以看得见，感觉得到的。暴力是有形的暴力，因为使用的力量都是身体的或物理的动作与运作；战争是有形的战争，因为战争工具与战争组织都有赖于人与物体的结合；疆域是有形的疆域，因为领土、领海、领空都是实在可测的。正是因为暴力、战争、疆域都是有形的，国家对"正当使用暴力"的垄断性权力和权威才比较容易实现。武器装备是有形的，国家可以限制其制造与使用：各国都严禁非法制造和拥有武器。暴力组织是有形的，国家可以限制其形成，规范其行动：各国都不允许非法组建军事与准军事组织。武器装备和暴力组织是有形的，国家可以将武器装备的制造者与使用者严格区隔开来：各国的兵工厂都不得自行组建使用其产品的军队。边界是有形的，国家可以守护与防卫：各国对外部势力非法进入领土、领海、领空的行为

---

[1] Norman Uphoff, "Distinguishing Power, Authority & Legitimacy: Taking Max Weber at His Word by Using Resources—Exchange Analysis," *Polity*, Vol. 22, No. 2, Winter 1989, pp. 295–322.

都不会等闲视之。

新技术革命可能会改变这一切。

新技术革命最重要的特点是数字化,几乎所有事物本身或其特征都可被数字化、信息化。例如,文本、图像、声音、信号可以直接转化为数字。即使本身还无法数字化的人,其各种人口统计学特征(如姓名、年龄、身高、性别、受教育程度等)和生物特征(指纹、人脸、血型、眼虹膜、DNA序列等)也可以数字化。现在本身还无法数字化的实物也是如此。

有了数字化技术,就会相应地出现数字采集、存储、处理、传输技术。随着传感器与信息采集器的剧增,大容量、高速度、低价格、小型化存储技术的快速发展,计算机数据处理能力的大幅提高,连接型终端(个人电脑、智能手机、平板电脑、照相机、可穿戴设备等)的广泛普及,大数据、云计算、机器学习、人工智能成为可能,为人类社会展现了一种崭新的前景。

在很长的时间里,煤炭、石油曾驱动着工业时代的发展。现在,驱动数字时代发展的是海量数据。没有足够的数据,任何高明的算法都不过是如银样镴枪头一般的摆设。早在2006年,英国数据科学家及数学家克莱夫·哈姆比(Clive Humby)便认识到"数据是新时代的石油";[1] 几年后,IBM首任女性董事长、主席、行政总裁弗吉尼亚·罗曼提(Virginia Rometty)将这句话改为"大数据是新石油";[2] 2015年,马云几次提到:"未来最大的能源不是石油而是大数据";[3] 2017年,《经济学人》杂志出版了一个专辑,标题几乎重复了马云的

---

[1] Clive Humby, Address at the ANA Senior Marketer's Summit at the Kellogg School, 2006. 见 Michael Palmer, "Data is the New Oil", ANA Marketing Maestros, Nov. 3, 2006, 5:43 AM (http://ana.blogs.com/maestros/2006/11/data_is_the_new.html).

[2] Maria Deutscher, "IBM's CEO Says Big Data is Like Oil, Enterprises Need Help Extracting the Value," *Silicon Angle*, March 11, 2013 (http://siliconangle.com/blog/2013/03/11/ibms-ceo-says-bigdata-is-like-oil-enterprises-need-help-extracting-the-value).

[3] 马云:《未来制造业要的不是石油 最大的能源是数据》,2015年5月27日,每日经济新闻(http://finance.ce.cn/rolling/201505/27/t20150527_5469537.shtml)。

话："世界上最宝贵的资源不再是石油，而是数据。"①

值得注意的是，在把数据看作驱动新时代的能源和动力的同时，马云告诫说："我们曾经把中国发明的火药只当作放烟火，只当作放炮仗，而别人把它当作武器。"无独有偶，微软亚洲研究院原副院长、字节跳动副总裁马维英指出："数据就是新时代的石油、火药！"不管马云与马维英提到"武器""火药"时，是有意还是无意，他们的话提醒我们，数据可能成为新型暴力的工具、新型武器的构件、新型权力的基础。

在新技术革命的条件下，出现了不具物理形态、无形的暴力。随便搜索一下互联网，就可以找到很多新名词及相关案例，如数字强制（Digital Coercion）、数字暴力（Digital Violence）、虚拟霸凌（Cyber Bullying）、虚拟暴力（Cyber-Violence）、被迫数字参与（Coerced Digital Participation）等。这里提到的"强制""暴力""霸凌"并没有发生在现实空间，而是发生在网络世界，既没有身体的动作与运作，也没有其他物理形态的、有形的动作与运作。但这类暴力不仅可以造成精神伤害，还可以造成人身伤害（如自残、自杀）。至于对财产造成的损害，数字盗窃（Digital Burglary）、数字诈骗（Digital Fraud）、数字勒索（Digital Extortion）、数字抢劫（Digital Robbery）往往比传统盗窃、诈骗、勒索、抢劫更严重。

新技术革命也正在改变战争的形态。有些人会把电磁战（Electronic Warfare）、信息战（Information Warfare）与网络战（Cyber Warfare）或数字战（Digital Warfare）混为一谈，其实前两者与后者在性质上是不同的。电磁战是指利用各种装备与手段来控制与使用电磁波段，以影响己方与敌方的有形武器，依然属有形暴力，且需进入相关空间，其影响范围有限。信息战影响人们使用有形暴力的意愿，以攻心为上，古已有之，只不过现在可以使用现代通信手段。但网络战或数字战是战争的新形式，因为暴力不再必须采取有形的形态，却能严

---

① "The World's Most Valuable Resource is No Longer Oil, But Data," *The Economist*, May 6, 2017 (https://www.economist.com/leaders/2017/05/06/the-worlds-most-valuable-resource-is-no-longer-oil-but-data).

重破坏、瘫痪甚至摧毁敌方的电力网络、交通运输网络、水利系统、金融业、制造业、医药业、教育以及政府机构。"暴力不再必须采取有形的形态",并不是说网络战或数字战全然不会使用物理形态的武器装备或者军事组织,而是说它不一定非得使用物理形态的武器装备。在这个意义上,它是一种完全新型的战争。

这种新型战争至少有以下三个特点。

第一,武器装备的生产者可以就是武器装备的使用者。

韦伯说,国家拥有"对正当使用暴力的垄断权",垄断的方式之一就是将武器装备的生产者和武器装备的使用者严格区隔开来。在有些国家,武器装备限由国有企业生产。即使在那些武器装备可由非国有企业生产的国家,生产出来的武器装备只能交由军队、警察和其他经国家授权的组织使用,决不允许武器装备的生产企业自己组建队伍、使用这些武器装备。例如,美国的波音、洛克希德·马丁、雷神、通用动力、联合技术都是著名的军事承包商,它们可以生产战机、战车、导弹,但不能拥有自己的空军、陆军、导弹军。国家之所以能将武器装备的生产者和武器装备的使用者严格区隔开来,是因为到目前为止,武器装备基本上都是有形的,具有物理形态,其储藏、运输、部署、使用都易于察觉,便于监管。无形武器的出现将会从根本上改变这一点:因为武器是无形的,便于隐匿,其生产者就可以自己使用。

第二,非国家的主体可以成为新型暴力工具的使用者、网络战的参与者。

某些国家的传统军事承包商已经开始参与开发网络战武器(网络漏洞攻击武器、零日攻击武器、病毒攻击武器)。另外,大量黑客个人与黑客群体也参与其中。近年来,围绕网络战武器的军备竞赛正在加速,暗网上的网络战武器交易十分频繁。[①] 卖家与买家有黑客与黑客团体,也有卷入网络攻防斗争的各类公司、银行等商业机构,还有

---

① Gordon Corera, "Rapid Escalation of the Cyber-Arms Race," *BBC News*, April 28, 2015 (https://www.bbc.com/news/uk-32493516).

一些国家的政府，如美国、英国、法国、以色列。①

黑客与黑客团体开发网络战武器的目的是使用这些武器，既用于经济目的，也用于政治目的（自愿或被政府收买对特定目标进行攻击）。全球最广为人知的政治性黑客组织是"匿名者"（Anonymous），其成员主要来自美国、欧洲各国，也有少数来自非洲、南美、亚洲等地，用盖伊·福克斯面具作为其标志。自2008年以来，它已在全球范围多次高调发动网络攻击，攻击目标包括朝鲜政府、中国香港特区政府、中国地方政府。2019年，香港动乱期间，"匿名者"在网上公布超过600名香港警员的个人数据，表示对香港反对派的支持；并威胁说，若香港警方"继续犯罪"，他们将会向公众公开全部警方成员的数据，其目的是通过威胁警员及其家人的安全，打击香港警察的士气，削弱香港政府的管制能力。②

其实，不管自身会不会发展网络战武器，各国的大型互联网公司也具备网络攻击的能力。只要它们愿意，它们可以随时瘫痪城市系统、航空系统、电力系统。传统的兵变往往从占领电台、电视台开始，而这些互联网公司完全可以在关键时刻掌控信息发布权，使政府的喉舌消声。现在，利用人工智能以及数字图像合成技术，可以进行"深度伪造"，生成任何人（例如奥巴马、联合国官员）的讲演音频与视频，讲演音频与视频惟妙惟肖，不明真相的普通民众完全无法辨别真假。③ 设想一下，在政治危机的紧要关头，发布伪造的国家政治或军事领导人讲话，会产生什么样的后果？而这对于大型互联网公司而言，易如反掌。

第三，网络空间里各国之间的边界日益模糊。

韦伯强调，对国家而言，疆域十分重要。而在全球互联网用户还

---

① Michael Joseph Gross, "Silent War," *Vanity Fair*, July 2013, https：//www. vanityfair. com/news/2013/07/new – cyberwar – victims – american – business; Lillian Ablon, Martin C. Libicki, and Andrea A. Golay, *Markets for Cybercrime Tools and Stolen Data：Hackers' Bazaar*, Washington, DC：Rand, 2014.

② 《628名警员资料遭"匿名者"窃取，网罪科立案调查》，2019年6月26日，《苹果日报》（https：//hk. news. appledaily. com/local/realtime/article/20190626/59760599）。

③ 《AI造出来个"假"奥巴马，你听到的奥巴马演讲可能也是假的》，2017年7月18日，图普科技（https：//36kr. com/p/5083945）；《只需54块钱，就能让AI伪造联合国政要发言》，2019年6月21日，安全内参（https：//www. secrss. com/articles/11564）。

不足人口1%的1996年初，① 就有一位美国人约翰·佩里·巴洛发表了一篇《网络独立宣言》，宣称"我们正在建造的全球社会空间……在那里，所有的人都可加入，不存在因种族、经济实力、武力或出生地点产生的特权或偏见"。② 20多年过去了，巴洛期待的全球社会空间是否形成还未有定论，但网络攻击的确可以轻松地越过物理国境，肆虐全球。以前，外部势力如要侵犯境内公民或其他主体，需先侵入边界；一国对他国的攻击必须派战机、军舰侵入对方的领空、领海，或用导弹飞越领空、领海轰炸对方领土上的目标，或派地面部队占领对方的部分领土。现在，网络战武器可以一步到位，直接攻击敌方境内目标，战机、军舰、导弹、地面部队全免了。21世纪刚开始的时候，小布什政府便开始部署对伊朗发起代号为"奥运会"的网络攻击行动，奥巴马当政时该行动持续推进，先在伊朗核设施的电脑系统中埋下名为"灯塔"的木马程序，窃取设备的内部运作蓝图；然后利用间谍手段将与以色列联合编制的蠕虫病毒"震网"送入与互联网物理隔离的伊朗核设施内网系统。近年来，美国的这种网络攻击有增无减，包括利用网络攻击使委内瑞拉停电，在朝鲜造成全国范围的断网事件，在俄罗斯电网中植入恶意程序代码等。2019年6月底，《华盛顿邮报》报道，在总统特朗普授意下，美国网络司令部与美国中央司令部配合，对伊朗发起大规模网络攻击，破坏了伊朗情报部门使用的电脑和网络，还使伊朗的火箭发射系统瘫痪，以报复伊朗伊斯兰革命卫队在霍尔木兹海峡附近击落一架美制无人机侦察。③ 这是又一场不费一枪一弹、不派一兵一卒就能对敌国造成实质性伤害的战争，领土、领海、领空、国界形同虚设，攻击者可以在网络空间横冲直撞。

以上讨论告诉我们，在新技术革命条件下，传统国家理论的支柱性概念——暴力、战争、疆域都发生了根本性的变化：暴力和战争都

---

① "Internet Users, 1995 - 2008," Global Policy Forum (https://www.globalpolicy.org/tables - and - charts - ql/27519 - internct - users. html).

② John Perry Barlow, "A Declaration of the Independence of Cyberspace," February 8, 1996 (https://www.eff.org/cyberspace - independence).

③ 周舟：《新闻分析：美对伊朗发动网络战凸显"贼喊捉贼"式网络霸凌》，2019年6月24日，新华社（http://www.xinhuanet.com/2019 - 06/25/c_ 1124670198. htm）。

可以是无形的，而有形的领土、领海、领空，已无法阻隔外来的攻击。以往，国家（State）可以对有形暴力的合法使用进行垄断，可以保卫国家（Nation）的地理或物理边界不受侵犯。从今往后，要垄断无形暴力的合法使用难上加难。用传统的方法，国家已没有办法全盘掌握无形武器的生产、无形武器的使用、无形暴力组织的形成、无形暴力组织的行动。境内尚且如此，境外就更不用提了。国家无法划定、管控、防卫各自的数码边界；外部势力可以长驱直入、直抵境内每家每户、每个主体身边进行破坏。

随着暴力、战争、疆域这三个概念的内涵、外延发生变化，权力这个概念也摆脱不了相同的命运。在很长时间里，中国流行一句据说源自培根（1561—1626）的名言："知识就是力量。"培根也许根本就没有说过这句话，有据可查说过这句话的其实是他曾经的秘书，也就是现代国家理论的奠基人之一的霍布斯（1588—1679）。[①] 这句话不管是谁说的，其原话——"Knowledge is power"，都应该译为"知识就是权力"，与孟子所说的"劳心者治人、劳力者治于人"同义。知识之所以构成权力的基础，是因为有些人掌握知识，有些人没有掌握。在多数人没有机会掌握知识、少数人垄断知识的年代里，知识自然就是权力。今天，知识得到了极大的普及，然而，数据占有的分布却严重失衡。我们完全有理由说，数据不仅仅是新时代的原油、火药，数据就是权力，因为少数人（主体）掌握着大量数据，多数人的数据被别人掌握，收集、储存、处理、使用信息的能力便成为新型权力的基础。

作为新时代的原油、火药、权力基础，一部分数据掌握在国家的相关机构手中，但更多的、每时每刻都在更新的数据却掌握在少数网络科技巨头的手中，如美国的谷歌、脸书、亚马逊，日本的连我（LINE），中国的百度、阿里巴巴、腾讯等。这些"大鳄"通过提供服务的方式获取源源不断的数据，它们可以被看作争夺数据的正规军，打的是阵地战。与此同时，网络上还有无数黑客个人与黑客组

---

① 霍布斯：《利维坦》，黎思复、黎延弼译，商务印书馆1986年版，第63页。这句话被译为"学识是一种微小的权势"。

织，千方百计窃取各类公私数据。它们相当于争夺数据的杂牌军、土匪，打的是游击战，但也可以累积比一般老百姓多不知道多少倍的数据。正规军也好，杂牌军也罢，这些大大小小的实体构成了国家（State）之外的权力中心。哪怕它们没有侵蚀、削弱、颠覆、挑战国家权力的动机，却在不同程度上具备这种潜力，并且在实际上一点一点地蚕食着国家"对正当使用暴力的垄断权"。

三 国家垄断时代的结束

2013年，美国《外交政策》前总编辑摩伊希斯·奈姆出版了一部书，书题是："权力的终结：从密室到战场，从教会到国家，为什么如今掌权这么难？"这部书反复提到马克斯·韦伯，提到他对国家的经典定义，但它宣布："终极垄断终结了！"[①] 这里所谓的"终极垄断"就是指"对正当使用暴力的垄断权"。这部书出版后受到美国前总统克林顿、金融大亨索罗斯、脸书创始人马克·扎克伯格等人的高度评价，而它要传递的核心要义可以概括为一句话："在21世纪，获取权力更容易了，行使权力更难了，丧失权力更常见了。"[②] 另一部出版于两年后的书以"颠覆性的力量：数字时代的国家危机"为题，也引述了韦伯的国家定义，并得出同样的结论："国家面临着根本性的"改变，"国家的垄断"已经结束。[③]

皮之不存，毛将焉附。如果韦伯对国家的定义不再适用，建立在这个定义基础上的国家理论是不是也该改写了？如果国家理论需要改写，现代政治学恐怕也到了改写的时候了。

（王绍光）

[①] Moises Naim, *The End of Power: From Boardrooms to Battlefields and Churches to States, Why Being in Charge Isn't What It Used to Be*, New York: Basic Books, 2013, p. 103.

[②] Ibid., p. 14.

[③] Taylor Owen, *Disruptive Power: The Crisis of the State in the Digital Age*, Oxford: Oxford University Press, 2015, p. 191.

第二章

新技术公司与政治变革[*]

一 大型新技术公司的崛起

在距离今天100多年前的1912年,美国总统伍德罗·威尔逊曾这样写道:"曾几何时,人们相互之间的关系是作为个体存在,今天人们的日常关系在很大程度上是跟非个人化的大公司和机构发生的,而不是跟其他个人。这下子完全是一个新的社会时代了,一个人际关系的新时代,一个生活戏剧的新舞台。"

而今天,我们遇上了一个更加前所未有的非常时代。在这个时代里,人们的日常关系不是跟传统工业化时代的大公司和机构而是跟大型新技术公司发生的。新技术公司兴起的背后是第四次工业革命,它以前所未有的态势席卷而来,其发展速度之快、范围之广、程度之深前所未有。它将数字技术、物理技术、生物技术有机融合在一起,以智能化、信息化为核心,以大数据、云计算、人工智能、量子通信等前沿技术为支撑,以强大的力量影响世界经济和社会发展。它不仅彻底改变了传统的生产生活方式,彻底改变了生产、管理体系,颠覆了所有国家的几乎所有行业,而且深刻地改变了社会资源的配置方式和社会组织方式,极大地提高了社会效率。

---

[*] 本章部分内容首发于《文化纵横》2018年8月,原标题为"利维坦遭遇独角兽:新技术的政治影响",本章内容作了扩展。

第二章　新技术公司与政治变革

实际上，新技术革命和大型技术公司的发展不仅对社会和经济结构进行了再造，而且对现行的各国政府管理模式和政治运行方式产生了重大影响。现当代西方政治学的很多基础性假设和理论，以及由此衍生出来的政府组织形态，都是建立在过去100多年工业形态的基础之上的，包括我们今天政治学里常用到的国家能力、国家的基本的职能，甚至国家与社会关系、政府和市场关系，以及在学术界流行的监管政治学等，都同20世纪的大工业时代息息相关。

德国学者施瓦布在《第四次工业革命：转型的力量》中就已经注意到，以互联网承载的新技术融合为典型特征的这次新工业革命，将从速度、深度和广度上深刻地影响政治、经济、科技和文化的方方面面，它将对政府、私营企业、民间机构、广大民众等各个主体的行为方式和选择发生影响。在这个意义上，新技术公司的崛起不仅是一个经济事件，而且是一个现象级的政治事件，第四次工业革命和新技术因素所深刻改变的可能不是经济与社会生活，而是创造一个崭新的新技术政治环境。

承载新技术因素的新技术公司不仅服务于各个行业、运用先进技术重新组织分配经济社会资源，渗透进各社会阶层和群体的日常生活中，而且利用颠覆性科技将触角延伸到人类物质和精神生活所能企及的所有虚拟空间，包括物理的和虚拟的空间结构——以认知科学为基础成立的新技术公司已经作为重要的参与者卷入英、美国家的政治生活。新技术尤其是随着智能手机的普及，全球互联网普及率已经接近50%，发展成为社会交互的基础设施，互联网公司和它们所打造的交互平台上的每一个个体的行为方式以及同他人的关系，都将被互联网所蕴含的技术效应叠加放大，因新技术因素所改变的社会交互方式和知识生产方式，将成为塑造新型社会规则和政治运行方式的重要变量，因新技术所驱动的社会探索活动，可能制造出更多复杂的社会领地和新型的政治空间。在这个意义上，人类似乎进入了一个新型的"大航海"时代，这极有可能改变原有的社会运行法则和宏观政治图景。

中国在过去短短十余年的时间里，阿里巴巴、腾讯、百度、滴滴出行等大型新技术公司以极快的速度登上中国的经济社会舞台。受到改革开放以来的发展导向和亲技术政策环境的影响，中国新兴技术公司的发展有着其他发达国家和发展中国家所不具备的环境和条件，中国相对较为宽松的法律监管框架，社会大众对隐私相对宽容的环境，以及人民群众对高效率社会产品和美好生活的期待，都有利于中国进一步拥抱这些大型技术公司所带来的新技术。

截至2018年3月，中国地区的"独角兽"企业多达126家，分布在10个城市15个行业，总估值6253亿美金，约4万亿人民币。对比国际情况，中国"独角兽"有着成长周期更短、创新能力更强、爆发集中的特点，科技驱动成为中国"独角兽"企业的典型特征。从创新经济发展角度来看，这当然更多的是积极因素，但从社会政治角度而言，技术以超速度走在了现有的法律和行政规制之前，对国家的法治供给和治理转型的需求将形成持久压力。Facebook个人信息泄露事件发生后，李彦宏提出：中国公众更乐意付出个人信息换取较高的社会效率。可以毫不夸张地说，以阿里巴巴、腾讯等为代表的中国新技术公司，其掌握高端技术的能力已经不亚于欧美，而中国的小型新技术公司的数量，无论就其发展数量还是创新能力而言，在世界上也是屈指可数的，几乎可以说中国拥有全球最大的"独角兽"公司群体，融资源源不断，创新披荆斩棘，它们将要改变的不仅是中国的经济发展方式，而且将极大地触及社会组织变革。

这样一种加速度式的发展无疑会引发一连串的社会效应。虽然目前并不是在政治生活的各个角落都有所表现，但就某些方面来说，新技术公司的发展及其对经济社会生活的深度介入，在某种意义上已经给公共产品的供给模式和政府行政方式注入了一针高效激素，正在加速改变人们对政府和政府运作模式的认知和期待。而在其他方面，这些新技术因素会同广泛的社会发展发生何种"化学反应"，会推波助澜地产生何种更加深远的政治效应，是当代政治学最值得观察和思考的问题。

二　新技术公司的政治影响

从全球范围来看，新技术公司在实现经济社会结构重塑的过程中，对政府原有的监管模式带来了极大挑战，同时也在大规模地介入公共产品的供给；在一些重要领域，它们正在加速替代政府的组织资源配置功能；新技术还加速了社会化组织方式的变革，在对传统的垂直化管理体制提出挑战的同时，也制造了一个新型的缺乏清晰边界的"政治空间"，对现有的行政体制和政府运行机制带来前所未有的挑战。新技术公司在某些领域正在取代政府成为社会资源的分配者和社会规则的制定者，它们甚至也开始作为重要的参与者参与到政治过程中。

（一）新技术因素与机构行为挑战传统政府监管模式

新技术公司的社会资源分配方式和商业运行模式在冲击传统产业的同时，也极大地冲击了过去100多年工业时代的政府监管模式以及附带的政策体系。在技术创新的驱动下，新型的经济形态和业态呈现出许多新的特点，平台型经济具有去实体化、虚拟性特点，使政府对其行为的辨识能力受到削弱，在一个可见的历史时期内，越来越多的经济行为将在一个并无清晰边界的范畴内运行。例如滴滴出行、蚂蚁金服、菜鸟物流等新型社会组织配置方式和金融资本的运行模式等，大大超前于现有的政府管制体系和政策范畴，而且出现了一些较为极端的例子，创新科技是全新的经营模式，它得以在监管空隙间游走而免除了合规的成本，甚至游走于无数个缺乏有效的行政权力覆盖的新领域。

今天的政府正面临着一个极端不确定的社会组织形式和商业组织形态，传统社会主体的行动边界正在得到无极限的拓展，相应来说，政府管制的传统监管工具也不断萎缩。从政治学上说，这在某种意义上进入了一种"行政权失效"的状态——一个我们过去没有认真考虑过的现象，即在政府能力所不及的地方产生出了新的商业组织形态和无数个体与机构的复杂交易行为。

新加坡《联合早报》的一篇社评这样评价新技术公司的优势："在创新的旗帜下，颠覆科技公司享有传统经济所没有的柔性监管或甚至没有监管的优势。颠覆科技公司具有掠夺与垄断的特质；而在柔性的监管环境下，它们犹如闯进瓷器店的公牛，肆无忌惮地横冲直撞。因此，全球多个国家的监管者，开始关注颠覆科技公司的管制课题。"

新技术工业的监管难度既有新型工业形态自身的原因，也有政府监管体系的原因。互联网技术支撑下的新型经济形态的重要特点是更多市场主体获取了行动能力，出现更多微观交易行动，而作为监管方的政府则失去了更多"微观权力"，政策制定者难以对变革施加影响。从表面来看，世界各国的政府都不希望遏制创新和发展，有意降低初入市场的创新企业的合规成本，它们在税收、知识产权保护、定义用户关系、实施基础设施的监管等方面，拥有比传统行业公司更加强势的话语地位和影响能力。但当政府意识到监管滞后时，新科技公司基本已经建立起强大的顾客群与网络，压缩了监管者的回旋空间，滴滴出行就是一个典型的例子。但是，政府监管滞后的背后更加根本的原因在于，政府决策机构受到除了国际、地方、机构之外的更加广泛意义上的多中心权力结构的牵制，政府在创造适宜的监管结构和工具方面，需要更加复杂的计算和成本投入，而这些要求同政府现有的资源和能力并不匹配。

伴随着新科技的日新月异，监管者在追赶科技时往往力不从心。凭借传统的政策工具和监管模型，难以覆盖以及更好地服务于新兴技术产业。例如互联网公司等大量新技术公司在介入健康领域之后，除了监管技术外，还衍生出一系列理论甚至哲学伦理问题。在此种情境下，政府该如何制定相应的监管政策，引入何种方式和机制来监管一个比自身占据着更高技术顶端、信息更具优势甚至更具道德优越性的监管对象？这是政府监管领域正在发生的一大政策难题。

监管领域的变革挑战恐怕还不仅止于此，在信息革命的背景下，世界高度互联，但是就信息和数据的占有使用而言，并非趋于结构扁平化和权利公平化。对数据的垄断结合计算能力使新技术公司拥有更为强大的影响力，数据拥有的不平等不仅直接产生了经济收入的不平等，而且由此衍生出社会和政治权力的分化，谁掌控了数据，谁就拥有了权力，信息不对称将进一步造成权力的严重不对等。如何填补这种因数据拥有不平等所带来的社会鸿沟，也是全球所有创新经济体系国家面临的共同难题。

　　Facebook个人信息泄露丑闻震惊了整个美国。根据年轻的一批美国互联网闯将的理论，在自由竞争的开放式网络市场内，Facebook本身无须监管，但就目前看来，他们的这套理论显然失败了。原有的理论还假设新基数因素会促进商业组织的扁平化发展，科技创新会带来更多的去中心的竞争，但是在某种意义上，无论在西方国家还是在中国，新技术公司的发展态势呈现出更多新垄断的特征。

　　有人就注意到，眼下的互联网经济在经济层面都出现了"头部固化"的趋势，正如一位评论者所说："这些固化可能体现在资本、技术与商业等多个层次。例如在Facebook出现、奈飞全力转型流媒体并最终奠定当今全球互联网的主要头部格局后，再也没有出现足以撼动这一头部格局的力量，即便是让互联网规模成倍增加的移动互联网也不例外。在这之后出现的重量级参与者中，除了Uber、Square、Snapchat、今日头条等少数例外，大多数要么诞生于超级头部内部，比如微信和微信支付，要么成为它们的猎物，比如Instagram、WhatsApp、YouTube等，要么贯穿着巨头的力量或已经成为其生态的重要部分，比如滴滴出行、美团等。"在美国，大型技术公司的新垄断特征已经引起立法部门的重视。2019年3月8日，美国参议员伊丽莎白·沃伦（Elizabeth Warren）公布了一项拆分亚马逊和Facebook等大型科技公司的计划，这是2020年美国总统大选中迄今最明确的限制硅谷增长的提议。她希望"对科技行业进行重大的结构性改革，以促进更多的竞争"。这些改革将包括"拆分"亚马逊、Facebook和谷歌。引人注目的是，她的声明中没有提到苹果。

（二）新技术公司全方位介入公共管理和社会治理

新技术公司开始凭借其先进的技术逐渐介入公共事务，接管了大量由政府垄断的公共管理事务，传统的政府职能需要被重新定义。在这种情况下，同传统商业利益团体机构相比较，新技术公司拥有更多资源参与和干预政府的公共政策。

明显出现的一个新的现象是，新技术公司凭借先进的技术正在介入大量公共管理事务。这体现在公共服务的形式和内容已经发生了革命性的变化上。在传统政治学和公共管理领域，政府处于公共服务的中心，然而，伴随着新技术的发展，政府的大量公共事务管理权将不得不向社会和市场分配与下放，政府的形态将不得不发生改变，政府作为政策执行的核心职能将逐步被弱化甚至被加速替代。这一方面是新技术公司的发展诉求，是对自身角色功能和领地的理性诉求，但另一方面是政府基于自身回应社会发展和人民需要的理性考量。

一方面，新技术公司凭借社会效率的提高，正在加速证明其自身提供公共产品的合法形象，导致政府难以抵制以新技术变革名义适应公众需要的商业扩张趋势。同传统的甚至五年前的公共政策参与模式不同，由于这些新兴技术公司不仅拥有极为先进的技术组织社会资源，而且凭借云计算、人工智能等新技术陆续接管了大量政府公共管理职能。另一方面，许多地方政府在社会组织监管领域开始主动寻求同新技术公司越来越多的合作。

在大数据领域，截至2018年，全国31个省（直辖市和自治区）中的大多数都已将其海量的政务大数据交给了新技术公司运营和开发。在社会治理方面，2017年以来，许多具有创新意识的地方政府开始主动寻求与新技术公司的合作来解决社会管治问题。广东省食药监牵手阿里巴巴打击网络食药违法行为；北京地税和阿里巴巴携手探索纳税信用体系建设——区块链等信息技术的运用将大大改变社会信用体系从而助推税务体系变革；重庆市政府与阿里巴巴、蚂蚁金服共建智慧城市；天津市政府与阿里巴巴开展合作打造"数字互联网天津"，等等。

第二章 新技术公司与政治变革

公安系统为国家机构同新技术的深度合作提供了典型案例。新技术公司拥有利用大数据、人工智能和新技术构建实时风险防御机制的能力，驱使强力机构同新技术迅速展开合作。为了打击电信诈骗，公安部跟腾讯合作建立了"麒麟系统"，对全国范围内的基站运行进行实时监测，按照双方约定，每季度腾讯都会向公安部提供季度手册，针对"麒麟系统"所监测到的伪基站出警进行打击。由于助力公安部从根源上打击信息诈骗犯罪，腾讯获得由公安部授予的"公安部打击治理电信网络犯罪防控中心"称号。擅长人脸识别技术的商汤科技是另一个政府与新技术公司深度合作的范例。在公安部和商汤科技联合确定的试点城市，地方公安系统配备了由其生产的面部识别系统，在实现摄像头数据向结构化数据转变后，在短短一个月内就抓获了69名犯罪嫌疑人，解决了"单靠人力无法监控中国所有的摄像头"的困境问题。

此外，阿里巴巴跟公安部刑侦局合作建立了"钱盾"反诈骗平台，同样是新技术公司利用大数据、人工智能助力国家机构构建实时风险防御能力的例证。而阿里巴巴与公安部合作推动建立的"团圆系统"则是一个新技术驱动下的儿童失踪信息紧急发布平台，通过新技术结合广泛的社会多中心——团圆系统已接入新浪微博、高德导航、支付宝——实现了广泛的社会治理合作。

随着数字革命和人工智能技术的进步，未来可能会有更多传统的政府职能将被新的技术方案或新技术机构革新或替代。例如时下广受热议的区块链技术，其应用已由开始时的金融延伸至包括政府管理在内的广泛领域，通过分布式数据存储、点对点传输、共识机制、加密算法等技术的集成，可有效解决传统交易模式中数据在系统内流转过程中的造假行为，且无须确定单一保管人或中央分类账等中立、垄断部门作为中介，未来这项技术可能为各类事务提供登记服务，包括出生、死亡、物产、学历、婚姻等证明，一切以代码形式进行的交易行为都可由区块链技术加以登记。一些国家和机构已经在尝试利用这项技术替代传统政府管制手段。随着这项新技术的发展，在不久的将来新技术公司所掌控的动态大数据极有可能取代传统的政府人口普查，而政府也可能通过区块链技术工具进行征税。

（三）新技术正在突破传统权力边界，衍生出大量新型"政治空间"

在 20 世纪工业时代的政治学中，政治权力同其所制造和控制的政治空间紧密相连，国家可以灵活调控这个空间的边界和范畴，这个传统政治空间的本质概念是任何商业和社会生活都具有不可逾越的行政边界。在互联网出现的初期阶段，许多国家仍然可以通过政府垄断的技术统治控制信息——在这个意义上，支撑现代国家合法性的"真理"是被制造出来的，人民所赖以存在的生存空间或者由国家所创造，或者由社会自主创造，但毫无疑问需要被置于国家无所不在的管制之下。

"互联网＋"等新技术的运用，使传统行政权力覆盖范围和管治能力大幅萎缩，甚至人们习以为常的政治权力运行规则会瞬间失效。任何政治体系都是建立在特定的政治空间之下的，权力运行结合政治空间的特点实施管治。但是"互联网＋"等新技术的运用，在一定程度上代表了一种无形、无组织或有组织但组织效能低于传统组织的政治空间，尽管目前有一定的监管，但是在某些领域仍然被视为无边界的政治空间，公权力和传统管治无法覆盖，对公共政策、政府管治乃至政治安全产生重大影响，这对中国政治安全的维系形成巨大考验。

从世界范围来看，这些国家权力之外的新空间正在不断扩大，新技术因素给社会创造了更多的自主空间，而这些空间的"领土"属性正在因新技术因素而变得强化。在极端情形下，国家规范社会的能力和机制也将因新技术因素而受到削弱甚至被彻底颠覆。例如区块链技术的发展以及随之而来的"去中心化"的信息储存方式和重新定义，可能颠覆政府垄断和操控新闻信息的能力，即使理论上国家可能拥有先进的算法，但也无法抵抗庞大的机构和社会力量所形成的复杂算法能力与可能出现的联合。

在"颜色革命"过程中，包括埃及在内的一些国家青年运动就是在 facebook 作用下酝酿发展的。在英美国家，我们注意到维基解密也形成了一个隐遁无形的政治空间,很多微小的个体凭借其知识进行集体"拼图",乃至于最后同超级大国进行对抗,甚至严重腐蚀国家信用。新技术不仅成为公众表达自己的观点、协同思考和行动的工具,而且可能制造一种无处不在的公共权力对政府权力进行的监督和制约,更有甚者在新技术作用下个体权力运行在空间意义上获得了量级的裂变能力。

移动互联是新型政治空间催生的因素,美国 Facebook 的月活跃和日活跃用户分别达到 22 亿户和 14.5 亿户,微信的月活跃用户已经接近 10 亿户。在中国香港,新本土主义思潮及其衍生的政治运动,其背后都有新技术力量的支撑。在 2018 年"两会"期间,喧嚣一时的"白眼"风波,都是一种新型的社会风险。而在这些风险面前,花费巨大资金的"网格化管理"可能会瞬间失灵。在国家权力难以覆盖的新的社会空间、生活领域或市场活动,有别于行政"不作为",也不同于传统监管型国家建设,"政策真空"的本质在于现有国家和行政权力运行的极限受到挑战。但是与此同时,新技术手段(公司)正在替代政府介入这个新型政治空间,如果处置不当,"政策真空"会演变为政治安全事件。然而,国家和政府在合理把握政治安全边界与合理管控方面的能力显然是不足的。许多西方国家已经在政治安全方面同新技术公司开展互动合作,而不是使用传统的官僚系统管理政治安全,这背后关于如何建立风险分享意识,如何运用互联网思维处理社会问题,以及如何建立有效的政治预警模式,都缺乏值得深思借鉴的重大经验。

(四)新技术公司深度介入政治生活并改变着政治权力运行法则

在 2018 年爆发的 Facebook 用户数据丑闻中,公众看到了剑桥分析(Cambridge Analytica)在美国总统选举中所扮演的角色,新技术公司已经介入了美国总统大选,它们将用户数据分析和选举行为联系起来,对选举过程进行了有力干预。在特朗普的总统选举中,新技术公司群体的深度介入已经是一个不争的事实,除了 Facebook 外,还有 Google、Twitter 深度介入了选举过程,新技术公司同政治的联合已经是政治生活中的现象级事件。

有美国媒体评论道，技术公司的介入大大改变了总统选举中政策辩论的平台和机制，也重新塑造了投票者同候选人之间的关系。尽管剑桥分析公司遭遇数据丑闻并可能面临司法审查，但是它还是成功开启了一个将新技术带入选举的时代。西方国家的新技术掌控者正在利用自身的技术优势积极介入政治，极大地促进了"技术统治"的实现。

2018年，随着美国中期选举的临近，民主党已经吸取共和党总统选举的经验，通过一个名为"高地实验室"（Higher Ground Labs）的组织积极同新技术公司联合。这个合作项目投资并笼络了13家技术组织的参与，包括Change Research新技术民意调查——该组织在成本削减90%的前提下提供了更准确、迅捷的民意测验数据，Avalanche这类以认知科学为驱动的新技术公司——促进同选民的正当交流和互动，Civic Eagle这类基于新技术主导的政策倡导平台，以及Factba.se这家"通过新技术收集政治对手'说出的每一个字'，以便迅速识别差异和变化并给出对策"的新技术公司。这些公司旨在通过新技术改变或干预政治运行规则，帮助美国的左翼进步力量，提供政治"创新解决方案"。

显然，新技术公司已经逐步替代传统的垄断传媒集团，成为美国政治生活中最重要的意见产出机制，技术和商业组织同政治的距离从来没有像过去五年这样紧密无间，这同过去100多年来工业进步时代的政商关系有着本质区别。回看中国，虽然我们很难说中国的政治权力运行也受到新技术的支持，但是从政治意见的生产机制角度来看，随着新技术公司的崛起，中国的舆论生态和干预机制已经同过去完全不同，在新闻传媒领域，公众数据、超级算法和信息的精准投递正在取代传统的信息传递模式，虽然官方仍然在意识形态领域掌控着生杀予夺的大权，但是在塑造大众观点和舆论引导方面，官方的意识形态能力正处于衰退状态，可能是一个正在发生的事实。

当下，中国政府正在大力发展城乡社会服务和公益类社会组织，这些新技术会极大地促进社会组织之间的深度合作，而这个结果未必仅仅是社会性的,它会随着技术层面的替代而产生出相应的政治后果。例如在一些二、三线城市,地方社会组织和新闻传媒行业正在凭借出色的学习能力和新闻分发传播技术手段,分享地方政府对公共舆论的影响力。

三 新技术驱动的政治变革

新技术变革让我们看到在社会进步面纱下庞大的社会"独角兽"群体——这是颠覆性科技所带来的新型行动主体。在政治学中,"利维坦"被形容为垄断暴力和生杀予夺大权的政治实体,当利维坦和独角兽及其所附带的新型社会组织形态相遇,会发生什么呢?这个崭新的政治图景和权力关系,将会在政治理论和政治变革方面带来何种政治图景,这既是一个无法回避的问题,也是随时可能发生的现实。

(一)"国家—社会"关系的再定义

第四次工业革命和新技术的发展,正在重新定义国家。我们现在所谓的现当代西方政治学的很多基础性假设和理论,或者政府运行的形态,是建立在过去100多年工业形态的基础之上的,包括我们今天政治学里常提到的国家能力、国家的基本职能,甚至国家政府和市场关系等,都跟国家的定义息息相关,包括现在很流行的监管政治学。

在整个工业结构和社会经济生产方式发生变化之后,建基于20世纪大工业时代的政治学理论、基础、前提都会发生很大变化。在国家暴力领域,传统政治学尤其是国家学说假设国家是暴力的垄断者,暴力资源的占有和使用是一体的。在新技术政治中,国家暴力权的定义和内涵正在发生着深刻的变化,过去暴力资源的制造、占有和使用完全是相互分离的,只有国家拥有合法使用暴力的权力,国家剥离了暴力资源制造者的使用权。在新技术政治下则不同,数据在社会生活中不仅获得了促进发展的经济功能,而且蕴含着广泛的暴力意义,透过数据可以发挥传统的暴力机制所预期达到的功能,颠覆社会秩序。

在今天世界各国，大数据资源统一地集中在大型技术公司手里，新兴技术公司掌握着大数据并且垄断着人们的日常生活信息和数据，它们所掌握的统计数据无论就其规模还是包含信息的深度，都已超过了政府的传统统计数据。当数据和计算深度介入公共秩序的运行时，那它对政治生活和政治权力所具有的意义也就不言而喻了。

实际上，互联网技术的普及以及新技术革命挑战的不仅是政府监管模式，而且在更加广泛的意义上，以传统的垂直管理的官僚体系为基础的国家权力运行方式将受到极大挑战。例如，在今天中国的司法改革实践中，互联网技术的运用最直接的影响是彻底颠覆了传统的审案方式，从而深层次地影响权力流程再造和司法体制的创新。例如围绕执法、检察、司法权力关系，因互联网技术支持下司法审判平台和信息共享平台的构建，使原有的分属不同权力部门的垄断性事务被全程共享，从而彻底改变了执法检查和司法三者权力运行关系。与此同时，上下级之间庭审信息的共享以及司法技术的外溢，也导致原有的建立在信息垄断和司法技术基础上的中国四级法院体系——最高院、高等法院、中级法院以及基层法院——的理论基础失效。

在更深层次的意义上，在新技术的作用下，国家与社会的关系也发生了重大变化。同在结构功能主义意义上理解国家的传统的路径不同，新技术形式下的社会权力运行将大大改变国家所面对的微观环境。新技术环境下并不意味着国家权力被"停止"了，而是这个巨大的"利维坦"对更多的新人群、新组织、新社会力量而言将变得陌生起来。这是由于在国家管控的政治空间下，事实上居住着无数个官方从来不知道的"小组织"，不知道它们如何组织，也不知道它们如何管理。这些小组织明确自己在社会中一定要切割某个部分的权力，并同时划定自己的虚拟和现实边界。它们也许不是要政治统治权力，但至少要内部"疆域"的控制权力。以全球不同地区的颜色革命为例，在不同区域，各种新组织形态不仅出现在网络上，也出现在现实社会中，只是它们的组织手段更有技术含量，其背后是无数个形形色色的"俱乐部"和小型创新组织发挥着政治腐蚀作用。

对于国家来说，被组织起来的陌生化群体不太容易使用以前可以很好管理社会的旧治理工具。要识别哪些"小组织"会成为政治运动或社会运转的主体，这需要极高的统治技术和成本。针对如何划定统治边界的问题，以及依据什么理论划定边界，是否有权力划定边界，不可避免地会引起争执，甚至会引起冲突，但这些已经不属于传统意义上的政治斗争或阶级斗争的范畴，这是新技术政治途径下最核心的理论和实践问题。

（二）呼唤政府"新监管"和"新行政"

随着新技术和颠覆性科技对国家监管职能的挑战，在认识到新技术公司所具备的极高商业价值和所取得的巨大社会效益的同时，政府显然要清楚地认识到，新技术的广泛运用和新技术公司的大肆扩张和发展，还可能产生许多的副产品。如果国家权力和政府管治不能及时跟进，可能会演化为一系列"次生灾害"，引发不可预想的政治效应。但是，在第四次工业技术革命条件下谈论"监管"问题要有革新意识。

各类技术的突变型发展、各类创新业态以及由此带来的突发性现象级事件，使得立法机关和政府机构应接不暇，在过去，决策者有足够的时间研究特定的事物，有能力识别将要监管的对象，并建立合适的监管框架，但是这种传统的线性关系、监管的机械性质已经发生了根本改变。

Facebook 个人信息泄露丑闻震惊了整个美国。根据数年前的西方互联网发展理论，在自由竞争的开放式网络市场内，Facebook 本身无须监管，但目前看来，这套理论显然失败了。这一次 Facebook 个人信息泄露问题，除了安全监管意识之外，还有监管能力的问题，政府在个人数据保护方面是缺位的。这也说明包括美国在内，目前许多新技术的进步以及由此带来的经济形态并没有处在政府现行监管框架下，或者说，政府根本上还没有来得及或没有能力革新监管工具对其加以规范，在一个极短的时间内新技术就已经颠覆了原有的社会契约关系和监管框架。政府必须持续适应快速变化的新技术、新环境，加深对治理对象的了解，但是在 20 世纪发展起来的笨拙的官僚制政府组织系统内，这是一个显而易见的挑战。

互联网行业在20世纪90年代的自由意志主义狂潮中发展起来，美国显然未能像对待安全生产、食品卫生、金融或航空业那样，为互联网建立起一套完善的规则，以保障民众安全和宪法价值观。但是这并不能完全归咎于极端自由主义的影响，而是有着更为深刻的原因。20世纪是以美国进步时代和发达国家工业化为开端的一个世纪，这个阶段，资本与政治、国家与社会、计划与生产、监管者与被监管者，是一个非此即彼、你赢我输的游戏。这个游戏的主导者是国家和政府。在强制资源和技术手段上，政府具有无可替代、无可挑战的垄断地位；在行为道义上，政府占据着公共性制高点，国家的再分配职能和市场调节机制以及监管职能被视为有效纠正市场失灵的重要机制。但是在第四次工业革命之后，监管的传统内涵正在发生重大变化。政府的强制性资源占有能力在下降，公共性的建立抑或"公益"任务的完成，更多地依赖于政府和企业的协同合作，显然建立在强制能力和执法基础上的监管模式已跟不上形势的发展了，在一个关键的转型期，新技术企业的无限扩张和政府的强烈自保意识，会重新产生一种压迫和诱骗的零和游戏。

政府和新技术企业都需要改变。在这方面中国在新技术发展和协调政府关系方面的探索具有重要意义。2016年10月，阿里巴巴第一次提出了"五新"发展战略——新零售、新制造、新金融、新技术、新能源。其基本含义是，互联网已经成为经济社会发展的基础设施，云计算、大数据、物联网的加速推进将对传统生产供给、消费需求模式进行重新定义。这个"五新"战略将会倒逼政府的"新行政"，因为终端的云计算、大数据、物联网代表了一种基础设施的新样态，对政府如何变革自身的监管体系施加了前所未有的挑战。但值得注意的是，阿里巴巴这个新的目标同政府的宏观经济规划和国家议程紧密结合起来，许多创新领域的拓展给予政府一个时空预期，促使政府与时俱进地革新监管工具、建立同新技术革命背景下的社会管理和社会经济运行相互适应的"互联网"行政和监管方案，这将更加有利于开启良性的互动。

（三）急需全新的合作思维与协同机制

随着第四次工业革命颠覆现有的经济社会乃至政治模式，政府必须意识到，作为传统垄断性的国家组织，它们在第四次工业革命所塑造的崭新技术环境和政治生活中，也仅仅属于分散的权力系统的一部分，需要在相互交往互动中加强同社会部门的广泛协作，这样才能履行国家管治的权责。如果建基于这样的思维，合作的机遇也是广泛存在的。

中国共产党十九大报告指出，当前中国"迫切需要推动互联网、大数据、人工智能和实体经济深度融合，借以提高保障和改善民生水平，加强和创新社会治理"。实现中华民族的伟大复兴、满足人民对美好生活的广泛需要，既是一个政治议程，也是中国社会的总目标。要实现这个目标和任务，就要拥有广泛的统战思维与合作意识，除了在中国特色社会主义体制内实现对"党政军群"的横穿总管的改革和协同外，还要坚持以问题为导向的改革，推动更加广泛的协同与合作。

新时代、新形势、新任务的复杂性、联动性主要就体现在解决问题需要高效协同上，这个协同，不仅是体制内的协同，还需要更广泛的协同治理。中国特色社会主义制度体系包含着新经济成分，新的工业形态促生的新制度，以及新兴的治理工具和更为广泛的合作机制。在实现党和国家政权机关和传统的"党政军群"体制资源的"机构设置、职能优化以及协同高效"的基础上，要进一步形成同社会更广泛的新生力量的协同发展。

同新技术机构的广泛合作，并不仅仅源自于通过新技术的协同提升治理能力，还在于从政治安全的角度加以理解。在新技术驱动的发展环境下，国家权力的巩固和政府治理的有效性，需要政府对各类不确定性风险具有灵活应变的能力。一个拥有抗风险能力的权力主体和治理结构，除了需要一个广泛的利益分享机制之外，还需要更加广阔的决策空间，以便在面临不确定性考验时，有更多的利益相互一致的参与者共同参与风险的研判，从而共同制定规则并建立一个高效的预警机制。在军事领域，中国设立了专门机构指导尖端武器研发，致力于推动军事和民用创新资源的"共建共享"，实现"军民融合"，暴力机关及时接受了民营新技术公司的参与合作，这被外界视为仿效美国国防高级研究计划局（DARPA）推动广泛的新技术合作。2017年7月底，中国国务院宣布，计划到2030年成为人工智能技术领域的全球领导者。根据这一战略，军事和民用创新资源将"共建共享"，新一代人工智能技术将为军事行动和国防装备设计提供"强力支持"。

事实上，在"问题导向"的改革意义上，治国理政的其他领域同军事安全并没有本质的差异性，上述合作构想和模式，应从军事领域延伸到公共安全、社会治理和公共服务等更广泛的领域，要透过有效吸纳新技术因素和团结新技术力量增强国家能力，合作解决治理问题。新技术本身就是安全的隐患，但同时也是维护安全的重要合作伙伴，二者既是一个矛盾整体，又是构筑政治安全机制的基础。面对各种复杂的社会群体，国家似乎还没有孕育出一种可以融合、连接以及有效判定社会各种利益冲突的能力，没有在各种不同社会群体中建构信心或有效互动的能力。针对新型政治空间，开创国家权力运行的新机制，政府应该与其他相关方一道共同构筑全新的公共治理架构，包括同更广泛的社会力量建立风险共担机制、协作治理机制以及荣誉分享机制。

2016年10月21日，在全国政法干部学习讲座上，阿里巴巴董事局主席马云面对全国150万名政法干部分享科技创新在未来社会治理中的作用。主持本次讲座的中共中央政治局委员、中央政法委书记孟建柱要求广大政法干警学习运用大数据进行社会治理，增强"预测预警预防"的能力。这说明全新的合作思维以及互联网思维，有别于传统的管制思维和行政主导思维，要充分利用新型政治技术同新技术的合作，建立一个巨大的社会合作网络，使用新技术激发机构和社会成员的广泛参与，将新技术同"群众路线"融合起来，增强新技术时代的国家能力。

事实上，在许多国家的改革中，已经对第四次工业革命的因素加以必要的考量。针对大型技术公司的崛起，中国同样需要明确对其加强监管与协同合作的战略，在机构设置方面要适应这一双重职责和使命。同新兴技术公司尤其要建立起协同合作关系，共同治理推动社会进步，甚至可以仿照美国国防部高级研究计划局（DARPA）的机构形式，成立国家新技术研究计划局，推动第四次工业革命产生的新技术科研成果向国家治理应用领域转化。针对新技术机构的监管，可以在中国社会科学院等国家级智库成立"新技术评价中心"，增强对大型技术公司的专业评估。

（四）优化技术主体的行政吸纳和政治参与

随着新兴技术公司群体的崛起，它们同政府之间的权力关系，也会逐渐蔓延到政治领域。传统的行政和政治吸纳机制有两个主要的特点。其一是结构功能主义，以党政军群的组织架构统合不同的社会群体，同时以党政决策议程为主导，再辅之以广泛的社会咨询，完成对社会意见和社会力量的吸纳整合。

在现有框架下，大型技术公司也在利用传统的渠道和方式，将它们的意见反馈到政治系统。阿里巴巴专门成立了一个政府公共部门，以便加强和政府之间的联系，根据访谈了解到，这个部门独立于任何部门之外，直接由马云统管。招聘的人员一般都有政府资源的人，熟悉政府工作流程和规章制度。这个部门在集团成立之初就起着重要的作用。从支付宝与中国工商银行的合作开始，浙江杭州的工行作为试点，成功复制合作模式并将其推广到其他地方和部门。阿里巴巴采用这种试点的方式与政府深入合作，成为国内国外政府企业的代言人。

但是新技术公司往往不会满足于单向简单的政治咨询，它们更愿意充当规则的共同制定者，积极采取行动对经济社会运行法则施加影响，甚至直接介入政府规则的制定和政策工具的设计。大案例让我们看到了新技术企业发动的"倒逼机制"。例如，2015年6月1日，滴滴出行同上海市交通委、四大出租车企业代表联合建设了上海出租车信息服务平台并正式上线运营，为官方与第三方打车软件的合作开创了先例。6月4日，上海市交通委与沪上四大出租车企业、滴滴出行联合成立全国首个约租车管理办法工作组，共同制定一套可操作、可持久的专车管理机制。滴滴出行通过同上海市交通委的合作，成功建立一个城市交通管理的运行平台，共同拟定规则。这同过去政府主导、企业处在附属地位的情况似乎不太相同，新技术公司通过试点合作建立了机构主导的信息平台和大数据中心等机制，积累了经验，成功地进一步"游说"更高层级决策者，促使其在更大范围内推广新技术应用。

从政府角度看，在行政吸纳方面应当建立更加前瞻性的考量，需要探索建立同新技术政治环境相互匹配的行政吸纳机制。从新技术公司角度来看，它们同样缺乏对中国政治体制的全面深刻认识，同西方国家的大型新技术公司相比较，中国的新技术公司显然缺乏利用广泛的社会科学资源开展专门的政治分析、提供政治可行性方案的意识和能力。

四　结语

技术在某些领域的使用，已经让政府的所有公共行为和企业运营紧密地纠缠在一起了。显然，新技术的使用和当下政治运行规则之间的冲突显而易见，所有重大技术的出现都会导致某种放大性选择，其影响深度和广度超越了统治结构自身的涵纳能力。新技术的拓展已经让传统的政治权力运行步入了一个全新的领域。以当下新技术公司的发展为代表，作为现有政治体制和官僚行政体制，统治行为以何种本能反应应对新问题，这是一个全新的政治学问题。

16世纪初期，罗马教皇将马丁·路德说成是"一头闯进了上帝葡萄园的野猪"，而后者在推动新宗教与社会变革时被封为圣徒，而教皇的意识则被当成一则历史笑料。在当代社会生活的政治版图中，"独角兽"的闯入，以及由于新技术因素所衍生出的新经济形态和社会组织形态，都将产生无法预估的力量。这意味着无论是通过国家还是其他的方式，都要对这种力量所可能产生的更深远的影响进行必要评估和驾驭。但是我们也要看到，新技术革命和大型新技术机构在介入政治过程之后,国家主权者需要重新审视自身,其中最重要的是主权者需要以变革者的思维审视传统权力的运行,革新政治理念和社会合作协同的机制。换句话说,在新技术政治环境下,对传统的国家和政府组织来说,既充满挑战,也存在广泛的机遇,如何与时俱进地革新理念,变得至关重要。

(樊鹏)

第三章

新技术环境下的政治安全[*]

当下，出现大量突破制度能力极限的现象和事件，这背后最不可忽视的是互联网和新一轮技术革命的影响。互联网和新技术因素改变了政治运行的结构和规则，赋予更多主体挑战"组织"边界和参与"搅局"的能力，塑造了更多松散的耦合型组织形态和新型政治空间，从而在国家制度能力不足的情况下增强了政治体系的系统性风险。从制度安全角度理解政治安全，需要针对市场和社会的开放系统建立必要的风险假设和预警能力，需要对单中心的理性化组织进行技术改造，改善现有治理体系的容错能力和可逆性能力，同时增强同更广泛的新技术力量的利益和风险共享机制。

今天，你会发现这类现象和事件越来越多，这里必须考虑一个崭新的背景和一些新出现的变量，最重要的是新一轮的技术革命所塑造的崭新环境。在新技术的影响下，社会经历了持续的"再组织化"，各类传统政治空间被加速重塑，互联网和新技术因素改变了政治运行的结构和规则，赋予更多行动主体挑战传统国家权力边界的能力，塑造了更多新型的组织形态和政治空间，从而在国家制度能力不足的情况下加速了系统性风险爆发的可能性。我们不能将政治安全简单地理解为直接针对政权的内外颠覆活动，或仅仅围绕国家基本意识形态和基本政治制度的安全，而是应当在更广泛的意义上理解威胁政权和制度安全的风险因素。

---

[*] 本章内容首发于《东方学刊》2019年第1期。

第三章 新技术环境下的政治安全

一 新技术环境的政治内涵

互联网是20世纪的产物，但是互联网技术的升级和广泛运用是过去十余年来的事情。2011年国家成立了高规格机构从事互联网治理，但是很大一部分工作被理解为舆情治理。舆情治理是一个特别"饮鸩止渴"的概念，用官僚化工具把眼前的成本降到最低，用极限手段处理背后可能潜藏的复杂社会问题，从而忽略了长效的国家权力运行以及国家同市场、社会和其他新事物的关系，当然也取消了国家权力有机会识别社会新生事物并与之进行互动的空间。

这种管治模式部分源于决策者对互联网新技术的不完整理解，对于新技术可能在政治层面产生的长期影响缺乏准确判断，但更多的原因在于原有政治系统中的一些特性无法因应日新月异的世界变化。为什么这样讲？因为整个互联网和新技术的发展之于现有的政治权力，类似于16世纪初期印刷术的推广之于马丁·路德所处的变革时代。新技术激发的是整个社会领域的大变革，它彻底改变了所有政治主体所处的环境，帮助他们突破原来所处的信息结构、组织条件和行动结构，但是当时的统治结构还一时难以因应社会和思想的变化。互联网新技术环境的本质不是产生了官方不乐见的舆论或信息流，而是互联网新技术随着自身的传播并向其他领域蔓延，逐步同更广泛的市场、社会运行机制相结合，催生了全新的经济社会和政治形态，市场和社会正以全新的方式运行和裂变着。但是相对于市场和社会来说，虽然国家和政府也发生着变革，但是受制于传统官僚体系的弊病，它们在很长一个时期内的反应注定是被动因循的，对新的社会变化缺乏充分的消化和回应能力。

上一章已经粗略探析了互联网和新技术发展对政府监管职能、公共服务、国家与社会关系乃至于国家的政治生活可能产生的深远影响。现代国家的职能体系在20世纪大工业时代逐步健全起来，政治学界常使用的利益集团政治、法团主义、结构功能主义、监管型国家等概念，反映的是大工业时代国家同市场社会主体的关系和主要处置工具。然而，在第四次技术革命环境下，日新月异的新技术加速改变了政府监管权力行使的环境，政府原有的监管框架和监管工具的实用性及其权力的极限，受到了持续挑战。在互联网背景下，更多的市场主体获得了行动能力，对很多微观交易行为，政府很难识别，很难判断，很难处置，所以在很多领域会衍生出一系列意想不到的市场交易方式，会演变成系统性风险。2018 年发生的滴滴出行事件，部分造成了社会对于政府监管大型技术公司的权威和信心的下降。当然，即使是传统工业集团所具有的垄断性质的经济行为，在新技术环境下也嵌入了大量微观交易行为，衍生出更多的信息不对称，极大地增加了政府的监管成本。

在市场和社会出现更多微观交易行动的同时，作为监管方的政府则失去了更多的"微观权力"，政策制定者难以对变革施加影响。在技术环境下，过去对政府的许多想当然的定义，现在也需要重新审视了，譬如政府作为垄断暴力、垄断财税的组织者，现在不那么确切了。在大工业时代，制造暴力和使用暴力的机制是分开的，国家垄断了合法使用暴力的权力。但是在新技术环境下，数据本身就是可能制造暴力的渊薮，可是，目前数据的制造和拥有并不完全垄断在政府那里，而是广泛分布在技术公司甚至单个社会组织和主体中。今天，政府不仅受到国际、地方、机构这些更广泛意义上多中心权力结构的制约，而且随着新技术的持续发展，导致政府适应快速变化的新技术、新环境，加深对治理对象了解的成本越来越高，时间越来越短，这个挑战很大。

各类技术的突变性发展、各类创新业态以及由此带来的突发性现象级事件，使得立法机关和政府应接不暇，过去，决策者有足够的时间研究特定事物，有能力识别监管对象并找到有效的监管工具，但这种传统的线性关系、监管的机械性质已发生根本性改变。技术在某些领域的使用，已经使政府的所有公共行为和企业运营紧密地纠缠在一起了，统治行为会本能地把它们当成合作伙伴还是需要积极防范的潜在挑战者？这同样是一个有待观察的问题。

事实上，因互联网和新技术赋权所改变的不仅是市场领域的复杂交易、权力结构以及国家和市场的关系，它对于社会力量的发展以及国家社会关系改变的作用，也是不可小觑的。今天，我们的执政党、立法机关和政府识别变化中的社会关系和新兴社会主体的能力，并不见得一定是与时俱进的，也有可能处于不断衰退中。国家社会关系并不是更清晰了，反而是更陌生了。相较于复杂的社会生态、新型的政治形态以及由此衍生的风险挑战，我们的治理理念和处置工具并未得到及时革新和跟进，甚至由于单中心思维和官僚治理的刚性特征，反而使政权丧失了同广泛的社会力量交往的自我训练机会。在这个意义上，我们有必要加深对新技术环境下政治安全有关现象的理解，并思考与之有关的理论问题。

二 政治安全风险的几种形态

互联网和新技术的本质是广泛的市场和社会主体的赋能并随之拓展它们的互动空间、机制结构和组织网络，进而改变既有政治权力运行的条件、局限、规则和任务。这里提出几个关键的概念，作为新技术环境下的政治形态，它们分别是"系统性风险""新型政治空间""权力真空"和"集合性行动"，实际上这四个概念也是影响政治安全的关键变量。

（一）系统性风险

在传统意义上谈到的社会风险或政治安全，具有显著的局部性特征。改革开放是大分权的时代，也是调动积极性的时代，20世纪90年代末期以来，国家因应形势发展的需要建立了许多专网，非常有效地控制了各领域的风险，与之匹配的行政权也下放给了各分立的行政系统和各级党委政府。但是，当下中央讲得最多的是新时期矛盾交织、风险叠加，是改革的整体性、系统性和统筹性，需要的是多要素联动的"制度合力"，这说明当下的体系应对整体性风险的能力不足。

在讨论政治安全的概念时，一个重要的前提是要具备系统性风险思维，即受到互联网新技术因素的影响，各领域联动性增强，大量局部风险外溢，并以极快的速度和全新的机制演化为整体性风险。比如说金融股市，它本来是一个金融问题，或者说在过去是一个金融问题，但是现在可能就不仅仅是金融问题（例如互联网金融中的P2P合规化整治）了，而是涉及社会稳定乃至政治稳定的问题，显然依靠局域的信息和局部的决策是处理不了整体性问题的，金融监管部门对事件可能产生的影响同样负不起完整的责任。

在新技术环境下，经济、社会、文化甚至是农业领域的风险都有可能外溢为整体性风险，当分立的官僚行政系统无法处理它的时候，我们就可以视为政治安全问题了。所以在这一个意义上，政治安全可以在系统性风险意义上加以审视，它不一定是政治领域的安全或直接针对政治制度的风险挑战，而应理解为各个具体领域的管治风险外溢后形成的系统性风险，是经济、社会、文化、金融乃至互联网等领域积聚的矛盾的总爆发。判断社会治理领域的问题是否属于政治安全的范畴，主要依据就是观测这些局部的和日常管治中存在的风险是否已经构成系统性安全风险，风险是否外溢，是否已经对党的领导体制和现行管制体系形成了威胁，问题的呈现对体制的制度合力需求越大，政治安全的特性就越强。

（二）新型政治空间

任何统治都是建立在对政治的识别和控制基础上的，传统政治空间的本质是任何个体和组织都具有的不可逾越的行政边界。我们的体制起初拥有制造各种政治空间的能力，随之而来的是与空间相互匹配的政治吸纳结构或管治体系；后来，在建设市场经济的过程中，中国的政治空间发生了极大改变，从农民到市民，从居民到网民等，从实体社区到虚拟社区，社会力量和公共空间不断壮大、裂变，我们的体制不仅丧失了制造空间的能力，识别和管治不同空间的能力也在衰退。依靠组织的"全覆盖"能力与有效识别、处置以及灵活互适的能力，完全是两个概念。即使在香港特区这个复杂的政治空间中，我们也试图寄希望于功能界别这种结构功能主义的架构来作为吸纳社会、化解政治风险的主要工具，但是在2016年春天新本土主义势力制造旺角骚乱之前，结构功能主义的管治框架并没有发挥足够的预警功能，在事件之后也难以发挥有效的干预功能。

在新技术环境下，中国的政治空间被极大地重塑，它不仅体现在经济社会结构剧烈变化所带来的社会"再组织化"过程中，而且体现在组织、观念、文化意义上衍生出更进一步的裂变方面。传统政治空间的核心特征是组织稳定性、国家能力或行政能力。在新型政治空间中，任何政治空间都是具有行政边界的，但是一个没有边界的政治空间出现后，就会对政治安全构成重大威胁。这个空间可能出现在有形的物理空间，人事和制度构成的组织空间，抑或出现在无形且无组织的观念空间里。网络在一定程度上代表了一种无形、无组织（或有组织但组织效能低于传统组织）的观念空间。

在新技术环境下，国家将面临更复杂的微观环境和复杂的空间结构。在大工业时代，国家所面对的是以企业集团和社会组织为主体的、经过组织化整合的市场和社会。在新技术环境下，巨大的"利维坦"与更多的新人群、新组织、新社会力量建立关系，似乎变得陌生起来。在国家所管控的政治空间里，事实上居住着无数个官方从来都不知道的众多"小组织"，其组织形态和管理方式对国家而言都是未知的。这些小组织明确自己在社会中一定要切割某部分权力，并同时划定自己的虚拟和现实边界。它们也许不是要求政治统治权力，但至少要求内部"疆域"的控制权。2017年两会时出现的"翻白眼"事件，有无数小组织小个体借助新技术形式表达它们的观念。显然，这些新型的空间依靠传统组织形式和行政手段难以管治，出现网格化失灵，而在任何领域，行政管治失灵到一定程度即为政治风险。

（三）权力真空

政治学所讲到的现代国家的基础，是现代理性化官僚制意义上的管理和控制能力。但是在新技术环境下，因技术赋权而产生的复杂交易和社会动能，使许多领域的问题突破了传统官僚制国家机器管理的极限。"互联网+"等新技术的运用颠覆了传统社会组织形态，在产生复杂的政治空间的同时，还培育了无数个能动的创新性的行动主体。以商业活动为例。在特定的政治空间下，假设任何商业活动都具有不可逾越的行政边界，但是"互联网+"等新技术的运用，在一定程度上代表了一种无形、无组织（或有组织但组织效能低于传统组织）的权力形态，尽管目前有一定的监管，但是在某些领域仍然被视为无边界的政治空间，公权力和传统管治无法覆盖，从而形成了对公共政策、政府管治乃至政治安全的某种威胁。

国家权力难以覆盖新的社会空间、生活领域或市场活动，带来了政策真空或权力真空，这种情况有别于行政"不作为"，它的本质在于现有国家和行政权力运行的极限受到挑战，使传统的行政管治的覆盖和政治权力、规则的运行瞬间失效。从世界范围来看，国家权力之外的新空间正在不断扩展，新技术因素推动社会创造出更多的自主空间，而这些空间的"领土"属性正在因新技术因素而得到强化。在极端情形下，国家规范社会的能力和机制也将因新技术因素而受到削弱甚至被彻底颠覆。例如，区块链技术的发展以及随之而来的"去中心化"的信息储存方式，可能颠覆政府垄断和操控新闻信息的能力，即使国家可能拥有先进的算法，但也无法抵抗庞大的机构和社会力量所形成的复杂的算法能力，及其可能出现的联合。在这个意义上，新技术增加的是国家机构的统治成本，挑战的是政府权力的极限。又例如，正在经历突破性发展的5G技术，在未来数年里一旦被广泛应用，公检法系统原有的建基于4G技术的特种通信设备，就将瞬间无效，国家暴力机关需要在极短的时间里在全国范围内升级、布建5G特种设备，极大地增加了治理成本。而同期5G技术在市场和社会领域的广泛应用以及对社会秩序可能产生的影响，更令暴力机关应接不暇。

面对这些新的挑战，政府投入了巨量的资源，但是在某些领域注定是低效率的行政运行。与此同时，新技术公司和新技术手段正在替代政府介入这个新型的政治空间，例如蚂蚁金服、阿里健康，当政府无法找到恰当的依据或工具处理这些新问题时，政策真空立即会演变为政策暴力，造成国家同新兴力量的对立。像2015年的股灾，就是典型现象，此前没有任何行政的手段、技术去识别、去覆盖，出了事之后进行疯狂惩治。在这个意义上，政治安全也可以从权力极限的视角加以审视，它是在新的社会形势和政治空间下，国家权力和行政管治边界受到挑战的政治现象，而政治安全的防范和治理则是国家权力同它的治理对象进行复杂博弈的动态过程。

（四）集体性行动

社会学家涂尔干曾经提出一个重要的概念，即"社会事实"。涂尔干曾经强调社会成员的"所有活动状态，无论固定与否，主要是由外界的强制力作用于个人而使个人感受的；或者说，一种强制力，普遍存在于团体中，不仅有它独立于个人固有的存在性，而且作用于个人，使个人感受的现象，叫作社会事实。"换句话说，社会成员感受到的这种具有确切感觉的集合就是社会事实，这是理解政治安全的重要概念和分析视角。当前，之所以出现一些政治安全风险，部分是因为决策者可能并不完全理解什么才是"社会事实"，以及发生了什么样的"社会事实"，即使意识到也未必能够找到有效的干预治理的工具。

当代中国的国家政治安全不再是以直接的攻击、颠覆政治制度为基本形式，而是借助于政治空间转换，从传统的需要物理性组织和协调的"集体性行动"演化为在不同空间下聚合而成的"集合性行动"，这种集合性行动的基础是由感受和观念构成的社会事实，过去可能源自主流的历史叙述、意识形态或文艺思潮，但是互联网和新技术的发展加速了个体感知的聚集，基于个人感受聚集起来的社会事实无论是在舆论生态还是在政治生活中的意义变得更为显著。近年来，许多一般性的经济社会治理问题，呈现出显著的"泛政治化"现象和趋势，其背后显然是互联网和新技术传播手段的影响。一般性议题被迅速演化为泛意识形态化的虚拟空间讨论，虚拟空间领域展示出来的一些相同的话语节奏和动作，矮化了政府管治能力，撕裂社会共识，造成思想混乱，最终打击党政权威，危及意识形态安全，进而构成对政治安全的实质性损害；它们在观念领域的聚集，会在虚拟空间的行动上展示出相似的行动和节奏。

雷洋案、杨改兰事件、辱母杀人案、"翻白眼"等一系列个案在网络舆论场的助推下，利用了国内中产阶层的现实关切，通过一系列传播手段，触动其敏感神经，更进一步造成社会思想意识的紊乱，这就是当前最显著的"社会事实"。这些具有偶发性的极端个案表明，中国当下的政治空间正呈现出一些崭新特点。是新技术环境下社会聚集的本能反应，它似乎不需要传统社会运动所需要的积累效应，在新技术的助力下，观念的聚集本身就蕴含着巨大的破坏力，而在某个领域、某个时刻，行政权力对此现象的处置又非常刚性，底线管理、突然断电，可能会使整个国家跟市场、社会新兴力量之间出现短暂的对抗状态。这个节奏变快了，对政治安全显然极为不利。

三　探寻数字化时代的新型治理工具

如前所言，所有重大技术的出现都会导致某种放大性选择，其影响的深度和广度超越了统治结构自身的涵纳能力。新技术的使用和当下政治运行规则之间的冲突会如何转换？技术在某些领域的使用已经让政府的所有公共行为和企业运营紧密地纠缠在一起，下一步演化的可能性会是什么样子？这在很大程度上取决于治理的思维和治理工具。

在大工业时代，站在政府对面的是大企业、大集团，到现在我们可能还部分地以这种统合思维来理解这个世界，还以为我们在管理阿里巴巴、百度、腾讯或今日头条，在技术意义上实际上完全不是这样子的，新技术出现之后会给更广泛的新兴组织、新社会团体以力量，怎样处理政府与新兴组织、新兴团体以及一些社会新现象的关系，可能是更为关键的问题。国家管治的结构、工具和手段是不是够用？是不是跟得上？在新技术环境下开展有效的治理和安全防范，需要极高的统治技术和成本。如何划定统治边界？依据什么理论划定边界？国家是否有权力划定边界？这些问题不可避免地会引起争执，甚至会引发冲突，但这似乎不是传统意义上的政治斗争或阶级斗争，而是新技术政治下最核心的理论和实践问题。

相较于复杂的社会生态以及由此衍生出的新型政治形态，我们的治理理念和处置工具实际上是相对落后的。面对系统性风险、复杂的政治空间构成以及更隐秘的社会事实，目前政府的管治结构与之并不太适应，最核心的问题是我们在处置新型社会问题的时候，除了依靠官僚系统和官僚化的治理方式外，没有其他更为多元化的工具和手段。遗憾的是，面对各种复杂的社会群体，当下的官僚体系似乎并没有孕育出一种可以融合、连接以及有效判定各种社会利益冲突的能力，更缺乏在各种不同的新兴社会细胞中建构信心、实现有效互动的能力。

政府官僚体制本身有它的组织特征，从最早期的西欧封建制中的管理系统——一种高度组织化和高度稳定的结构，到15世纪君主国时代以来开创的税收型的行政体系，再到英国工业革命以来发展形成的大型商业组织形态，人类已经发展出最为卓越的高度封闭的理性系统，但是在互联网和新一轮技术革命的影响下，经济和社会结构呈现出加速变革的形态，社会逐渐演变成一个广泛延伸的超越传统"组织"边界概念的松散耦合的开放系统。相较于一种新的社会组织形态和系统特征，理性官僚系统的权力运行在总体上是刚性的、被动的、因循的，调整的成本是极高的。

从当下官僚系统处置社会问题的一些经验来分析，官僚体系的第一特征是按照职能划分的分立职责体系，官僚理性地选择对自己的职位、安全和职责负责，天然地忽视整体性问题和全局性责任。很多社会事件的处理经验显示出，官僚不是不负责，而是负责的方式很"特别"：他只对自己负责。根据《环球时报》的报道，2018年底，德国绍宾纳剧院来华演出易卜生的名剧《人民公敌》，因为在中间与观众的互动情节中，有观众对应剧情表达了对中国现实的不满，剧院方与剧团做了协调，在接下来的演出中取消了中间互动环节。剧团之后计划去南京巡演，但南京的剧院以"舞台技术"的原因，取消了演出。结果西方媒体将其当成一件"大事"，将其当成中国文化政策趋于保守、封闭的案例加以轮番炒作。从南京官员的角度,不可以说他们不负责,但是对于这一事件他们本能地选择要将其对本地的短期影响降到最低,对于可能引发的整体性风险和责任,他们在做出决策的那一刻就可能本能地未做考量。即使从作为制度体系的官僚部门来看,同样难以落实整体性责任,在分权改革的时代,政府各系统建立了大量专网,但是分散的资源和局域决策,显然无法应对当下的整体性风险和挑战。中央推动"放管服"改革,建立数据共享的管理系统,目标指向"全国一张网",但是事实上我们都知道,这张网背后是各系统的数据和权力,要完成改革,显然需要很高的"政治站位"。

作为治理工具的官僚系统,其第二个特征是刚性执行、底线管理。尤其是在中央集权和压力型体制下,对新事物和社会的管理方式,我们更多地看到的是刚性问责、高标准要求、顶格管理、底线手段。具体来说,就是通过严格问责带动各级干部加强管理、落实责任,但是作为各级执行系统尤其是处在官僚末梢的官员,他们倾向于以顶格方式加以贯彻执行。这其中有两个鲜明的特点:一是动用极限手段处理一般性问题,这是管理低成本高收益的理性选择;二是执行一旦进入流程,根本"停不下来",这是工具理性的惯性特征,但是对于政治安全来说,需要的往往是停顿、延缓、辨别与互动。

官僚体系只是作为一种指令工具运行着,免责和高效率地完成指令是官僚机器的本质。这种特性决定了在新技术环境下,在处理复杂的社会问题和政治形态的时候,许多问题不是20世纪发展形成的行政组织所能容纳和提供的,过度依赖官僚化工具和手段往往会累积风险甚至制造风险。涂尔干在观察社会时曾提出一个规则:决定一个社会事件的因素应该在它之前的几个社会事实(行政处置方式)中寻找,而不应该依据个人的心理状态去研究。联想到前文引述的他的论述,许多集合性的社会事实,源自于一种外在强制力作用于个人而产生的感受的集合。言下之意,许多社会事件的演变升级,可能不是社会成员心理结构的必然结果,而是行政治理不当造成的。

以陕甘青地区的宗教去极端化和去泛清真化为例,笔者个人参与的调研发现,顶层设计和执行规划合情、合理、合法,但是由于在执行中底线管理、刚性执行，缺乏细分的考量，反而造成了虚拟空间意义上穆斯林的聚集，穆斯林问题成为一种隐匿的公共议题，小的社会组织得到前所未有的强化。市场经济改革和人口结构变化，原本降低了传统集体行动的基础，但信息技术的应用为观念领域穆斯林集合性提供了条件，刚性的行政权力，则使这种可能的集合性演变为涂尔干意义上的"社会事件"。

之所以会出现这些问题，根本是因为官僚系统作为治理工具，本质上缺乏对整体性责任的预判和承担，更缺乏智能化的临机判断与虚构假设预警的能力。一个单中心的组织，在技术上无论怎么改造，现有技术系统的容错能力和可逆性都非常差，从德国的"施里芬计划"就可以知道，德国自第二帝国时代之后就一直筹划着如何应对两线作战，在第一次世界大战爆发后，"施里芬计划"启动，所有的环节都是围绕这个计划实施的，可是当某个特殊时刻，作为东西两线敌人的英国和俄国，突然要停止战争想休战，德国已经没有任何机制实施休战了，所有的准备都是跟你战斗下去，没有为可能出现的情况预留周旋空间。

社会、市场刚性权力运营之间没有缓冲地带，没有休战的空间。面对突然冒出来的新事物和新挑战，国家权力突然"断电"，可以想象在某些领域国家与市场和社会的关系也可能会随时"弦崩乐断"。换句话说，我们的政治体系有大量刚性执行的机制，但是似乎缺乏应对异常和善于提出风险假设的机动队伍，在思考空间里缺乏多中心的互联网思维。

这种底线管理和刚性权力运行，实际上对国家的长效安全有弊无利，它迫使国家权力丧失了"自我训练"（self-training）的能力，这是国家识别、判断复杂的社会利益并形成与之交互影响机制的机会，也是政府抽象有效的行政干预工具并进行预防干预的机会。我们看到，在股市金融管理上，事前不作为，事后打压，定义其为恶意做空，最后的结果是无数机构联合起来跟国家博弈，实际上使成本变得特别高。市场和社会也是这样，没有缓冲，没有互动，没有了解你、识别你的空间，对于新问题的出现，没有预警机制，没有周旋空间，整个刚性政治系统运行，实际上逼迫市场和社会采取和平行动的系统丧失了。

四 理论工具和理论视角的思考

政治安全技术研究的前提是回避意识形态，回避论证政治行为的合理性。它的主要处理对象就是社会快速变迁所带来的复杂性。但是基于原有的认识论和治理经验，我们在处理政治安全问题时实际上缺乏科学有效的理论工具，且容易陷入一些"道德裹挟"和"灭火模式"的窠臼。当下的政治安全分析，更加需要科学的理论视角和分析工具，需要依靠更为可靠的观测、预估、干预的治理能力、技术路线和政策工具。

以"道德裹挟"模式处置政治安全问题，表现为依靠态度、立场和情绪判断是非、区分敌友，把态度和价值作为识别标准，可以激发维护政权的情绪，但实际上无法为执政集团寻找可靠的政策工具。在政治安全问题上，应该避免绑架思维，裹挟思维，回避封建和冷战思维评价，因为这种思维模式没有实际治理效能，没有指出影响政治安全的各方面的利益关系。社会科学的观测对象难以把动机作为观测变量。即使出现一些重要现象，也要考虑人在这个环境下为何会做出如此选择。把选择的条件抽象出来，这就完成了社会科学分析的大半。

所谓的"灭火模式"，即依靠官僚体系和国家监管制度建设进行管制的模式，从理论上讲源自于新左派理论，强调社会转型期国家能力和国家制度建设的重要性，但是主要着眼于对行政生活中已经出现的风险因素的现实分析，强调国家基本制度建设的监管功能，着眼于已经发生的事实。基于政治安全的防御与治理需要，不能仅仅着眼于立场和情操，而需要可靠的技术路线。围绕技术要求，又不能仅仅着眼于当下，而是要具备能够预见国家尚未出现的安全需求的能力，需要拥有科学的分析分工和提出假设、预警的能力，要引领统治技术的变革和进步，同时在行政实践中逐渐培养建立假设、虚构、预警、缓冲的机制。

第三章 新技术环境下的政治安全

（一）政治安全要有风险假设和缓冲预警的能力

要在科学观测的基础上，对日常现象进行新形式的认知和概括，抽象提炼出尚未出现但可能出现的风险因素，并基于此提出全新的"风险假设"，这意味着无论是基于立场和敌我矛盾的价值判断还是基于已有风险种类的国家能力建设，都无法为政治安全提供有效的干预工具。维护政治安全需要基于未知进行的预判，需要基于风险假设的模拟研究和及时的政治预警，而这些目标的实现，有赖于分析工具和理论视角的创新。当前的国家权力和社会权力运行与新型政治空间的复杂构造之间，存在较大的落差。我们缺乏处理复杂社会问题的能力，很大一部分原因在于没有能力应对意外。打仗要留预备队的功能在于应付意外，但面对集合性事件突发的可能，除了被动应对意外，还要有实验室模拟，要有智能水平的预备队，要对可能出现的情况，预留出决策和周旋的空间。

行政资源不应仅仅盯着已经发生的事情，在一个可能性问题上持续超负荷运转，在一定程度上会将资源消耗在不可能发生问题的地方，而后者对于政治安全更为关键。今天的政府系统已经丧失大规模快速动作的能力，在这点上，好的和坏的政策都只有很小部分被执行，除了通过智力实验预警外，唯一可能的传统手段就是保持权力的弹性。让权力的弹性来吸收消化。政治安全应该思考的问题是：用行政上和政治上的虚构思考来应对暂时的平静，起码偶尔要有这样的思维，提出一些基础性假设，并清晰地指出：依据这样的假设，有几类事情是绝对不能依靠传统手段处置的，有几个信号一旦出现，就必须迅速做出回应，或者召开临时会议，用已有的预案做出测试性回应。

（二）风险假设的提出需要科学有效的分析工具

我们在认识社会和政治变革的过程中，如果缺乏正确的认知视角，或者缺乏有效的分析工具，那么可能在处理问题之前就已经做出了错误的判断。政治安全的现象观测可与科学观测相比，观测工具的极端重要性可以通过一个例子加以说明。TIROS是世界首颗真正意上的气象卫星,是美国国防部下属的高级研究计划局(DARPA)于1959年主导的一个项目开发的新技术。由这项技术研制出的设备被采用之后,可以将地球气象图像从距离地面450英里的轨道上传输给位于新泽西州的地面工作站。1960年初,TIROS运行76天向地球传送了22952张图片,每一张图片都具有革命性的意义:螺旋状的海上风暴、层峦叠嶂的云团、各种云团的迅速变化等,这些都是人类首次观测到的现象。这个例子表明一种新型的观测工具的诞生和发明,会对认知世界的方式和结果产生巨大的甚至是颠覆性的改变,所获得的全新观测视角完全超出人类的想象。

(三) 推动治理同新技术相结合

新技术公司介入公共管理已经是不争的事实,技术公司介入政治生活在欧美国家也不是什么新鲜事了。在美国中期选举之前,两党竞选团队实际上都在跟很多新技术公司合作。2018年,在美国中期选举之前,民主党已经吸取共和党总统选举的经验,通过一个名为"高地实验室"(Higher Ground Labs)的组织积极同新技术公司联合,这个合作项目投资并笼络了13家新技术组织参与,这一趋势可能产生的影响我们不去讨论,仅从工具理性的角度来看,执政当局或参与竞选的政党将新技术公司引入政治过程的目的,在于借助它们来为政治决策提供更为可靠的分析。在中国,商汤科技等新技术公司已经接管了中国数亿万计的治安摄像头的结构化分析,并已介入中国公安系统的天网工程,阿里巴巴正在大规模接管政府的数据分析工作,并承担对规模信息化进行顶层设计以及为智慧城市建设提供思路,滴滴出行已经成为上海城市交通法规的联合拟定组织,腾讯与公安部刑侦局达成了全国打击伪基站违法犯罪活动的战略合作协议,公安机关同新技术公司的合作,反而可以使警务服务从一般的犯罪问题延展到公安警察的社会服务和政治预警服务。

技术公司和组织分享政府的管理权限,已经成为不争的事实。信息收集和低级别传送是百度和新浪的优势,行业的大规模运行能力及数据叠加是阿里巴巴的强项,它们积累了强大的高技术行政能力,这种能力一定会向统治结构的行政部分转移，但是政府也要做好以何种形式部分让渡权力和加强合作的准备。这一重要的趋势是先有减法，社会型企业部分取代了行政的部分职能，然后是政府吸纳技术，改变自己的管理规则和程序，混搭出某种新规则、新程序；通过新技术还可以有效减弱行政的隐秘权力运转，通过新技术让行政透明，这种透明可以是先向上级的，再是向下级的，然后是向社会的。从一个长时期来看，这可能是政治文明狂飙突进的过程。联系到政治安全，它不仅要求国家体系内部建立高效协同的信息化反馈机制，还要充分利用新型政治技术同新技术的合作，建立一个巨大的社会合作网络，增强中央提出的"预测预警预防"的能力。

（四）寻求同社会发展相适配的社会稳定器

系统性风险的产生源于社会组织特征，政治安全的防御和治理必须同变革中的社会组织特征相互适配，寻求同社会发展相适应的社会稳定器。无论是从理论还是经验来看，传统社会依靠的组织基础是家庭，毛泽东时代依靠群众路线的背后实际上是城乡分割体制和稳定的单位制度，今天我们依靠什么？经过数十年的市场导向的改革，中国的经济结构已经发生根本性的转变，2015年底，中国城镇就业人口中国有单位就业人口只占到15.4%，这意味着大多数居民已转移到非公有部门就业。家庭对于社会稳定的意义同样需要重新审视，有网友讲到"互联网+"带动的快递、外卖、家政甚至性产业这些高度发达的服务业，从长期来看是否会削弱人们对家庭的依赖？政治安全的主要处理对象是社会快速变迁所带来的复杂性，而复杂性正是政治技术得以使用的最佳领域，无论是这些复杂问题的产生，还是处理这些复杂性产生的根源，似乎都同单位和家庭没有了必然的联系。20世纪80年代，严重的暴力犯罪问题，农村妇女自杀问题，这些显然需要依靠家庭的干预，但是当下的复杂问题源于新型的组织、新技术企业，因此在这个意义上，如何正确认知社会的组织特性，寻求更为有效的社会稳定器，也是政治安全研究中不可忽略的基础性问题。

（樊鹏）

第四章

新技术革命与全球社会运动[*]

一 技术因素成塑造政治发展的重要变量

当今世界似乎越来越不安宁,"颜色革命"的浪潮一波未平一波又起;发达国家和地区也不太平,从法国巴黎到西班牙的加泰罗尼亚,从英伦半岛到欧洲腹地,从土耳其到俄罗斯,从伊斯兰极端主义活跃的南亚地区到中国台湾和香港地区,各类社会运动风起云涌,令人目不暇接。伴随着社会抗议和社会运动核心议题的多样化,各类社会运动爆发的频度和烈度也发生着显著变化。①

全球范围内风起云涌的社会运动,类型各异,动因复杂,这同全球化进程的加速、经济社会结构的巨变以及当今世界政治思潮"极化"的趋势密切相关。但是在观察新兴社会运动的众多角度中,科技变革与技术因素是一个无法回避的视角,也是塑造当代社会运动与政治发展的重要变量。

新技术同社会的融合本身就意味着某种开放的社会交互系统的生成,社会运动同新兴技术的结合更是一个现象级的事件,凭借互联网

---

* 本章内容首发于《中央社会主义学院学报》2019年第6期,原标题为"社会运动中的新技术应用及其政治影响"。

① 来自欧洲"Geoawesomeness"组织的统计,2005年以来尤其是2012年以来欧洲范围内广义社会运动规模呈现出显著上升的趋势。

第四章 新技术革命与全球社会运动

和社交网络，人们更容易以个体或群体方式表达观点和发起倡议，也更容易组织起来形成行动组织和社会运动，发挥政治影响力；包括信息加密技术在内的一系列通信技术手段的变革，则为社会运动的隐匿组织以及制造施加了更大的影响，提供了无限的可能。从自媒体空间到大数据开发，从人工智能的算法革命到认知科学的应用，新技术因素正在深度改变社会运动的形式和效率，赋予社会运动的组织者和参与者更强有力的号召、动员、支援抑或是摧毁的能力，从而使得他们可以凭借新兴技术工具借船出海，使社会运动一跃成为高能量的政治力量。[1]

互联网发展和新技术革命赋予包括激进力量在内的各类行动组织以更多科技能力和推动变革的动能，许多地区的社会运动也因此呈现出较以往更为复杂的组织形态和社会权力运行的特征。新技术同行动组织和社会运动的纠缠，与全球范围内新技术企业群体的崛起以及"超级权力体"的形成关系密切。全球技术巨头若隐若现地出现在各国街头抗争和社会运动中，小型的技术组织更是充当了各类社会运动的前哨，在助推社会运动的集结、发展甚至演变为暴力化运动方面推波助澜。类似于南亚地区的"在线伊斯兰国（IS）"等极端伊斯兰势力的互联网虚拟政治社区，更是成为新兴社会运动的一种组织形态。[2]

然而，互联网新技术同社会运动的结合，还呈现出另外一种面相。在今天的发达国家和地区，尤其是在英美等自由民主政治体制中，各类政治主体开展激烈的政治竞争，开始越来越多地依赖于拥有科技能力的行动组织和社会运动的支撑。政治倡议类型的行动组织和社会运动的兴起，源自于新技术环境下政治领域的实际需求。在政党政治和政治竞争领域，例如美国的两党竞选、欧洲右翼政党的发展以及包括绿党、选择党等在内的新兴政党的发展崛起背后，我们都能看

---

[1] 参见 Victoria Carty, *Social Movements and New Technology*, New York: Routledge, 2015.

[2] Nur Azlin Mohd Yasin and Nur Aziemah Binte Azman, "Islamic State's Online Social Movement Lifecycle: From Emergence to Repression in Southeast Asia," *Counter Terrorist Trends and Analyses*, Vol. 11, No. 1, *Annual Threat Assessment*, January 2019, pp. 80–85.

到各党团和精英集团（包括新兴政治力量）对拥有科技能力的行动组织和社会运动的倚重。互联网支撑的新技术在获取选票和政治支持方面，展示了极高的效能。技术组织同基层选举组织和游说团体的结合，助推了新型社会组织形态和社会运动形式的诞生。虚拟请愿、在线金钱炸弹、小型论坛，以及使用电子邮件、社交媒体乃至人工智能的方式，影响民众观点和认知，号召、集结潜在的支持者参加会议和抗议活动，所有这些都是当代政党和政治家试图吸引公民参与并影响政治进程的创新方式。

在新兴社会运动中，我们看到了技术因素前所未有地同社会运动和政治生活纠缠在一起。那么，新兴技术到底如何塑造社会运动？它在何种意义上通过何种方式实现了对各类行动组织的"赋能"？在高度竞争的政治场域，作为复杂的政治棋局中玩家的各政党、政府机构以及新技术企业（机构）、社会行动组织等新兴政治力量，又在多大程度上受到新技术革命以及拥有科技水平的社会运动的影响和塑造？这些崭新的政治参与结构以及伴随而来的政治权力运行方式的变化，对于未来的政治发展将会产生哪些可能的影响？这是后文将要探讨的内容。

二 新技术在新兴社会运动中的运用

任何新兴技术同社会运动以及广泛的政治生活发生联系，都需要特定的形式和机制。在新一轮技术革命的影响下，新兴技术在社会运动和政治竞争中的广泛应用，其作用的发挥主要呈现为四种样态。

（一）组织网络与联络平台

互联网新技术对社会运动的塑造和影响，在于互联网承载的新技术克服了政治参与的障碍，为各类行动组织和社会运动提供了联络工具和组织平台。新兴社交网络和通信工具在数次"颜色革命"和"阿拉伯之春"中发挥了重要作用，这已经是一个不争的事实。脸书

（Facebook）和推特（Twitter）早在2010年北非"颜色革命"中就已经臭名昭著，此后在全球范围内一系列影响重大的社会骚乱和暴动事件中，这些技术公司的产品被作为联络工具用以号召支持者和发布行动信息，成为社会动荡的催化剂。在2011年10月英国伦敦骚乱、2014年中国香港"占中"运动、2016年中国台湾"太阳花学运"、2016年委内瑞拉动乱以及2018年法国巴黎爆发的"黄背心"运动中，都有脸书和推特在背后推波助澜。作为新技术巨头的谷歌（Google）也"当仁不让"，在乌克兰、埃及和中国香港的一系列街头运动中，谷歌均提供了专用地图，为暴力分子的街头行动以及躲避警察的集中抓捕提供技术工具。哈佛大学的一项研究揭示出，在40多个国家发现了有组织的社交媒体操纵团队。

互联网平台和移动互联网络之所以在社会运动中得以广泛应用，乃是因为虚拟化的网络拥有无可比拟的优势。首先，社会行动组织一旦完成网络空间的建构，随即可以突破各种物理性阻隔，甚至可以演化成为备受关注的全球性组织。也正因此，社会行动组织的虚拟空间网络的构建，在发展中国家飞速发展。其次，虚拟网络空间的进入门槛更低。从参加在线讨论到签署在线请愿书，政治参与的门槛和成本都降到了最低。最后，虚拟网络空间可以更好地实现顶层的"权力操控"与社会动员"权力下放"的双重效应，高效率地开拓"边疆"。当一个拥有技术能力的社会活动家在创建网络空间时，实际上就拥有了动员和组织数百万人的工具。在这个意义上，互联网空间为新兴社会思潮的传播和聚集提供了容器与加速器，使得任何新兴的政治力量都难以忽略这种技术理性的助力。

2019年6月以来，中国香港暴乱事件不断升级，发展为一个新型的社会运动实验场。这场规模浩大的暴力事件不是因其暴力本身而吸引眼球，而是由于这次组织行动同新兴技术手段和虚拟网络空间的深度结合，使其获得了现象级的意义。除了人们所熟知的脸书、推特等新兴社交媒体之外，谷歌、连登社区（LIHKG）等新型网络平台以及即时通信软件"电报"（telegram）也成为激进力量的新宠。后者是由俄罗斯人创建的跨平台型即时通信软件，由于为用户提供了相互交换加密与自毁消息等功能,事实上为任何秘密的串谋和社会行动提供了最佳的技术工具。而脱胎于中国香港高登社区的"连登社区",由更激进的社会分子在传统的文化空间"高登社区"受压而自立门户创立,成立之初,其用户即获得爆炸性增长。①

(二)行动组织和激进分子的"学习能力"

传统政治学认为,国家主权者拥有必要的"学习能力"(learning ability),那些学习能力较强的政治体,比那些学习能力相对较差的政治体发展得更快。在新技术助力下,那些挑战传统国家的政治组织同样拥有较强的学习意识和学习能力。在不同类型的新兴社会运动中,成功的精英团体习惯于使用互联网通信和网络技术来教会支持者新兴的政治技巧和行动策略,并使他们参与到"现实世界"中来。例如,通过迅速传播的行动模型,为人们提供与社区中其他潜在支持者联系的工具,以"星星之火,可以燎原"之势教会支持者如何举办组织集会,或以最迅捷的方式团结持相同政见者或获取他者的关注。

多数运动型的组织具有相对扁平化的组织结构,导致其获取"学习源"的渠道更加丰富多元,开展群体学习的成本更低,收效更显著。在香港地区的暴乱中,"连登社区"提供了一份游戏文档,暴徒可以将现实中的暴力当成一种游戏,围绕如何赢得暴力这一"使命",针对分工、装备、训练、指挥和协作各环节,提供一个"know how"式的综合教程。暴徒通过"连登社区"以及加密通信软件"电报",自发组织和展开讨论活动,自行学会制造路障、盾牌和燃烧弹,自行摸索"前线如何组队""哪种方法扑熄催泪弹最佳",自行研发、推广各类手语和战术动作,自行侦察、刺探警方战术,自行批量生产近乎专业人员所做的政治宣传产品。

激进力量的学习背后,也不乏技术公司的助力。新技术公司掌控海量的数据,这些数据本身蕴含着广泛的组织力和暴力功能。全球多

---

① LIHKG 讨论区的成立由高登讨论区的第三方程式 HKG+ 被封杀及终止授权而引发,高登仔因高登讨论区 CEO 对待第三方程式的使用限制而表现出极度不满,在群情汹涌之下由 LIHK、Kaiboard 等开发者配合 HKG+ 部分高质程式码成立"LIHKG 讨论区"手机 App。

地的激进主义运动的经验显示，新技术同激进势力相结合，已经实现了对人类抗争的"肌肉"进行某种自动化；而认知科学革命的政治应用，也正在对某些社群的"大脑"进行自动化，这种技术滥用所可能形成的社会与政治冲击波是可想而知的。全球多地的激进社会运动，已经使用了人工智能（AI）技术助力的小型武器和各类智能化无人装备。尽管谷歌已经明确禁令公司将 AI 应用到武器研发领域，事实上在一些政治失序的国家和地区，为了尽快颠覆政权，作为外围组织的技术企业通过同小型的民营化武器系统相结合，对各类激进行动组织和社会运动进行支援的情况时有发生。可以想象，随着技术手段的蔓延，从可及性和获取成本的角度来看，全球范围内社会运动的暴力化程度可能会呈现上升的趋势。

（三）跨主权的掌控与干预

新兴技术在政治领域最具国际性的影响，乃在于新兴技术提供了穿透国家主权和传统组织边界的能力。在传统政治学的定义中，国家被认为是在一定领土内拥有绝对主权的机构，而主权则建立在暴力垄断与广泛有效的治权基础上。但是，随着新兴技术的出现，现在任何一个主权国家都难以宣称可以在领土范围内拥有绝对的治权。

在新兴技术的助力下，那些拥有技术的组织均有可能穿透传统国家的主权范围，干预一国内部事务。这里的"任何组织"有可能是国家，亦可能包含了新技术公司、商业机构、党派组织、行动型的智库甚至极端宗教组织在内的各类新兴政治主体。事实上，国际势力和跨国技术公司在一个国家和地区的社会运动中，经常发挥这种"积极"作用，例如它们可以通过大数据分析、认知科学和人工智能技术，对潜在的激进分子进行识别，并加以无形的组织。除了这种针对性极强的跨主权干预外，外部干预的范围已经不再简单地等同于传统的"干涉内政"，而是可能通过各类新兴的技术，以更加隐匿的方式介入一个国家内部的微观社会生活甚至公民日常隐私，参与社会权力的运行乃至社会文化生活和大众意识形态的塑造。全球技术公司的触角穿透各类国家和政治组织边界，把知识产品延伸到特定公民的眼前和耳边，也不算什么难事，例如东南亚极端宗教势力对网络空间的运用等。

（四）政治竞争中的意见产出与精准助力

社会运动的背后是意见的竞争，是关于何种政治意见以及政策选项的辩争，意见产出机制在社会运动和政治竞争中具有重要的地位和作用。基于大量社会运动的经验，新兴技术在政治观念的塑造和传播、竞争等方面拥有强大的优势。无论是美国的"占领华尔街"运动，中国台湾的"太阳花"运动、香港的"占中"运动，在社会网络的行动背后，都以某种方式进行着鲜明的理念表达、意见竞争与政治说服。今天，传统的政党机构或强势媒体集团在发达国家主流政治意见的塑造方面，仍然发挥着主导作用，但是在类似政党竞争、领导人的竞选这类充满高度竞争和不确定性的领域，政治意见的产生机制正发生着一些微妙的变化，高能量的新技术公司在政治意见产出和精准的政治营销方面，拥有其他类型的游说团体所无法比拟的优势。

"技术+"社会运动模式，正在加速替代传统的以企业财阀、游说集团、传媒帝国以及精英智库主导的政治宣传和动员方式。在今天的美国，新技术公司正在逐步替代传统的垄断传媒集团，成为美国选举政治中最重要的意见产出机制，新兴技术组织同政治的距离从来没有像现在这样紧密无间。在索罗斯基金会资助的美国左翼团体中，技术类公司的比重已经显著上升。在美国的左翼阵营里，1998年两位来自硅谷的科技企业家创建了"继续向前"（MoveOn. org）组织。作为支持左翼运动的进步组织，MoveOn构建了一个基于互联网的高度集中的网络，任何参与者都是这一行动网络的组成部分。该组织鼓励地方激进主义势力在全国运动中主持活动，成功地实现了相对集中化的顶层操控与相对分散的分工运营之间的平衡。而作为右翼民粹主义的茶党，虽然没有中央管理系统，但是在其全国性的激进行动中仍然大量使用了电子邮件、匿名黑客技术等数字化工具实现其政治目标。

赋予基层组织和行动人员以新兴技术的优势，可以确保政治场域的胜利。在脸书用户数据的丑闻中，公众看到了剑桥分析

(Cambridge Analytica)在美国总统选举中所扮演的角色。新技术公司已经作为一个重要的政治玩家介入了美国大选,它们将用户数据分析和选举行为联系起来,基于海量级别的用户产生数据(UGC-User-Created Content),利用心理学侧写(profiling)和心理计量学(psychometric)对选举过程进行了有力干预,把有利于本阵营候选人的政治意见通过技术手段有效地投放给目标选民。除了脸书外,谷歌和推特也都深度介入了选举过程。可见,新技术公司同政治的联合已经是政治生活中的现象级事件。有美国媒体评论说,技术公司的介入大大改变了总统选举中政策辩论的平台和机制,也重新塑造了投票者同候选人之间的关系。[①]

2018年,随着美国中期选举的临近,民主党已经吸取共和党总统选举的经验,通过一个名为"高地实验室"(Higher Ground Labs)的组织积极同新技术公司联合。这个合作项目投资并笼络了13家新技术组织的参与,其中包括一个名为"改变研究"(Change Research)的从事民意调查的新技术组织——该组织在成本削减90%的前提下,有能力提供准确、迅捷的民意测验,"雪崩"(Avalanche)这类以认知科学为驱动、旨在帮助他们所支持的左翼政党同选民拉近距离的新技术组织,"市民鹰"(Civic Eagle)这类基于新技术主导的政策倡导平台,以及"事实吧"(Factba.se)这家"通过新技术收集政治对手'说出的每一个字',以便迅速识别差异和变化并给出对策"的新技术组织。这些公司旨在通过新技术改变或干预政治运行规则,帮助美国的左翼进步力量提供政治"创新解决方案"以便重新掌权。

三 新技术介入社会运动的政治影响

新技术在广义社会运动中的应用,其影响显然并不局限于社会运动本身。技术发展在全球范围内塑造了一个强大的新技术公司群体和

[①] David Z. Morris, "Tech Companies Pushing for Political Influence of All Fronts," *Fortune*, March 13, 2016.

"超级权力体",新技术同社会运动的结合还在工具理性意义上实现了社会多主体的"赋能",在某种程度上改变了现今政治生活的参与结构和游戏方式,从而可能对人们所身处的政治世界的权力运行和基本宪制规则形成显著的影响。

(一) 垄断技术帝国和"超级权力体"的诞生

在新技术时代,站在国家对面的不再是一个个经由传统资本主义和大工业经济形式揉碎了的公民"个人",或经由国家和传统工业企业组织起来的"市场"和"社会",而是出现了一个结合资本、技术、权力的数字化垄断技术帝国和"超级权力体"群体。在全球范围内的社会运动背后,我们看到了广泛的技术应用以及"超级权力体"的助力。那些不为我们所知的组织形式,其背后多有着强大的西方技术巨头的干预和支持。新兴技术巨头的崛起,同过去几个世纪以来所形成的强势资本集团,既有重合之处,又存在质的差异。相较于资本在工业时代的地位,技术本身已经构成了一种全新的权力载体。资本可以驾驭生产资料和劳动力,而颠覆性科技可以驾驭包括人类精神世界在内的几乎一切事物,任何个体和组织都无法逃遁。

技术霸权可能会发展成为相较于资本霸权和国家霸权更高阶段的霸权形态。仅从技术巨头的内部权力构成来看,它是一个比传统的资本帝国和国家政权更为复杂的权力结构,由于对资本、技术和数据的联合垄断,事实上形成了拥有暴力资源、文化产品乃至政治话语的超级能量系统,这是包括国家在内的任何传统组织形态所难以企及的。超级权力体有能力同国家进行技术抗争,我们注意到维基解密形成了一个隐遁无形的政治空间,很多微小的个体凭借其知识进行集体"拼图",同传统的"利维坦"国家争夺信用,乃至于最后同超级大国进行持续对抗。超级权力体亦可以同国家意图结合而"为恶",由作为市场主体的技术企业转变为高能量政治主体,充当国家对内统治或对外干预的政治工具,这对发达国家来说已是家常便饭,对落后国家来说也不稀罕。缅甸军方领导人在因打击穆斯林少数民族,犯下灭绝种族罪而受到起诉时,宣称脸书(Facebook)是"一个有用的工具",

因为后者可用以散布仇恨并煽动针对罗兴亚人的暴力行为。

（二）现象级新生社会事物和政治物种的登场

新兴技术在社会运动和政治领域中的运用，还产生了更为复杂的经济、社会结果，催生了一系列现象级的新生社会和政治物种。前文所述新技术公司已经作为一种重要的政治玩家介入了选举政治，除此之外，在新技术的助力下，越来越多的政治玩家开始崭露头角，许多社会主体在技术助力下脱胎换骨，由文化、宗教领域的参与者而演变成为政治参与主体，香港地区的"连登仔"就是这样一个具有观察价值的政治物种。

"连登"脱胎于高登社区，后者是一个以文化休闲和恶搞而闻名的讨论区。"高登仔"原本代表了不同社会地位、阶级和阶层构成的多元化网络文化的集合，但是连登社区独立后变异成为价值相对独立且更加激进的社会力量的组合，宣称"推动时代革命、维护核心价值"的"连登仔"登上了政治舞台。事实上，在一些政治现象中，新政治力量的崛起和新事物的出现有时是不会被意识到的，文化同政治的界限变得模糊。高登社区作为一个复杂的社会生态系统和亚文化集合体，同时也为不同价值甚至包括激进价值方案寻求集合、壮大提供了场域，具有高度政治性的组织形态正是脱胎于此，在一个去文化温床中发酵、发展。在这里人们看不到传统的建制和主体，而是一系列超出传统思维想象和知识范畴的事物。

（三）耦合性政治空间与政治市场交易形式的再造

传统的社会运动通常被定义为"有组织化社会运动"，乃基于一组特定的事实，即运动本身发生于特定的物理空间，由特定利益诉求集结，并经由人群中的精英分子加以组织。相应地，统治者可以有效识别那些清晰可辨的政治对手或挑战者（例如任何组织都由一个精英小集团或党首构成），并与之进行接触、管治或交易。相比较而言，大量新兴社会运动往往产生于一个松散的、开放的甚或耦合性的政治空间和社会网络，例如全球反对强奸犯和强奸文化的网上抗议，又例如国际性的网络行动组织"全力以赴"（All Out），该组织以 LGBT（女同性恋者、男同性恋者、双性恋者及跨性别者）为主体，曾经因一名乌干达籍女同性恋者的居英权问题，成功调动 160 个国家的 6 万人采取联合行动，以在线签署意见或发起针对英国使馆的游行等形式，迫使英国政府做出让步，也曾让谷歌因为不恰当的翻译问题而做出严肃道歉。

在耦合性开放政治空间和社会网络中，有一类是具备相当科技能力的交互空间，像香港特区的连登社区、内地的 B 站就是这样一个小型的技术生态社区。这类由新兴技术所催生和支撑的虚拟社区，往往成为铸造社会行动网络的渊薮。在耦合性开放政治空间里，政治管理和政治交易的对象是模糊不清的，政治市场的交易规则在运动中被无形改变，且未以任何方式被告知。在法国 2016 年和 2018 年爆发的两次社会运动中，对于试图恢复城市秩序的主权者及其管治团队来说，社会空间的"地盘"意识在下降，产权开始不清晰，随之而来的问题是如何进行政治交易。2019 年发生在中国香港的暴乱，同数年前的"占中"相比较，各种隐匿的行动主体的行为互动和运动发酵方式更为复杂多变，更为重要的是，传统的政治力量在此次运动中失语、失效，旧有的政治玩家和交易方式不起作用，无论是旧势力和旧的交易对象，还是新势力的发展，在政治上的影响变得愈发不清晰，这跟新技术在社会运动和暴乱中的应用密不可分。

（四）政治聚合模式和宪制规则的挑战

新技术政治在新兴社会运动中的运用，最深层次的含义莫过于对西方政党政治传统运行模式的改变和挑战。政党政治是现当代世界最重要的政治整合机制，传统的政党动员模式主要依赖大财团的支持，并通过政纲和政策吸引选民，而今这样的政党动员和运行模式已是今非昔比。在英美选举政治中，各党派越来越多地依赖持有科技能力的基层社会运动的支持。在美国索罗斯基金会资助的左翼团体中，各类担负政治助选功能的"行动组织"（Action Organization）的运作模式正在发生明显转变。① 类似于美国进步中心行动基金（CAP Action Fund）、美国传统基金会行动组织（Heritage Action for America）、联合公民组织（Citizens United）等，正在通过同精通互联网新技术的组织开展深度合作，以全新的行动方式从事社区选举、宣传动员和政治竞争。各类基层行动组织有效地使互联网通信技术同社会运动相结合，在一定程度上改变了21世纪社会运动同政党政治之间的关系，从而也为政党政治的发展提供了新的动能。美国"继续向前"（Move-On.org）组织作为支持左翼运动的进步组织，通过各种新兴的网络技术发起政治运动和宣传诉求，试图取代传统的大财团和游说组织的政治宣传和动员模式。在2016年美国大选和此后的地区选举中，该组织将摇摆州作为目标，成功地把网络上的虚拟社群转化成一股强大的社会力量，透过网络来动员社会、议题以及政治募捐。

再来看看欧洲。当下欧洲多国出现政治"极化"现象，各类价值观念和目标相互冲突、对立的社会运动每日都在上演。尽管没有证据表明这些规模集中的游行和小型的社会运动会冲击传统的宪政体制和政党政治的基本规则，但是伴随着这些大规模的社会抗议，我们看到传统政治聚合模式和政策供给模式遭遇了挑战和冲击。德国传统老店社会民主党衰落，另类选择党崛起，以及大量小型政党和政治组织遍地开花，可以部分反映社会正在放弃传统的利益和观念整合方式，不再满足于建立在传统政党政治和意识形态分化基础上的大政党政治和公共政策供给模式。我们并不清楚未来会出现何种政治形态，但可以确定的是，新兴社会运动的发展，反映了各类社会在新技术因素的助力下，正在以前所未有的速度分化、组合，某种意识形态乃至某个碎片化的"观念"都有可能在极短的时间内形成一股具有政治性质的"旋风"，甚至跨越原本持有这种观念的社区和组织，发展成为一项具有广泛政治影响的政治议题。

---

① 这里的行动组织，也可以理解为政治助选组织，是由利益集团或传统智库依据美国税法501（4）条款或527条款设立的倡议团体，其主要工作为游说、干预竞选、社区活动等。

四　结论与启迪

在世界范围内，新兴技术已经渗透进各社会阶层和群体的日常生活中，颠覆性科技的触角几乎延伸到人类物质和精神生活所能企及的所有领域。全球范围内的社会运动无论就其规模还是形式的发展而言，都同过去一个时期创新科技的发展密切相关，新技术革命为社会运动所代表的政治变革提供了强大的动能。互联网新技术彻底改变了所有政治主体所处的环境，帮助它们改变原来所具有的信息基础、组织条件和行动结构，在实现观念的聚集、组织目标的塑造和广泛而高效的社会动员过程中，掀起了波谲云诡的社会变革。

新技术在广义社会运动中的应用，不仅可能创造出一系列崭新的政治空间和政治参与形式，而且会锻造出更加多元的政治主体，形成更加复杂的政治事件和政治现象。以互联网承载的新技术融合为核心利器的新技术公司崛起，不仅是一个经济事件，而且是一个现象级的政治事件，一个融合了资本、技术和权力的"超级权力体"正在登上政治舞台，若隐若现地在社会变革和政治发展中发挥着强大的影响力，甚至成为扰乱地区秩序的"通天神偷"。伴随着新兴技术在社会运动中的广泛应用，超出传统政治知识范畴的现象级的新生事物和政治物种将会层出不穷。这些变化无疑将催生更为复杂多变的政治环境，这对于包括原有的政党政治、利益集团政治等政治聚合模式，"政治市场"的运行方式和交易方式，乃至于一个政治体的基本宪制规则，都将产生潜移默化的影响。

互联网发展和新技术革命，以及这些因素同广义社会运动相结合所产生的政治形态，相较于现有的以国家、政府、政党以及相对稳定的市场机构和社会组织为主体的政治形态，它的主要特点是整个政治场域发生了某种"再组织化"过程，催动多元政治主体和复杂政治规则的再造。自16世纪以来，人类历经多个世纪，建构了以现代民族国家和宪政结构为基本支柱的政治秩序，总体上结束了漫长的封建政治形态，但是由于互联网新技术的出现，当它伴随着社会结构的深刻变迁以及社会思潮的极化，全球范围内的政治权力似乎又开始重新呈现出"散漫"和复杂性政治主体"竞争""共享"的情形，一种信息技术和互联网政治意义上的"再封建化"状态（re-feudalized politics）得以呈现。

现有的统治结构和国家权力的掌控者一时还难以因应这种新兴的社会变革。对内的治理，管治界限的紊乱带来产权和责任不清晰的问题，扰乱了国家治理的规则和国家社会关系的准则，进而事实上增加了社会治理和政治交易的成本。新技术因素同广义的社会政治运动相结合，也可能会对国际政治产生深远影响，这个逻辑同国内政治的社会"再组织化"的逻辑异曲同工。跨越主权的技术巨头不仅为更广泛意义上的国际交易创造了条件，而且使次主权的结构和行为主体被加速赋能，正如新保守主义所预言的那样，相互冲突的生活方式、宗教信仰和统治模式会相互纠缠，一方面破坏原有的相处方式和统治秩序，另一方面强化某种全新的全球宪兵新结构。"共济会"在过去可能是一个传说，未来则可能会一步步演化成为一个个采取国际行动的组织，且由于它们借助新兴技术所带来的低成本的组织化，更进一步激发出某种"自我崇高"的意识，催生出更广泛的激进行为，同时强化更保守的政治价值。

（樊鹏）

经济社会

第五章

新科技革命与社会生产力[*]

新一轮科技革命和产业变革是 21 世纪的重大时代潮流，正深刻地改变着整个世界。新科技革命推动了社会生产力的指数式增长和颠覆式变革，进而改变着生产方式和生活方式，重塑着组织模式和社会结构，影响着政治形态和意识形态。那么，在经典马克思主义视角下如何理解这些变化的性质和挑战？这一潮流以怎样的方式影响对于人类社会发展具有最终决定性作用的社会生产力？这种影响对于当代社会主义又意味着什么？本文从新科技革命对社会生产力的影响方面着手，分析其内在张力及现实挑战，进而考察如何发挥社会主义的制度优势，将当代社会主义建立在新科技革命的现实基础之上。

一 科技与社会生产力的内在关系

马克思十分重视科学技术对生产力的影响。在《资本论》中他明确指出，"劳动生产力是随着科学和技术的不断进步而不断发展的"[①]，并且对此进行了全面考察。马克思在《政治经济学批判（1857—1858 年手稿）》中研究了"机器体系和科学发展以及资本主义劳动过程的变化"，在《政治经济学批判（1861—1863 年手稿）》

---

[*] 本章内容首发于《中央社会主义学院学报》2020 年第 1 期，原标题为"新一轮科技革命如何影响社会生产力——基于马克思主义的视角"。

[①] 《马克思恩格斯文集》（第 5 卷），人民出版社 2009 年版，第 698 页。

中也专门研究过"机器、自然力和科学的应用"。他对科学技术与生产的关系做出了判断:"生产过程成了科学的应用,而科学反过来成了生产过程的因素即所谓职能。"① 恩格斯在悼念并评价马克思的研究贡献和历史功绩时专门强调了马克思对科学的关注和判断:"在马克思看来,科学是一种在历史上起推动作用的、革命的力量。任何一门理论科学中的每一个新发现——它的实际应用也许还根本无法预见——都使马克思感到衷心喜悦,而当他看到那种对工业、对一般历史发展立即产生革命性影响的发现的时候,他的喜悦就非同寻常了。"②

以色列学者尤瓦尔·赫拉利曾在《未来简史》一书中分析了与马克思同时代的几位历史人物,并提出一个问题:为什么最后马克思和列宁成功了,而太平天国的洪秀全和伊斯兰教的马赫迪却失败了?赫拉利的答案是:因为马克思和列宁"更努力地理解当代的科技和经济现实"。③ 然而正如雷蒙·阿隆所指出的,马克思并非一个技术哲学家,他是一位社会学家和研究资本主义制度的经济学家。④ 马克思对于科技的认识是基于经济—社会范畴的:科技作为社会生产力的构成要素之一,对社会生产力进行变革,进而对经济社会政治产生关键性影响。

(一) 社会生产力是基础性概念,是社会发展的决定性因素

马克思曾在《〈政治经济学批判〉序言》中对于自己所从事的经济社会研究的基本原理做出经典表述:"人们在自己生活的社会生产中发生一定的、必然的、不以他们的意志为转移的关系,即同他们的物质生产力的一定发展阶段相适合的生产关系。这些生产关系的总和构成社会的经济结构,即有法律的和政治的上层建筑竖立其上并有一

---

① 《马克思恩格斯文集》(第8卷),人民出版社2009年版,第356—357页。
② 《马克思恩格斯选集》(第3卷),人民出版社2012年版,第1003页。
③ [以色列]尤瓦尔·赫拉利:《未来简史》,林俊宏译,中信出版集团2017年版,第245页。
④ [法]雷蒙·阿隆:《社会学主要思潮》,葛智强、胡秉诚、王沪宁译,上海译文出版社2005年版,第106页。

定的社会意识形式与之相适应的现实基础。物质生活的生产方式制约着整个社会生活、政治生活和精神生活的过程。"① 这里指出了考察社会发展的解释逻辑和基本方法,即社会发展的基础是现实的社会生产方式,而生产方式的决定性作用首先来自于生产力的作用。这是人类社会的现实基础。

社会生产力是基础性概念,是社会发展的决定性因素。生产力的发展依赖于一定的经济社会形式,但是并不完全受其所限。生产力的发展有其内在动力和规律,呈现出一种客观的力量,经过一段时间的发展便会超越既有生产关系的范围,引发生产关系甚至整个经济社会形式的变化。所以说,生产力是推动社会发展的最活跃、最具革命性的因素。

如何界定生产力?马克思在《资本论》第一卷论述体现在商品中的劳动二重性时指出,可以在两个意义上理解人类劳动:一方面是人类主体在劳动时自身的耗费;另一方面是在特定生产活动中劳动力的耗费。前者构成了商品的价值,后者构成了商品的使用价值。"生产力当然始终是有用的、具体的劳动的生产力,它事实上只决定有目的的生产活动在一定时间内的效率。"② 也就是说,基于这一理论框架,生产力就是指在后一个意义上即特定商品生产中呈现出的劳动的力量。这是从人类劳动和商品的视角来理解生产力的概念和性质。生产力,"即生产能力"③,就是生产使用价值的能力。

(二) 社会生产力的基本结构

根据历史唯物主义的观点,生产力与生产关系的矛盾运动推动了广义上的社会生产方式的发展。这一矛盾运动具体体现为,生产力决定生产关系,而生产关系又反过来通过适应生产力的发展来推动生产力发展,如此循环往复、螺旋式上升,进而推动整个社会生产乃至经济基础和上层建筑的发展。必须注意的是,生产力和生产关系两者之

---

① 《马克思恩格斯全集》(第13卷),人民出版社1998年版,第8—9页。
② 《马克思恩格斯文集》(第5卷),人民出版社2009年版,第59页。
③ 《马克思恩格斯文集》(第7卷),第1000页。

间的相互推动作用是就长时段的人类历史发展进程而言的。就具体时代而言,这种相互作用的表现则是不平衡的,可能在某个时段生产力变革发挥着决定性作用,而在另一时段生产关系的革新又决定着历史的发展。如果仍一味强调两者的相互作用,不免会陷入"鸡生蛋、蛋生鸡"的循环论证中,不能进行科学的认识和判断。因此,具体分析生产力发展的动力,还应挖掘生产力内在基本结构的矛盾运动。①

马克思在《资本论》中从劳动的视角描述了如何理解劳动生产力水平②:"劳动生产力的提高,我们在这里一般是指劳动过程中的这样一种变化,这种变化能缩短生产某种商品的社会必需的劳动时间,从而使较小量的劳动获得生产较大量使用价值的能力。"③他列举了生产力水平的多个决定因素:"劳动生产力是由多种情况决定的,其中包括:工人的平均熟练程度,科学的发展水平和它在工艺上应用的程度,生产过程的社会结合,生产资料的规模和效能,以及自然条件。"④由这一表述可以抽象出五个要素,即劳动力、科学技术、社会结合、生产工具和劳动对象,⑤它们的矛盾运动推动着生产力的发展。

这些决定要素可以分为两种类型:一是"简单要素";二是特定的历史要素。马克思认为:"就劳动过程只是人和自然之间的单纯过程来说,劳动过程的简单要素是这个过程的一切社会发展形式所共有的。但劳动过程的每个一定的历史形式,都会进一步发展这个过程的

---

① 参见平心《再论生产力性质——关于生产力的二重性质的初步分析》,《学术月刊》1959年第9期。

② 生产力的性质与生产关系密切相关,限于本文研究主题,在此仅关注生产力的水平(以劳动生产率为代表)的提高问题。

③ 《马克思恩格斯文集》(第5卷),人民出版社2009年版,第366页。

④ 《马克思恩格斯文集》(第5卷),第53页。

⑤ 马克思这一表述中的"生产资料的规模和效能"就是指"生产工具"或"劳动资料"["劳动资料"这一概念多用于马克思主义文献中,然而日常使用"生产工具"这个概念较多,本文也主要使用"生产工具"),其原因有二:第一,虽然马克思曾指出,就产品生产而言,"劳动资料和劳动对象二者表现为生产资料"[《马克思恩格斯文集》(第5卷),人民出版社2009年版,第211页],但是,这五要素将"自然条件"单列出来,紧随其后的论述也清楚地表明,"自然条件"指的就是"劳动对象"。因此,这里的"生产资料"仅指"生产工具"。第二,文中表述为"生产资料的规模和效能",而"劳动对象"是自然条件,其本身不存在"效能"。

物质基础和社会形式。"① 也就是说，有些要素是恒常地发挥影响的，被称为"简单要素"；有些要素则是在特定历史时期出现的，它们可以进一步发展这一时期的物质基础和社会形式。

劳动力、生产工具和劳动对象就是"简单要素"。② 劳动力既包括体力劳动，也包括脑力劳动："我们把劳动力或劳动能力，理解为一个人的身体即活的人体中存在的、每当他生产某种使用价值时就运用的体力和智力的总和。"③ 劳动对象即"自然条件"，是指土地、水、植物、矿石等自然界的"原料"。生产工具是指"劳动者置于自己和劳动对象之间、用来把自己的活动传导到劳动对象上去的物或物的综合体"。④

科技和社会结合就是社会化生产时代的特定历史要素。社会结合主要是指生产中的分工和协作。⑤ 马克思分析了历史上分工如何提高生产力，比如，"工场手工业分工通过手工业活动的分解，劳动工具的专门化，局部工人的形成以及局部工人在一个总机构中的分组和结合，造成了社会生产过程的质的划分和量的比例，从而创立了社会劳动的一定组织，这样就同时发展了新的、社会的劳动生产力"⑥。协作又是如何提高生产力，或者说形成某种新型生产力的？马克思指出："结合工作日的特殊生产力都是社会的劳动生产力或社会劳动的生产力。这种生产力是由协作本身产生的。"⑦ 科技推进生产力发展的机制与另外四个要素截然不同，它不能直接作用于生产力，而必须通过其他要素来施加影响。

---

① 《马克思恩格斯文集》（第7卷），人民出版社2009年版，第1000页。
② 《马克思恩格斯文集》（第5卷），第208页。
③ 《马克思恩格斯文集》（第5卷），第195页。
④ 《马克思恩格斯文集》（第5卷），第209页。
⑤ 有学者将分工与协作视作属于生产关系的范畴。为清楚理解这一问题，需要区分分工与协作的不同场景。如果分工与协作发生在产业的上下游，或者不同的生产部门，那么确实属于生产关系应考虑的问题。但是如果分工与协作发生在同一"流水线"或生产场所，甚至发生在同一劳动者的不同劳动过程中，那么应视其为生产力范畴之内。
⑥ 《马克思恩格斯文集》（第5卷），第421—422页。
⑦ 《马克思恩格斯文集》（第5卷），第382页。

(三) 科技对社会生产力的影响

在《资本论》中，马克思分析了科技何以推动社会生产力发展，指出其作用机制是多方面的。

首先，改进生产工具，以利用劳动对象的"自然力"。机器是最核心的生产工具，要改进生产工具，进而改进生产过程："机器生产的原则是把生产过程分解为各个组成阶段，并且应用力学、化学等等，总之应用自然科学来解决由此产生的问题。"① 其目的是什么？就是要利用"自然力"。马克思明确指出："要利用水的动力，就要有水车，要利用蒸汽的压力，就要有蒸汽机。利用自然力是如此，利用科学也是如此。……大工业把巨大的自然力和自然科学并入生产过程，必然大大提高劳动生产率，这一点是一目了然的"②。

其次，与人的劳动"活的酵母"相结合。马克思指出："资本家购买了劳动力，就把劳动本身当做活的酵母，并入同样属于他的各种形成产品的死的要素。"③ 人的劳动是"活的酵母"，而"死的要素"就是生产资料，包括了生产工具和劳动对象。④

最后，组织形成"总体工人"。总体工人就是结合起来的劳动人员。"总体工人的各个成员较直接地或者较间接地作用于劳动对象。因此，随着劳动过程的协作性质本身的发展，生产劳动和它的承担者即生产工人的概念也就必然扩大。为了从事生产劳动，现在不一定要亲自动手，只要成为总体工人的一个器官，完成他所属的某一种职能就够了。"⑤

---

① 《马克思恩格斯文集》（第5卷），人民出版社2009年版，第531页。
② 《马克思恩格斯文集》（第5卷），第444页。
③ 《马克思恩格斯文集》（第5卷），第216页。
④ 《马克思恩格斯文集》（第5卷），第213页。
⑤ 《马克思恩格斯文集》（第5卷），第582页。

二 新科技革命推动下的社会生产力变革

新科技革命以智能化、数字化和网络化为方向，以大数据与云计算、物联网、机器智能、区块链为核心技术，以数字经济、平台经济为次生经济样态，以信息物理系统为基础工业应用系统，形成了社会生产的新动力，推动了生产力水平的指数式增长和生产力形态的颠覆式变革。

《中国互联网发展报告 2019》指出，2018 年中国数字经济规模达 31.3 万亿元，占 GDP 比重达 34.8%，数字经济已成为中国经济增长的新引擎。同年，中国云计算规模已达 963 亿元，大数据产业规模达 5405 亿元，分别同比增长 39.2% 和 15%。互联网、大数据、人工智能也正不断与实体经济深入融合，数字经济已成为各地经济增长的新引擎。根据工信部统计，互联网业务收入加速增长。2019 年 1—10 月，我国规模以上互联网和相关服务企业完成业务收入 9902 亿元，同比增长 21%，增速同比提高 3 个百分点，比 1—9 月增速提高 1.3 个百分点。[1] 截至 2019 年 6 月 30 日，全球 494 家独角兽企业，平均市值已经达到 239 亿元，最高估值超万亿元。其中有 80% 都是中美两国的企业，排名前三的都是中国企业。"[2] 未来，科技的进一步突破和规模应用还将进一步加大增长势头。而区块链和量子计算的科学基础研究和场景应用才刚起步，在可及的未来会颠覆社会生产和经济体系的整个基础。

新一轮科技革命在哪些方面、在什么意义上以及在何种程度上影响了我们对于社会生产力的传统认知和经典定义呢？

---

[1] 《2019 年 1—10 月互联网和相关服务业运行情况》，工信部官网（http://www.miit.gov.cn/nll46312/nll46904/nl648355/c7552916/content.html）。

[2] 胡润研究院：《2019 胡润全球独角兽榜》（https://tech.sina.com.en/i/2019-10-21/doc-iicezuev3727677.shtml）。

（一）劳动对象：从物质资料到海量数据

海德格尔曾言："近代科学的基本特征是数学性的东西。"① 如今我们已经进入一个数字化技术统治的时代。2017 年 5 月《经济学人》杂志发表封面文章宣告："世界上最宝贵的资源不再是石油，而是数据"，数据引发了"巨头们的争相抢夺"。② 随着互联网特别是移动互联网的大量使用，海量数据通过有意或无意的方式被生产出来，并且作为劳动对象再度进入生产过程，被加工、使用。根据联合国贸发会发布的《2019 年数字经济报告价值创造和捕获：对发展中国家的影响》，代表数据流的全球互联网协议（IP）流量 1992 年每天约 100 千兆字节（GB），到 2017 年已经迅速增长为每秒 45000 千兆字节，预计到 2022 年将达到每秒 150700 千兆字节。③ 截至 2019 年 6 月，中国网民规模为 8.54 亿人，互联网普及率达 61.2%。毋庸置疑，在 5G 技术和物联网普遍接入后，更多的原始数据有待开发。

在农耕时代，土地是最重要的劳动对象；在大工业时代，石油等资源能源是最重要的劳动对象；在数字时代，数据已经取代了石油、矿石、棉花、粮食等物质资料，成为新的社会生产形态中最重要的劳动对象。④ 这一变化比从农耕时代到工业时代的跳跃更具颠覆性，前两个时代的劳动对象都是物质资料，如今海量数据则同时具备物质的形态和虚拟的形态。物质的形态是指海量数据的储存需要物理空间和物理设备，虚拟的形态是指海量数据所承载的海量的、无形的信息。对于海量数据进行开发与加工，可以生产出各种数据产品。比如，百度可以得到关于"人们关注什么"的数据流，微信可以得到关于

---

① 《海德格尔选集》（下），孙周兴译，上海三联书店 1996 年版，第 856 页。
② "The World's Most Valuable Resource is No Longer Oil, but Data," *The Economist* (https://www.economist.com/leaders/2017/05/06/the-worlds-most-valuable-resource-is-no-longer-oil-but-data).
③ 联合国贸发会：《2019 年数字经济报告价值创造和捕获：对发展中国家的影响》（中文版摘要），联合国贸发会（https://unctad.org/en/Pages/DTL/STI_and_ICTs/ICT4D-Report.aspx）。
④ 如前文论述，劳动资料和劳动对象都可称为生产资料。

"人们与谁交往,如何交往"的数据流,淘宝可以准确了解"人们需要什么物品和服务",通过分析与挖掘这些数据,能够从中发现人们行为的规律性,并借此分析人们的偏好,进而产生价值。数据产品的生产呈现出新的生产形态。

(二) 生产工具:从机器系统到信息物理系统

在生产工具变革层面,新一轮科技革命带来了从机器系统到信息物理系统的变革。信息物理系统(Cyber-Physical Systems,CPS)是德国工业4.0、美国工业互联网以及《中国制造2025》的核心。《中国制造2025》提出,基于信息物理系统的智能装备、智能工厂等智能制造正在引领制造方式变革。在具体政策中,中国致力于推动信息化与工业化"两化融合",通过加速生产与消费的精准对接来提升社会生产力。

信息物理系统的核心就是通过计算、网络与控制技术的一体化系统设计而实现更高层次的"精准分工""精准协作"和"精准生产",进而提高劳动生产率。在农耕时代、家庭手工业以及工场手工业时代,生产依赖于"刀耕火种",后来发展出一些简单的生产工具,如纺车和织布机。在机器大工业时代,生产依赖于包括动力系统、能源系统、传输系统、控制系统等在内的机器系统。进入信息时代,虽然机器生产和福特生产线控制的生产方式[①]没有发生根本变化,但由于初步的信息化和数据化应用,形成了诸如数控车床、自动化办公等改良形式,生产力得到了大幅提升。如今,随着大数据、云计算、机器智能的场景应用,数据和物质资料在生产过程中的流动形态完全改变了,一个流动的网络形成了,信息高度流动,海量数据的价值得以充分释放。信息物理系统的应用一方面可以扩大生产影响的空间,造就超大范围的生产协作、高度复杂的工程项目;另一方面可以在更高层面实现生产的集约化,以线上或线下、有形或无形的多种方式实现劳动者的集结、劳动环节的集成和生产资料的集聚,进而大大节约生产

---

① 1913年,福特汽车公司开发出世界上第一条生产流水线。此处使用狭义的生产方式概念,即进行生产的形式。

费用。这是真正的生产方式变革。

信息物理系统除了颠覆生产形态外，还彻底改变了人机关系，从"把人当机器"跨越到"把机器当人"。在大工业时代，人是机器的一部分；在信息工业时代，人可以操控机器的自动化运行。从大工业时代跨越到信息工业时代，人摆脱了机器的压迫，重新成为人。在当前新科技革命时代，机器发展出了智能，甚至在某些方面超越了人的智能。经历这一跨越，机器在某种意义上也成为人。在第三个时代新的生产形态中，人与机器可以发挥各自优势，以新的方式进行合作，比如，在海量且庞杂的数据中捕捉规律性，在优化流程等工作中发挥机器的优势，在需要创造力、想象力、分析非重复性现象、设定价值目标、社交互动等工作中发挥人类的优势。生产往往具有多个环节多个目标，机器和人类可以在其中共同工作，各司其职。此外，更重要、更高层面的合作体现为人类与机器相互赋能。比如，由设计师开发出的"生成式设计工具"，可以根据一组预先设定的参数自动创建新的可能性，从而激发人类设计师的创造力，赋能人类。而人类对于自动驾驶汽车在行驶中的选择偏好的参数设定，事实上也是赋予机器以价值判断和道德选择的能力，是赋能机器。

（三）劳动力：从产业工人到数字劳工

随着劳动对象从物质资料变为数字化、虚拟化的海量数据，生产工具从机器系统变为智能化的信息物理系统，在生产过程中越来越不需要从事简单机械操作的工人，甚至不再需要底层管理和服务人员，大量劳动者脱离了集中化的制造工厂，不能被智能机器替代的劳动者都是具有充分知识能力的，能够识别、加工数据对象，进而成为从事数据产品的生产、传播、监控的数字劳工。

在新科技革命的影响下，数字经济和平台经济的生产活动中存在一个完整的生产网络，这个网络的每一个节点都具有对劳动力的需求。其中有些劳动更接近于传统的制造业，有些劳动则是全新的创造方式，反映出全新的生产形态。传统的产业工人用体力和智力，借助工具改变劳动对象，生产产品；而数字劳工则主要是运用自己的知识和智力，借助工具来获取数据、加工数据和使用数据，在这一过程中实现对数据信息的理解、数字的交流、数字内容的生产、数字工具的使用以及数据安全的维护。

（四）社会结合：从"流水线""格子间"到"在线零工"

在2017年6月21日的国务院常务会议上，李克强总理指出，南方出现了改革开放初期有过的"零工市场"。① "在线零工"呈现出生产中社会结合方式的变革，进而导致就业关系的变化。

基于平台经济和共享经济形态的逐渐成熟，许多劳动者从事多种生产活动或是负责生产的不同环节，成为具有多重职业、多重身份的"斜杠青年"。也有许多劳动者依靠互联网或移动互联网利用零散的时间，在分散的空间中与素未谋面的其他人一起工作，践行"U盘化生存"。"在线零工"一方面代表着劳动社会结合场所的变迁，另一方面反映了分工协作方式和劳动者在生产流程中的位置。"流水线"或"格子间"是产业工人和公司"白领"从事生产的时空形式，将其组织在特定的空间和时间中从事生产工作。而"在线零工"就是在线化、分散化的劳动方式，是伴随着互联网经济和数字经济而兴起的没有固定组织的在线劳动。

三　社会生产力变革的内在张力

从上述分析可以看出，新一轮科技革命推动了社会生产力的发展和变革，其本质是生产力各要素的转变，从有形到无形，推动劳动对象、生产工具、劳动者的再组织化，反映了社会生产的空间变化（从大工厂的公共空间到私人的、虚拟的公共空间）、时间变化（从整齐划一的集体工作日到分散的、私人的时间）和组织方式变革（分布式、跨组织、去中心化），实现了生产形态的变革。然而，生产力变

---

① 《李克强：如果沿用老办法管制就可能没有今天的微信》，中国政府网（http：//www. gov. cn/premier/2017-06/21/content_ 5204392. htm）。

革包含着强烈的内在张力。这些内在张力如何挑战我们的传统认知？可能导致社会、经济和政治领域出现哪些问题呢？基于马克思关于生产力的论述，我们将深入分析当下发展和变革的内在张力、问题抑或挑战。

（一）如何界定生产力的新形态：物质的还是多元的？

我们总是直觉地认为，科技发展一定会推动社会生产力的发展，然而，对这种推动所形成的影响如何衡量？克劳斯·施瓦布在《第四次工业革命：转型的力量》一书中提出"生产率悖论"：在新科技革命蓬勃发展的背景下，技术进步和创新投资都实现了指数级增长，然而我们看到所呈现的数字——全球生产效率却并未提升，甚至还有所下降。他认为，一个重要的原因就是，数字时代的许多商品和服务边际成本为零，因此价格很低，消费者享受到的福利其实并未统计在销售额或利润中。因此，"传统的统计方式可能无法反映真实的价值增长"[1]。过去我们衡量生产力的发展，可能是通过 GDP、利润率等一系列指标，但是随着新科技革命的发展，对社会生产力的衡量标准也应随之发生变化。新技术影响、改变了我们对生产力性质的认识和定义。

生产力的性质是什么呢？马克思在《〈政治经济学批判〉序言》中强调了"物质生活的生产方式"，认为"物质生产力"对生产关系起直接的决定作用。事实上马克思、恩格斯早在《德意志意识形态》中便强调："人们生产自己的生活资料，同时间接地生产着自己的物质生活本身。"[2] 恩格斯在《家庭、私有制和国家的起源》《在马克思墓前的讲话》等文章中，也强调物质的生活资料的生产："根据唯物主义观点，历史中的决定性因素，归根结底是直接生活的生产和再生产。但是，生产本身又有两种。一方面是生活资料即食物、衣服、住房以及为此所必需的工具的生产；另一方面是人自身的生产，即种的

---

[1] ［德］克劳斯·施瓦布：《第四次工业革命：转型的力量》，李菁、世界经济论坛北京代表处译，中信出版社 2016 年版，第 34—36 页。

[2] 《马克思恩格斯文集》（第 1 卷），人民出版社 2009 年版，第 519 页。

繁衍。"① 这些论述中所呈现的生产力是指物质生产力。

然而，生产力仅仅是指物质生产力吗？是否存在一种精神的生产力？马克思在早年撰写的《政治经济学批判（1857—1858年手稿）》中曾明确地把生产力分为"物质生产力"和"精神生产力"两大类。他说："货币作为发达的生产要素，只能存在于雇佣劳动存在的地方；因此，只能存在于这样的地方，在那里，货币不但决不会使社会形式瓦解，反而是社会形式发展的条件和发展一切生产力即物质生产力和精神生产力的主动轮。"② 如何理解前面所讲的物质生产力的决定性作用呢？我们仍然要回到马克思的论述中寻找答案。

在该手稿的后半部分，马克思指出："知识和技能的积累，社会智慧的一般生产力的积累，就同劳动相对立而被吸收在资本当中，从而表现为资本的属性，更明确些说，表现为固定资本的属性，只要固定资本是作为真正的生产资料而加入生产过程。"③ 也就是说，精神生产力（知识和技能）"以物的形式存在于固定资本中"④ ——以机器或技术其他应用的物质形式固定下来，进而对社会历史发展起到直接的、推动性的作用。

然而，新科技革命影响下的一个重大变化是，知识生产不仅仅是属于上层建筑的精神生活，还逐渐成为一种能够决定性地推动经济社会发展的现实力量。人类的知识和智力不再只能积累在机器、物质资本中，不再必须先经过一个物质化的过程便能够发挥实际影响。这对于马克思关于具有决定性的生产力是指物质生产力的观点是否构成一种挑战？只有有形的、实体化的材料或器物才能称之为物质吗？或许，我们应该进一步深入分析何为马克思所说的"物质"，进而在新科技革命背景下发展马克思关于生产形态和生产力性质的论述。

---

① 《马克思恩格斯文集》（第4卷），人民出版社2009年版，第15—16页。
② 《马克思恩格斯全集》（第46卷上），人民出版社1979年版，第173页。
③ 《马克思恩格斯全集》（第46卷下），人民出版社1980年版，第210页。
④ 《马克思恩格斯全集》（第46卷下），第210页。

（二）替代劳动：多劳多自由还是少劳更自由

根据麦肯锡报告的预测，2055年左右，在当下既有的工作中，一半以上会实现自动化。① 许多机构行发布了类似的预测，抑或是警告。在新科技革命浪潮中，许多工作岗位消失，智能机器人替代人类劳动，许多成年劳动者因掌握的经验技术逐渐落后、追不上时代而成为"科技难民"，下一代"接班人"面临"成人即失业"的境遇，这样的阴云笼罩在人类头顶上，引起了不小的恐慌。

马克思在青年时代研究人的异化问题时也曾主张："正是在改造对象世界中，人才真正地证明自己是类存在物。"② 也就是说，人是在生产劳动中实现人区别于动物的属性的。如果人可以未经异化地参加未经异化的生产劳动并产出未经异化的产品，那么，这便是人得以实现其类本质的唯一途径。但是，在新科技革命的推动下，机器不仅帮助人类生产，甚至在许多场景中直接替代了人类的工作。在不久的未来，许多人将"无事可做"。如果这样，那么，何以实现"人之为人"？然而，从另一个角度来看，马克思曾描述了一个人类实现自由的情景，他预见，由于新技术的应用，工人将"不再是生产过程的主要当事者，而是站在生产过程的旁边""在这个转变中，表现为生产和财富的宏大基石的，既不是人本身完成的直接劳动，也不是人从事劳动的时间，而是对人本身的一般生产力的占有"③。人的劳动时间被充分缩短，于是得以从事劳动以外的事情。马克思还曾夸赞李嘉图的一个精彩的命题："财富就是可以自由支配的时间，如此而已。"马克思解释说："自由时间，可以支配的时间，就是财富本身：一部分用于消费产品，一部分用于从事自由活动，这种自由活动不象劳动那样是在必须实现的外在目的的压力下决定的，而这种外在目的的实现是

---

① 麦肯锡报告：《人机共存的新纪元：自动化、就业和生产力》，麦肯锡中国（https://www.mckinsey.com.cn/人机共存的新纪元：自动化、就业和生产力/）。
② 《马克思恩格斯全集》（第42卷），人民出版社1979年版，第97页。
③ 《马克思恩格斯全集》（第46卷下），人民出版社1998年版，第218页。

自然的必然性，或者说社会义务——怎么说都行。"① 如果减少劳动是实现自由的必要途径，那么被机器替代不失为一件乐事。

对人类而言，究竟怎样的生活才是真正自由的、能够实现展现人之为人的属性的呢？是多劳动更自由还是少劳动更自由呢？

（三）赋能劳动者：更多还是更少

如前所述，新技术革命带来社会生产力变革的一个重要方面是对劳动者的能力和境遇产生了重大影响，这是毋庸置疑的。然而，影响的方向是好还是坏呢？新科技对劳动者的赋能，相较以前而言，是更多了，还是更少了呢？

负面的预测主要是，数据和技术使用的不平等将带来劳动者能力差异，这被称为新型的"数字鸿沟"。经济社会中的特权将延伸到数据领域，精英阶层控制数字生产的议题和过程，中间阶层构建生产架构，底层生产者只能从事数字价值链上价值极低的生产工作，这将进一步固化现有的社会阶层结构。经合组织 2017 年公布的研究报告支持了这一观点。其报告认为，数字技术创新的社会影响已明确地显现在各种不同的领域中，但这种影响在不同国家、商业领域及社会中的表现却不一致。因此结论是，不平等的获取及使用可能抑制数字经济的潜能。② 这也符合马克思的观察，他认为，在经济学视角下，技术的发展会引起更多的失业，生产过程的机械化、智能化会使一部分劳动者得不到雇佣及劳动力市场上出现过剩劳动力，这被他称为"产业后备军"。"产业后备军"正是马克思论证资本主义制度下劳动者终究会无产化和贫困化的重要环节。近年来，许多学者在"数字资本主义"（digital capitalism）的语境下分析劳动过程、劳动价值、劳动力再生产、劳动力商品化和控制方式，以及自身特征与主体意识等，将对资本主义生产关系的认识，

---

① 《马克思恩格斯全集》（第 26 卷第 3 册），人民出版社 1974 年版，第 282 页。
② OECD Digital Economy Outlook 2017, OECD 网站（http://www.oecd.org/governance/oecd-digital-economy-outlook-2017-9789264276284-en.htm）。

即资本对劳动力剩余价值的剥削，延伸到数字劳动过程之中。[1] 此外，生物技术也被运用于人类健康和可持续发展中，对生产力发展具有长远影响。然而每个人获取生物技术帮助的能力却大相径庭。[2] 人类基因 DNA 的区块链记录在未来也有可能被用于就业歧视，或者造成医疗保险的歧视待遇。

但是，具有分布式性质的新技术又可以增强特定劳动者群体的自身能力。这是发展社会生产力的重要途径。比如区块链技术可以用来对经济困难人群进行金融授权，他们可以在加密货币投资中建立自己的财富，而不需要经过银行和贷款人等中间商。同时，这种投资获得的教育和资源将被安全地传承下去，进而解决世代贫困问题。再比如，区块链还可以更好地实现教育和劳动力资源共享，使每个人在其中能够增益并依赖于共同的资源。

除了提升劳动者的经济社会能力外，新科技革命还可以实现马克思所说的"普遍的人"和"总体的人"的目标。这是马克思在《黑格尔法哲学批判》一书中提出的两个重要概念。一方面，在现代数字经济、平台经济和虚拟经济中，任何一个劳动者都可能具有多重角色，而不只是为一个企业主打工。那么他在社会结构中就能够具有更强的自主性和自我意识，以此为基础进行的选举更能够体现出真正的自由和真正的民主。这样，劳动者就能够体现出自己作为一个国家公民的普遍性。另一方面，"总体的人"就是一个并非专业化，而只会做一件专门工作的人。在数字经济和智能时代，在新技术和新生产工具的帮助下，任何一个人都有可能从事多个职业，或者在整个劳动分工中处于多个位置，成为一个"总体的人"。

---

[1] 参见姚建华、徐偲骕《全球数字劳工研究与中国语境：批判性的述评》，《湖南师范大学社会科学学报》2019 年第 5 期。

[2] 参见［美］弗朗西斯·福山《我们的后人类未来：生物技术革命的后果》，黄立志译，广西师范大学出版社 2017 年版。

四　以社会主义制度优势推动新科技和生产力发展

新科技革命推动了社会生产力水平的指数式增长和形态的颠覆式变革，使得劳动对象由物质资料变为海量数据、生产工具由机器系统变为信息物理体系、劳动力由产业工人变为数字劳工、社会结合方式从"流水线""格子间"变为"在线零工"，进而挑战了我们对于社会生产力的界定、对于替代劳动的思考以及对于如何更好地赋能劳动者的预期。此外，新科技革命变革生产力进而产生的社会作用还包括对实体经济的影响，对生产关系、社会监管、政治形态、政党政治、意识形态等方面的挑战，需要我们进一步观察、思考。那么，新技术革命所带来的生产力变革是否能够推动社会主义发展？社会主义是否能够应对新技术革命所带来的生产力变革？如何能成功地将社会主义"置于现实的基础之上"[1]呢？

事实上，科技革命推动的社会生产力变革也必然会推动社会主义发展。这一观点来源于马克思主义的理论逻辑和世界社会主义发展的历史逻辑。第一，如前所述，新技术革命能够在教育、经济、政治等方面赋能劳动者，能够接近马克思对于"自由人联合体"的设想："他们用公共的生产资料进行劳动，并且自觉地把他们许多个人劳动力当做一个社会劳动力来使用。……这个联合体的总产品是一个社会产品。"[2]也有西方学者提出"数字社会主义"的概念，认为新一轮科技革命正在改变传统资本主义的生产方式和社会组织形式，当代社会的发展方向越来越接近社会主义原则。第二，在马克思看来，资本主义内在矛盾的核心就是，随着科技和生产形态的发展，不但没有提高劳动者的生活水平，反而造成了工人的无产化和贫困化，再加上世界各国劳动者在全球化背景下形成互联互通，必然会联合起来反对资

---

[1]《马克思恩格斯选集》（第3卷），人民出版社2012年版，第789页。
[2]《马克思恩格斯文集》（第5卷），人民出版社2009年版，第96页。

本主义制度。而社会主义制度可以通过变革生产关系的方式，使之与生产力发展相适应，从而进一步推动科技和生产力发展，进而推动经济社会的发展，彰显社会主义制度的优势。第三，我们在历史经验中也确实看到，历次科技革命与社会主义发展都是相互促进、彼此推动的。世界社会主义经历了从空想到科学、从理论到实践、从一国实践到多国实践的历史发展过程。其每一次重大的理论突破、每一个重大的实践发展，莫不与近代以来三次科技革命密切关联。历次科技革命是社会主义思想、运动发展以及社会主义制度建立、发展的原动力，为社会主义发展提供了思想基础、心理基础和社会基础；同时，社会主义理论与实践也是科技革命发展的推动力量。

当然，任何必然性都是有条件的。虽然我们充满期待，但正如毛泽东在读苏联《政治经济学教科书》时所指出的："教科书说，随着生产资料社会主义公有化，'人们成为自己社会经济关系的主人'，'能够完全自觉地掌握和利用规律'。把事情说得太容易了。"① 同样，我们也不能因为新一轮科技革命中蕴含了促进社会生产力发展的因素或是接近社会主义原则的元素而无比兴奋。科学社会主义的最初产生与发展并非道德批判或乌托邦理想，而是建立在马克思、恩格斯、列宁等思想家对他们面临的"最新"的科技和经济现实的认识基础上的。我们也应运用这一方法论来推动当代社会主义的新发展。

马克思曾预言："在思辨终止的地方，在现实生活面前，正是描述人们实践活动和实际发展过程的真正的实证科学开始的地方。关于意识的空话将终止，它们一定会被真正的知识所代替。"② 因此，我们要在认知上、制度上认真对待并应对新一轮科技革命推动的社会生产力变革，进而发挥社会主义制度优势。一方面，新技术革命是一个逐渐发展的、不断变化的科学基础和技术应用体系，现在处于发展初期，未来还有巨大的、不可知的发展空间。因此，新技术革命对于社会生产力的影响，对于生产关系、社会生活、经济形态、社会结构、意识形态等方面的影响都不断发生着变化。任何一个科学领域、任何

---

① 《毛泽东文集》（第 8 卷），人民出版社 1999 年版，第 104 页。
② 《马克思恩格斯选集》（第 1 卷），人民出版社 2012 年版，第 153 页。

一种新技术的发展都具有其内在规律。在这个变化的过程中，人类的理解、认知、价值取向等也将产生重大影响。也就是说，新科技革命的未来既是超出人类想象的，又是人类构想预期的方向。不能以今天对新技术的认知来局限未来科技或应用的发展，要观察、期待新科技与经济、社会的互动，以开放的心态面对未来；同时，也应积极思考如何使新技术更好地与我们关心的人类福祉相结合，使新技术朝向我们期待的方向进一步发育成长。另一方面，马克思主义主张通过改革来不断破除旧的生产关系，适应生产力的发展，而马克思主义政党指导下的社会主义制度具有自我革新的能力，可以不断地改革以适应生产力发展的要求。当下应当努力推动新科学、新技术在经济和社会领域的有效应用，同时也要推进国家治理体系和治理能力与时俱进，防范技术所带来的社会、经济和政治风险。与历次科技革命一样，这一轮科技革命必将为人类经济社会发展注入强大动力，深刻改变世界各国的经济结构和社会形态，在有力地推动人类社会发展的同时，推动社会主义在21世纪焕发出强大的生机和活力。

（张源）

第六章

新技术发展与新计划经济

信息化能够解决计划经济所面临的信息不对称问题,这是许多经济学家和政治学家很久以来就曾有的设想。在20世纪20年代到30年代关于计划经济的论战中,它曾被表述为"社会主义计算"的问题。

市场社会主义学者兰格在其生前的最后一篇论文《计算机和市场》中就曾经提出,可以通过计算机的方式来模拟市场出清,从而发现市场的价格。随着现代计算机的出现,他在30年前提出的反复试错求解均衡物价的方式现在变得更为简单了:"这有什么难处?让我们把联立方程放进一架电子计算机,我们将在一秒钟内得到它们的解。"①

在进入互联网时代之后,这种设想无疑具有了现实性,又被许多学者重新提起。例如,1997年美国学者安迪·波拉克就论述了计算机网络的发展为未来实行社会主义的计划经济提供了技术上的可能。②2012年北京大学国家发展研究院的李玲提出:"现代信息生产和处理的高效性正在为'计算社会主义'带来现实的可能性。"③

近年来,随着大数据、云计算等新技术的广泛应用,许多人又提

---

① 奥斯卡·兰格:《社会主义经济理论》,王宏昌译,中国社会科学出版社1981年版,第183页。
② 翼飞:《美国学者论信息技术与实行社会主义计划管理的可行性》,《国外理论动态》1998年第4期。
③ 李玲:《信息时代:新计划经济的必要与可能》,2012年2月6日(http://blog.sina.com.cn/s/blog_611696930100z9ax.html?tj=1)。

出中国的经济应该走向新计划经济，其中最有影响的是马云的观点，马云认为：由于大数据，市场看不见的手被发现，让计划和预判成为了可能。马云不是最早提出这个看法的，只是他的身份炒热了这个议题。马云的观点受到钱颖一、吴敬琏、张维迎等经济学家的批评。[①]当然也有许多人为马云的观点而欢呼。

中国经济发展进入新阶段以来，面临着有效需求不足的挑战，信息技术带来了巨大的经济形态变化，"二战"以来的全球资本主义内外部一体化进程正在逆转，这一系列内外部挑战，表明自由市场导向的改革，已经到了强弩之末，社会主义市场经济亟待升级，但是升级的方向不是新计划经济，而是"新鸟笼经济"。

我在我的新书《中国道路辩证法：社会主义探索四个三十年》中建议实行"新鸟笼经济"，作为社会主义市场经济2.0版本，以从制度层面回应中国经济发展所面临的中长期挑战。

一 新计划经济 VS."新鸟笼经济"

新计划经济者都认为数据强化了计划者的预判能力，但是对于计划者的主体有不同的认识，大体有三类：第一是指企业的新计划经济；第二是指互联网平台的新计划经济；第三是指基于中央计划的经济。

企业从来都是有计划的，当代的信息技术无疑强化了企业的计划能力，消费者需求会被即时、准确地捕捉，大量生产活动将是按需生产、定制化生产，然而，这绝不是计划经济，恰恰相反，是市场经济的增强版，在很大程度上消除了马克思主义经济学所说的市场经济条件下基于价格调节的企业生产的事后性与盲目性。

马云所说的新计划经济是指在数据时代，市场主体之间事后的协

[①] 可参见2016年12月7日钱颖一在"2016年中国经济学奖颁奖典礼"上的演讲，2017年4月28日张维迎在北京大学国家发展研究院EMBA开学典礼上的演讲，2017年4月16日吴敬琏在上海高级金融学院的演讲。

调行为已经成为事前预判的协调行为，市场看不见的手已经被发现，因此未来"计划经济"会越来越大。但是，谁来计划呢？显然，谁有数据谁就能计划，这当然不是任何意义上的社会主义计划经济，而是平台资本主义计划经济，因为市场数据并非由企业或者个体所掌握，而主要集中在淘宝、微信、滴滴出行等互联网平台企业，它们拥有"上帝之眼"，能够洞察平台上企业消费者的一举一动，因此，能够对平台上的经济行为进行计划调控。当超级资本家在说计划经济的时候，许多社会主义者为之欢欣鼓舞，恐怕是既会错了意，又用错了情。

只有波拉克、李玲等人所说的新计划经济是新的"计算社会主义"，他们认识到随着信息时代的强中心化趋势，中央计划所面临的信息不对称问题在很大程度上已经被解决。然而，这并不意味着中央的经济计划就是必要的和可行的，在互联网时代，除了强中心化外，还有更重要的趋势是去中心化与分布式活力，只有分散的、自主的决策才最有活力，最能适应瞬息万变的环境。事实上，在许多方面市场化趋势都在加深，企业与市场的边界正在融合，企业通过平台创业、租赁、代工、外包、外协等引入的内部市场机制，激发出内在活力。

这是一个"去中心化"与"强中心化"并行的时代，分散的活力进一步被激发，市场机制在配置资源上仍然拥有基础性功能，而且随着信息的更加对称，市场协调的盲目性会减弱。同时，行业、区域以及国家层面计划配置资源的能力空前提高，通过这两种机制在不同层面的结合，减少交易成本，能够实现资源配置效率的优化。

改革开放之后，陈云同志提出了"鸟笼经济"的设想，经济要搞活，就好像鸟儿要飞，捏在手里就死了，但是要有个"笼子"，不然鸟就飞跑了，他说的"笼子"就是计划指导。①

天高任鸟飞，鸟却飞不出天外去。"新鸟笼经济"的资源配置手段是市场调控、信息调控与计划调控的有机结合。市场调控是以价格信号为基础的自发调控，信息调控是以互联信息为基础的前瞻调控，

---

① 《陈云年谱》，中央文献出版社2015年版，第356页。

计划调控是基于分散信息与国家战略导向结合的自觉调控。

计划调控对于资源配置具有约束性、引导性与信号预期三个功能，国家需要对重大的经济结构进行总量平衡调控。同时，积极探索产权制度的改革，逐步推进公私两利、公私融合的共有财产权制度，处理积累与消费的关系，保持高的广义积累率，同时推行基本公共消费制度。

"新鸟笼经济"是针对中国经济发展进入新阶段所出现的有效需求不足、技术条件发生重大变化、贫富差距巨大等新问题而提出的，是发挥市场经济与社会主义复合优势的制度框架，既要避免顾此失彼，又要避免两者形成组合劣势。

二 市场经济条件下的"国家计划"

市场经济条件下国家计划的功能类似于物理学上的顺磁性。市场就如同一个磁体，市场上千千万万个企业，就如同小磁针，它们的指向是自由与混乱的，而规划就是加在磁体上的一个磁场，这个磁场并不会使得磁体中的指针指向同一方向，小磁针的指向仍然是四面八方都有，但是在概率统计上，会有更多比例的小磁针指向外部磁场的方向，磁场越大，这个比例也越大。磁场由规划指引，小磁针的指向就是个体的自由选择，规划与市场的结合就是国家目标与个体自由的结合，如同有了磁场就提高了小磁针的共同指向的概率一样，有了规划就促进了分散个体合力的形成，促进了国家目标的实现。如同磁力不同，就会对小磁针的指向造成不同程度的影响一样，在市场经济条件下，根据其不同强度，国家计划实施其约束性功能、引导性功能、信号预期功能。

今天，中国的五年规划是公共事务治理规划而不是经济计划。"十三五"规划中84%的指标已经是教育科技、资源环境、人民生活等公共事务治理类指标了，即便是剩下的经济发展指标，也是经济增长与经济结构的宏观量指标，而不是计划经济时期的钢铁、煤炭等实物量指标。战略规划主要在宏观层面与公共事务治理领域引导资源配置，而不再介入微观的经济活动。

国家计划对于公共资源配置具有约束性功能。

约束性规划使得政府能够优化公共资源的配置。企业为什么要制定计划？其中一个主要目的是在资源约束的条件下，确定优先次序，优化资源配置。政府同样如此。政府面临的挑战千头万绪，而公共资源有限，如果没有规划，就如同孙悟空面对九头虫怪物，不知该先劈哪个头了。

国家计划对于公共利益的混合性资源配置具有引导性功能。

虽然企业、个体是混合性产品的生产主体，但是具有国家战略意义，需要国家战略的引导。例如通过规划引导基础设施投资，人力资本开发和产业结构调整等。

最为典型的就是《中国制造2025》规划，制造业发展的主体当然是企业，但是该规划制定了国家制造强国的路线图，并配置了相关资源，这将有力地引导企业、科研机构与个体的行为，形成战略合力。

国家计划对于社会资源具有信号预期功能。

五年规划的信号功能稳定了社会的预期，例如"十三五"规划出台之前，社会对于中国经济中长期增长前景的看法很不明朗，该规划公布了不低于6.5%的年经济增长率，就在很大程度上稳定了市场信心，因为改革开放以来，中国政府制定的经济增长指标就没有未实现的。

五年规划的制定也是一个国家与社会的信息沟通过程，企业、个体在其中找到自己的位置，参与到规划中来。美国纽约大学教授李淯（Ann Lee）就认为美国应该学习中国制定规划，让企业高管们参与到中长期规划中来，而不是深受混乱的政策信号之苦。[①]

三　基于计划的总量平衡调控

陈云同志在新中国建设早期曾提出四大平衡的思想，强调财政收

---

① 李淯：《美国能向中国学什么？》，章晓英译，红旗出版社2012年版，第85页。

支、银行信贷、社会购买力与物资供应、外汇收支之间要平衡,① 这四大平衡对今天仍然有借鉴意义。在新时代,我们需要主动调整财政收支、银行信贷、社会总供给与总购买力、国际收支经常项目与资本和金融项目、实体经济与虚拟经济、经济发展速度与资源环境承载力之间的重大结构平衡。

规划调控介入的领域是关系到国家战略的整体知识领域,而信息时代的"强中心化"趋势,使得这种国家战略导向与企业的微观活动能够更好地匹配起来。

例如,在"去产能"的过程中,出现了一个矛盾的现象:一方面产能仍然过剩,但是有的地方很快就出现产能短缺,煤炭、钢铁等价格开始上涨。如果能够有效收集与运用供需的大数据信息,就能够差别化地、适应性地去产能,使得宏观导向与市场机制更有效地结合起来。

四 保持高广义积累率,激活公共投资需求

马克思主义政治经济学将国民收入使用总额分为消费基金和积累基金,积累基金的比重为积累率,② 可以将积累率的概念扩充为广义积累率概念。

广义积累率是指在发展过程中物质财富、自然财富、人力资源与知识资本财富增加率扣除消费比率与各类发展成本比率后的广义财富的积累比率。

如陈云同志所指出的那样,"一要吃饭,二要建设,吃光用光,

---

① 前三个平衡的完整表述为:"只要财政收支和信贷是平衡的,社会购买力和物资供应之间,就全部来说也会是平衡的。"[参见陈云《建设规模要和国力相适应》(一九五七年一月十八日),《陈云文选》(第3卷),第52—53页。]后来陈云同志又有关于外汇平衡的论述,合为四大平衡。

② 马克思主义经济学积累率是指积累基金在国民收入使用总额中所占的比重。国民收入使用总额是国民收入总额中扣除援外支出和进出口贸易差额的那部分资金。

国家没有希望。吃了之后，还有余力搞建设，国家才有希望。"①

中国发展成就的取得，很重要的原因就是广义积累率高，特别是对公共财富的积累长期保持较高水平。我们把大量的资金投入了基础设施建设、人力资源开发、研发生态环境改善，同时各类发展成本又有所下降，使得我们的广义积累率迅速提高，这是我们能够在未来继续保持持续发展的根本前提。②

经过几十年的发展，中国企业和居民都积累了一定的财富，瑞信研究院发布的2016年全球财富报告表明，中国成年人平均财富为2.3万美元，③根据家庭调查数据的估算表明，2014年全国家庭净资产均值为44.4万元，总财富已接近200兆元。④

这是市场流动性充裕的一个重要原因，也抬高了房地产、字画、证券等投资品的价格，这些财富如果没有合适的疏导渠道，就会造成经济的脱实向虚，以及形成新一轮对于中产阶层财产的洗劫。

市场短期、分散的资金与大规模、长周期投资回报之间的不匹配，使得社会的总体资金相对过剩与国家建设资金不足并存，需要通过有效的制度设计将市场资金引导到服务国家长远发展中去。

我国仍然具有巨大的公共投资需求缺口，如同史正富所言，我国在国家安全、广义生产要素（包括生态、能源、人力、资源、科技等五大类别）等领域是投资不足的，而之所以出现投资不足是因为这些投资具有规模大、周期长、高度不确定性、收益排他性模糊的特点。

史正富还提出可以设立担负国家战略使命的准市场型战略投资基金体系。由央行与国家财政提供引导基金，形成国家战略引领、国家资金带头、多元资本混合的长期投资基金。这种基金虽然在中、短期

---

① 陈云：《加强和改进经济计划工作》，《陈云文选》（第3卷），人民出版社1995年版，第309页。
② 对这一观点的深入阐释参见鄢一龙《中国持续健康发展的基本历史经验及启示》，《中国科学院院刊》2016年第12期。
③ 瑞士信贷研究院（Credit Suisse Research Institute）：《2016年全球财富报告》，新浪财经，2016年11月29日。
④ 靳永爱、谢宇：《中国的家庭财富不平等》，2017年，china-caixin.com。

难有回报，但从长期看具有持续稳定的投资回报。①

这种将市场优势与社会主义优势结合的制度设计能够将充裕的投资资金用以进一步提高广义积累率，既为未来的长远发展奠定重要的基础，同时也为短期的就业稳定提供经济条件。既可以有效地吸纳居民储蓄，又可以为居民的投资提供一个长期稳定的渠道，让居民共享国家长远发展的红利。

五　探索开放产权，让共享的真正共享

积极推动形成共有产权、混合产权、开放产权等公私交融、资本和劳动共赢的新型产权方式。

互联网平台型经济将资本的社会性本质显露无遗，生产力社会化程度已经跨越微观组织联合的程度，达到了宏观经济的规模，而其所有制性质仍然是私人占有的。这无疑把社会化的生产力与生产资料私人占有之间的矛盾推向空前尖锐的程度，并为最终解决这一矛盾开辟了前所未有的道路。

让社会的回归社会，让共享的真正共享。通过产权创新推动平台型经济生产关系的社会化，在保障股东、运营方收益的同时，让劳动者、消费者共享平台收益，这不仅有利于社会，从根本上而言也有利于互联网平台自身的健康发展。

六　推行基本公共消费制度

除了进一步推进基本公共服务均等化外，还可以尝试逐步推行基本公共消费制度，设立基本消费的衣、食、住、行场所，网络购物也设置基本公共消费区。

---

① 史正富：《用结构性投资化解结构性产能过剩》，《经济导刊》2016 年 2 月。

"安得广厦千万间，大庇天下寒士俱欢颜。"按照居民积分、收入情况对基本住房需求进行保障。公共保障房按照一定的准入条件和一定的配额免费提供给无房居民租住。同时，采用集体议价、共有产权等方式帮助低收入家庭实现购房梦，逐步实现"家家有套房"的目标，同时也有助于推进房地产市场去库存。

公共消费还包括公园、健身设施、图书馆、博物馆、公共社交场所的免费开放与提供。在未来，人们对公共社交、工作与生活空间会有巨大的需求，有很多人不愿意窝在家里，或者办公室里，而是向往第三空间。微信实际上提供了虚拟的公共空间，所以有很高的用户黏性。公共空间的免费开放，提高了居民非货币化的消费福利。

创造性地恢复票证制度，每个公民按照一定的配额领取基本公共消费券，不能兑换现金，该券只能在基本公共消费区使用，同时公共消费区的商品禁止用货币购买，这种制度安排可以和共享经济、社会服务积分结合起来，避免成为养懒人的制度，富人可以将消费券捐赠或者转让（换取社会服务义务的免除）给穷人使用。

通过基本公共消费券制度可以逐步使得所有人（不论贫富）的基本生存需求都可以非货币化的方式得到满足，又可以释放出巨量的社会需求，提高穷人的边际消费倾向，为经济发展创造机会。

总之，我国的市场经济探索已经进行了几十年，对市场经济叹为观止的财富创造能力与丛生的弊病，中国人已经目睹与体验了，市场化的潜力已经到了强弩之末，中国既没有条件像美国一样成为金融帝国来转移国内有效需求不足的问题，也不能重蹈日本等国因产业空心化而落入高收入陷阱。唯有利用社会主义的固有优势，推动社会主义市场经济升级到2.0版本，为中国经济发展注入新的动能，推动经济发展更加协调和健康。或许，我们可以借鉴当年陈云的智慧，把它称为"新鸟笼经济"。

（鄢一龙）

第七章

新技术革命与经济全球化[*]

21世纪的今天，以信息技术为先驱，以云计算、高端制造、人工智能、生物科技等为代表的新一轮科技革命和产业变革的兴起，不仅推动着人类社会发生日新月异的变化，而且渗透进各种社会关系之中，使围绕技术展开的国际竞争日趋激烈。为获得领先优势或超额利润点，世界多国和众多企业正在努力把握新技术革命的发展趋势和战略先机。这一轮新技术革命得以迅速地对人类社会产生广泛而深远的影响，关键在于"资本＋新技术"驱动的经济全球化正在重塑全球生产和流通链条，使新技术革命呈现出体系化、规模化、整体性的特点。因此，当前新技术革命不仅具有政治性意义，而且在一定程度上依赖并服从于经济全球化。在二者的共同作用之下，世界各国的国家能力正处于不断分化的进程之中。

一 新技术革命的"非中性"特征

"我们通常认为，技术既可以是一种好的工具，也可以是一种坏的工具，取决于其被用于行善、作恶还是居于其中的某种目的。但是，我们一般不会停下来思考，是否在某一件技术品被使用和实现其预设的使用效果之前，在设计和制作该技术品的过程中就可能已经产

---

[*] 本章内容首发于《中央社会主义学院学报》2020年第1期，原标题为"新技术革命、经济全球化与国家能力分化"。

生了一系列逻辑结果。"① 这是 20 世纪关于技术的一种普遍性认知，即"技术中性论"。问题在于，技术只是一种工具或手段吗？技术品自身没有任何向善或作恶的道德倾向，就是"中性"的吗？技术品不会因其自身属性形成有别于设计预期的用途吗？随着高科技发展与应用的负面效应彰显，"技术中性论"不断受到批评，而"技术价值论"成为技术哲学界的主流。②

技术的政治化在不同的历史阶段都有着不同的表现形式，而且表现为技术的不同层面的政治化。③ 当前，新技术革命的政治性具有双重意义：一方面，技术作为一种工具或手段，服务于其应用目的；另一方面，技术是属人的行为，兼具自然属性和社会属性，因而技术设计和运用是负荷社会价值的创制过程。新技术革命的"非中性"主要体现在以下三个方面。

（一）新技术革命的工具性

技术的发生表现为人类对自然的控制、改造和利用，也就是说，并非技术决定人类进步（对技术决定论的否定），而是人类通过技术性创制改变人类的社会进程。例如，推特（Twitter）、脸书（Facebook）、微信（Wechat）、微博等社交媒体充分运用信息技术，彻底改变甚至颠覆了传播生态，导致政治社会生活的运行方式发生重大变化。但这种改变进程取决于使用者的意愿和能力，例如"阿拉伯之春"、乌克兰乱局等"推特革命"是美国创制的社交媒体被欧美力量政治化利用的公认范例；又如，特朗普的执政个性和传播策略等决定了他以"推特治国"著称。特朗普善于利用社交新媒体与选民、支持者进行直接互动，忽略、跳过以《纽约时报》为代表的美国传统精英政治的主流媒体，甚至直接与它们发生冲突，改变了华盛顿的政治生态圈，构建了美国的政治传播新生态和政治决策新格局。

---

① Langdon Winner, *The Whale and the Reactor: A Search for Limits in an Age of High Technology*, Chicago: University of Chicago Press, 1986, p. 41.
② 吴致远：《有关技术中性论的三个问题》，《自然辩证法通讯》2013 年第 6 期。
③ 盛国荣、陈凡：《论技术的政治化》，《中国技术哲学第十届年会论文集》，2004 年。

（二）新技术革命的社会性

技术是由人设计与构造的，因此，设计者和使用者对世界和具体所处社会现实的认知必然会影响技术本身。例如，脸书的基本设计基于其对美国社会的理解，是面向广泛受众的、开放的社交平台；而微信是根据华人社会特点设计的，是更注重通信加密和隐私保护的个人通信工具和社交网络平台。

尽管上述社交媒体的设计本身体现出各自原生地的社会形态特点，但是，它们共同实现了一个重大改变：不仅分布在各地的人们因连接方式的变化而更容易形成网络群体，而且社会的信息传导方式也发生了变化。

传统媒体因其左中右的分野和受众相对被动的地位，使得相对多元的声音能够被"灌输"给受众。社交媒体看上去提供了一个更为开放、自由和便捷的交流平台，曾经被动的受众可以主动选择加入某些社群网络，甚至成为自媒体创作者。与此同时，做内容的媒体为了稳固市场占有，倾向于发布符合自己目标群体价值定位的内容；社交媒体通过运用大数据等技术实现了看似人性化的智能自动推荐，也就是基于个人的选择偏好而自动推送其感兴趣的议题与产品等——其结果是，大量不同的声音因个人主动"选择"与人工智能而被屏蔽了，实际上个人越来越因为其政治倾向、价值观点、兴趣爱好、种族等因素而处于相对封闭甚至排外的社群网络之中。所以，现实世界里的矛盾和冲突容易被社群网络扩大化和极端化，基于自由、多元和平等精神的跨社群的交流和协商越来越困难，信息技术发展原本设想的扩大言论自由变成了"信息社群化"。

也就是说，新技术革命带来的社交媒体所建立的社群网络，在相当程度上正在使各国社会陷入不同维度的割裂之中，个人越来越被"技术性地"隔离不同声音，因此越来越有排斥不同声音的意识形态趋向。这种趋向不仅导致这些社交媒体可以被信息技术和国际话语权占据主导地位的国家用于冲击其他国家的政治安全，而且正在深刻地改变着发达经济体自身的政治生态。例如，被称为无领导、无组织、无规矩的"三无社会运动"的法国"黄马甲运动",就是植根于社群网络却深刻地影响了现实世界,基于某个或某些议题的广泛传播而组织起来的社会抗议,给马克龙领导的法国政府"找谁协商"提出了难题,也对西方民主政治惯有的政府与社会群体之间、不同社会群体之间通过博弈和协商达成妥协等传统运行机制构成了巨大挑战。

(三) 新技术革命塑造了超级行为体

新技术革命的最重要推动者和受益者是迅速崛起的大型新技术公司,例如苹果、谷歌、亚马逊、腾讯、阿里巴巴等是当今世界上实力极强的公司。尽管以美国为代表的世界大国仍然掌握着大部分的制度制定权,政治国家仍是唯一可以合法使用武力的实体。但是,新技术的普遍运用改变了政府的信息交流方式和权力运行机制,大型新技术公司日渐成为公共管理的重要参与主体之一。然而,关于互联网因素的管理规定至今含糊不清,如何在数字化与其他方面的安全、隐私等之间实现平衡,迄今仍是新技术公司与政府之间的博弈焦点,这些公司对大数据的掌握与运用使其与所属国家的关系处于不确定之中,一部分超大规模的新技术公司成为新技术革命时代的超级行为体。

这些新技术公司对先进技术的掌握使其有充分的谈判筹码,它们有能力改变社会资源的配置方式和社会组织的运行模式并衍生出"新的政治空间":不仅压缩了传统行政权力的覆盖范围和管治能力,而且正在重塑"国家—社会"关系。[①] 并且,它们对大量数据的掌控和利用等形成了某种"技术统治",例如 2016 年美国总统大选所彰显的新技术公司与政治的联合,2018 年爆发的 Facebook 用户数据丑闻,2019 年搜索引擎巨头谷歌与美国最大的医疗保健系统商阿森松医疗集团(Ascension)合作私下收集数百万美国民众健康数据等。

这些大型新技术公司与其所属国家通过某种形式的利益捆绑以共同推动新技术革命背景下的地缘政治博弈。例如,针对 2019 年中国香港之乱,不仅美国多个政界人士公开积极支持乱港人士,而且两家

---

① 樊鹏:《利维坦遭遇独角兽:新技术的政治影响》,《文化纵横》2018 年第 4 期。

美国社交媒体巨头脸书、推特，以"官方散布假新闻"为由，把近千个揭露香港抗议分子暴力行径的中国内地账号给关了。这一事件不仅凸显了脸书和推特这两家新技术公司与美国政府之间积极的互动关系，而且表明它们对其他国家甚至世界各地所具有的舆论掌控力。由此可见，脸书和推特这两家新技术公司已经具有相当的地缘政治能力，已经成为具有相对独立性的超级行为体。

二 新技术与经济全球化的相互影响

新技术革命的发展增强了世界各国经济的相互依赖性，推动了全球社会分工协作，也使席卷世界上绝大部分国家和地区的这一轮经济全球化成为可能。经济全球化不仅表现为跨国商品和服务的贸易，以及国际资本流动规模的迅猛增加和流动形式的复杂多样，还表现为各种新技术的广泛迅速传播。大型新技术公司等超级行为体的不断膨胀同样是经济全球化的产物。

诚然，经济全球化的多阶段发展历程和科学技术的发展过程具有时间上近似一致的关系，但是，新技术革命的工具性和社会性等属性决定了"科学技术不是独立于主导意识形态或者可以对它有免疫力的。它们作为生产力，服从于这个生产过程并和它整合在一起，不可避免地会带有资本主义生产关系的特质"[1]。

所以说，新技术革命和经济全球化处于相互作用之中：一方面，新技术革命对经济全球化具有一定的依赖性和服从性；另一方面，新技术革命也对经济全球化具有反作用力。

（一）新技术革命对经济全球化的依赖性和服从性

经济全球化带动了生产要素在全球范围内的配置或重组，不仅促使企业跨越国界限制、在开放状态下从事技术创新并向全球传播新技

---

[1] André Gorz, *The Division of Labour: The Labour Process and Class-Struggle in Modern Capitalism*, England: The Harvester Press, 1978, p. 165.

术，而且使跨国公司得以在全球范围内从事投资或获得融资来进行新技术开发。生产全球化、市场全球化和金融全球化等不仅加剧了国家间的竞争，而且加剧了企业之间核心竞争力的比拼。在利益驱使之下，这些跨国公司制定全球经营战略，大大推动了生产的跨国组合、国际贸易的繁荣以及国际投资的增加。它们在加快技术创新的开发进程、实现新产品的本土化的同时，还运用各种技术联盟形式，例如校企合作等进行跨组织开发，有力地推动了科技全球化进程。例如，微软一方面迅速将其研发的新技术通过在线更新等形式应用到其产品上，从而实现了全球普遍化的适用；另一方面，它不仅将生产基地转移到以中国为代表的发展中国家，而且在北京设立微软研究院，直接结合中国情况进行技术研发，迅速在中国直接推广由该研究院研发的本土化新技术产品。又如，跨国企业用以从事技术开发的资金来源也具有全球性特征：不仅可以依靠自身研发资金，从研发地所在国家或地方政府获得研发资助，从国际金融组织获得资金支持，还可以从证券市场获得资金或者通过各种合作开发形式从其他渠道获得资金等。

但是，当前经济全球化的主要推动力量是资本。一旦某项新技术能够从根本上解决某个难题，而且该技术被投入商业应用后得以普遍采用，那么这个盈利点就逐渐衰亡了。所以，2018年高盛发布的一项题为"能让病人治愈的商业模式不具备可持续性"报告以 Gilead Sciences 的丙肝疗法为例，认为可以治愈患者的药物并不利于获取长期利润；长期治疗才能够实现医药公司的利润最大化，最好的药是治标不治本，因此应该将注意力集中在常见或者正在变为常见的疾病，以及探索治疗"衰老疾病"的可能性等。高盛这份报告清晰地表明，资本的天性是获取利润，这就意味着资本对新技术的研发与应用并不总是积极的，因为获取最大利润是其终极目标。

（二）新技术革命对经济全球化的反作用力

新技术革命对经济全球化所具有的积极意义是毋庸置疑的：以互联网等为标志的全球新传播网络的发展带来了大容量、微成本、即时性的信息传递，使得地球上任意两点之间的空间距离不再成为技术传播的阻碍，新技术的找寻、转移和学习成本大为降低；全球信息网络化使企业的跨国界协同式技术创新成为可能，例如各种技术外包等；而以全球卫星定位系统、大型客机等为标志的全球交通网络的发展，也使得旅行和货物运输变得越发快捷、安全和低成本……这些因素共同推动了经济全球化的迅猛发展。

资本在全球的流动性加大和资本效率的提高是这一轮经济全球化的主要特征，而资本效率提高的主要受益者当然是资本所有者，也就是拥有世界上绝大多数资本的跨国公司和发达国家。[1] 但是，新技术革命所带来的技术扩张对资本的收缩效应已经越来越明显，跨国公司和发达国家的利益并非总是一致的，二者的利益不一致导致以美国为代表的发达国家近年来兴起了逆经济全球化浪潮。

如前文所述，科技因为资本的利润驱动而越来越发达，经济全球化导致工作机会的流失和工薪阶层主张劳工权益的基础不断被瓦解。[2] 因人工智能等新技术的发展，以美国为代表的发达国家不仅日益普遍应用自动化生产，而且服务业的工作也越来越被机器"吞没"：一方面，产品价格因此日益低廉化；另一方面，生产力越高就意味着需要的人工越少。

产业空心化和贫富悬殊等日益成为发达国家的普遍困境：绝大部分利润被资本所有者特别是跨国公司（新技术公司和金融集团等）拿走了，以股票为代表的资本财富是造成美国财富两极化背后的核心力量；越来越多的个人（特别是非技术工人）失去了稳定的工作机会或劳动收入过低，中产阶级规模趋于萎缩。例如，最近40年来，美国劳动力市场的特征一直是工资不平等加剧和绝大多数工人时薪增加缓慢。美联储研究发现，截至2016年的数据显示，美国最富有的前五分之一的人拥有该国88%的财富，这一比例自金融危机以来一直在增长。与此同时，领取食品券的人数达到3900万，比2008年激增

---

[1] 樊纲：《国际经济新趋势：技术革命、经济全球化、全球的市场化》，《国际经济评论》2000年第6期。

[2] Josh Bivens & Heidi Shierholz, "What Labor Market Changes Have Generated Inequality and Wage Suppression?" *Economic Policy Institute Report*, Dec. 2018.

40%，而同一时期美国总人口仅增长了8%。[①]

20世纪80年代以来，消费经济已经是发达经济体国家的普遍特征。消费经济的核心是更多人就业并且有更多的收入去消费，但新科技革命带给资本主义世界体系的这种收缩力已经使得发达国家难以提供大量中高收入就业岗位，加上产品价格走低，甚至有谷歌等互联网公司搞起互联网免费发展模式，以及超前消费等已经透支了未来的消费能力，消费经济难以持续。其结果是，新技术革命给经济全球化带来的消极作用正在彰显，以英国退盟等为代表的逆全球化浪潮已经深刻地影响了世界多个发达资本主义国家的政治、经济和社会等层面。

三 "资本+新技术"与全球治理分化

新技术革命本身并不是"中性"的，经济全球化的背后是资本利益和资本意志的不断膨胀，并且它已经遭到逆全球化浪潮的冲击。在新技术革命和经济全球化二者的共同作用之下，一方面，技术进步和全球的市场化并没有自动缩小国家之间的差距，在一部分发展中国家充分利用了发展机遇期的同时，更多的发展中国家已经沦为脆弱国家甚至失败国家，同时发达经济体国家内部的各种矛盾呈激化之势；另一方面，新技术革命事实上正在不断突破人类的既有认知和法律、伦理与社会规范体系，经济全球化浪潮之下的人类社会越来越具有风险社会的共同特点，正在挑战世界各国的社会治理能力。因此，国家能力的分化之势正日趋严重。

（一）"资本+新技术"驱动与国家间差距

发展中国家所面临的问题，不是纵向比较自己的进步速度与幅度，而是如何在国际上缩小与发达国家的横向差距。历次技术革命对世界政治、经济、社会、文化和环境等的影响显而易见，例如英国、

[①] Federal Reserve Bulletin, "Changes in U. S. Family Finances from 2013 to 2016: Evidence from the Survey of Consumer Finances," September 2017, Vol. 103, No. 3.

美国等相继掌握世界领导权与其在技术革命中占据领导地位密不可分,因此,新技术革命不可避免地成为国家间竞争的着力点。

在"资本+新技术"驱动的经济全球化浪潮之下,商品的生产成本和利润等的全球差异性正日益缩小。发展中国家凭借低成本和低价格的策略已经难以在国际市场上占据优势;相反,如果不能在新技术革命方面有所作为,长期处于全球经济分工体系的价值链低端,就会在经济全球化的利益分配格局中处于劣势,必然会陷入穷国越穷的被动状态。也就是说,谁拥有更高的科技,谁就拥有了主导经济全球化的权力;而这种主导地位,反过来又会大大提高该国在新技术革命领域的竞争力。因此,只有在新技术革命中占据有利地位、可以利用技术标准战略和知识产权战略等的国家,才能在经济全球化的全球市场竞争中处于优势地位。

在经济全球化浪潮之下,以发达国家间的技术转移、跨国公司间的技术转移、战略联盟间的技术转移、外商直接投资的技术转移等多种形式出现的国际技术转移能力大为增强,促使世界多国产业结构不断升级。特别是世界居前列的跨国企业的经济实力已经超越世界上大多数主权国家,它们的新技术开发与传播的意愿和能力日益增强。但是,这些企业购买或卖出高新技术产品会受到不同国家与地区的不同类型的限制。因此,"资本+新技术"驱动的经济全球化直接或间接地迫使世界多国调整与改变原有的技术创新政策。

大部分新技术革命都发生在以美国为代表的发达经济体国家,为了抢占全球市场有利地位和提升自己的生产力等,这些发达国家不仅采取较为严格的高新技术出口管理,还对有可能产生挑战的竞争对手进行扼杀。例如,中国华为因其5G技术在通信领域领先美国公司而遭遇美国政府以安全为名的政治制裁,美国人工智能国家安全委员会主办的会议以中国重视人工智能作为其国家安全挑战之一,都凸显了新技术革命与国家间竞争的紧密关联。但是,发达经济体国家也热衷于向发展中国家转移价值链中低端的生产环节,形成供应零部件和原料的配套关系,然后向其购买外围设备,客观上有意无意地进行了技术转移。

知识和技术所能产生的"外溢效应",使发展中国家有可能利用"后发优势"取得更大的竞争力。处于"追随地位"的部分发展中国家通过鼓励引进高新技术、关注购买核心技术装备、大量投入科技创新等多种方式实现了"弯道超车",例如首届世界5G大会表示,在全球5G标准必要专利声明中,来自中国企业的占34%,居全球排行榜首位,中国已成为全球重要的5G专利申请聚集地之一。有些发展中国家仍停留于技术、资本含量较低的劳动密集型产业,国际竞争环境日趋恶化。另外,部分发展中国家不具备应用新技术的各方面条件,例如不具备广泛应用电脑和网络的教育水平等。

上述问题导致的结果是:一方面,"二十国集团"实现了世界体系从"中心"向"边缘"的巨大扩张,但以美国为代表的发达经济体国家仍然占据全球治理体系的强势地位,并且力图制定确保其核心利益的"新规";另一方面,未被二十国集团所覆盖的其他"边缘"国家和地区进一步被"边缘化",甚至呈现出暴力失控局面。经济全球化和技术进步所导致的国家之间的差距更复杂多元地持续扩大着。[1]

(二) 国家治理能力所面临的挑战和国家能力的分化

新技术革命极大地提升了生产力。然而,生产自动化的程度越高,直接生产者也就越从属于机器;技术越发展,工人受压抑的程度就越高。[2] 劳动的异化必然带来人的异化,人就会逐渐丧失主体性而成为单向度的人。并且,新技术革命有可能形成大规模失业,也有可能和经济全球化一起使已经高度集中的财富更加集中,基于"资本—劳动"阶级鸿沟和"脑力—体力"的等级差异被彻底"固化",其结果是人和人之间的关系也趋于异化。[3]

"对私有财产的保护"被强势资本力量包装为优先于任何其他因素的法则,高科技资本和跨国金融资本的利益联盟不仅得以把公司利

---

[1] 魏南枝:《变动时代的失序与重构》,《金融博览》2016年第10期。
[2] 郑忆石:《生态学马克思主义:科学技术观辩证视域论析》,《教学与研究》2010年第3期。
[3] Andre Gorz, *Ecology as Politics*, Boston: South End Press, 1980, p. 5.

润存放在离岸避税天堂以躲避国家的征税、躲避社会责任，而且逐渐实现了对这些新技术的寡头垄断，通过所拥有的统治着各类生产生活方式的知识产权来轻松获得大量专利使用费，从而不断积累巨大财富。

各种渗透到社会生活中各个角落的通用技术已经极大地改变了人类的生活方式，全社会对这些技术所带来的福利（例如日常生活智能化）存在普遍强烈的需求。但是，这些技术产生了各种人类社会尚未预期甚至难以控制的风险：人工智能的惊人发展，例如其远胜于人类的计算能力；生物科技的迅速膨胀，例如首例基因编辑婴儿的诞生；大数据的集聚，例如顶级网络平台遭遇意外事故或攻击所带来的灾难性后果等。为了实现资本的增殖与扩张，不少国家和地区利用各种新技术对自然资源进行的掠夺式开发带来了自然的异化，"把自然转化为商业、将其作为再生产生活基础……把生命的再生产，甚至人类生命的再生产进行工业化，把胎儿和器官商品化，把遗传基因甚至人类的基因工具化……"[1]

上述人的异化、自然的异化、阶级鸿沟的固化、灾难性事故的不可控化等，都给现有的各种制度、规范和伦理带来了巨大的挑战，对世界各国的治理能力提出了更高的要求。尽管大型新技术公司和跨国金融资本在经济全球化浪潮中起着越来越重要的作用，新技术革命所产生的尖端技术和形成的核心平台对人类社会所具有的毁灭性能力，决定其不应当被任何个人或私人资本所掌控，而应当由强大、稳定的国家来维护。

传统国家治理往往采用事后追溯或事前设限的方式，然而，新技术革命所带来的"日新月异"使得事前设限难以实现，事后追溯更需要与大型新技术公司等超级行为体进行利益博弈。不仅如此，技术落后国家不仅越发被新技术革命中占据先导地位的国家所主导，还不得不服从在产业链中已经形成跨国垄断的大型新技术公司等超级行为体所制定的各种技术规则——国家能力的分化因此不断加剧。

---

[1] Andre Gorz, *Capitalism, Socialism, Ecology*, London and New York: Verso Press, 1994, p. 102.

"资本+新技术"驱动的这一轮经济全球化已经将世界上绝大部分国家和地区卷入其中。资本的趋利本性决定其对技术创新和技术使用的态度并非总是正面和积极的；新技术革命并非"中性"的，技术按自身逻辑规则进行扩张的本性决定了新技术革命对政治社会运行和经济全球化等都具有一定程度的反作用力，例如技术扩张对资本的收缩效应正在彰显。

同时，新技术革命正在按照自身的规则模式扩张渗透到社会生活的各领域，不断突破人类的既有认知和法律、伦理与社会规范体系，产生各种人类社会无法预知的风险，客观上要求国家治理机制不断创新以规范和推动新技术革命的健康与可持续发展。其结果是，新技术革命与经济全球化相互作用之下所产生的各种风险，不仅对世界各国治理能力提出了更大挑战，而且正在进一步推动国家能力的分化。

（魏南枝）

第八章

新技术革命与"数据暴力"

一 新技术与新暴力

2018年4月17日,"剑桥分析"丑闻曝出。[1] 一个月后,Facebook携手微软及另外逾30家大型科技公司签订了《网络安全科技公约》,要求缔约公司此后"不帮助任何政府发动网络攻击"。微软总裁布拉德·史密斯(Brad Smith)对记者说:"我们这个时代出现了新一代武器,网络空间成为新战场。"[2] 与"剑桥分析"相比,后一事件似乎并未在中文世界掀起较大波澜,但在网络时代已然到来的今天,科技巨头们汇聚一堂签下这项公约本身就耐人寻味。它至少显示了一点,即巨头们有能力"帮助任何政府发动网络攻击"。此时,现代国家理论尤其是其中关于暴力的部分便遇到了挑战。

在托马斯·霍布斯与马克斯·韦伯等人的经典现代国家理论话语中,现代国家的核心特征被论证为对合法使用暴力权力的垄断。尽管研究者对暴力的重要性有着相当的共识,对其实质内涵的具体理解却

---

[1] Larry Madowo, "How Cambridge Analytica Poisoned Kenya's Democracy," *The Washington Post*, March 20, 2018.

[2] Dustin Volz, "Tech. Firms, Including Microsoft, Facebook, Vow Not to Aid Government Cyber Attacks," *Reuters*, April 17, 2018.

呈现出极为复杂的面相。① 当然，多样化暴力概念的背后有一个共性，即任何暴力想要产生实质性影响，都必须具备一定的基础结构作为支撑。不同的组织形式、控制手段、沟通技术和后勤保障措施最终塑造了不同的暴力样态。正如汉娜·阿伦特所言，"暴力总是需要工具的"，② 技术工具的革新自然也可能促进暴力样态的转型。在一切都已经或正在数据化的21世纪，新技术革命催生的一股趋势似乎已经日益明晰：建基于数字化技术之上的全新的暴力基础结构正在生成。

由此是否可以得出结论即"信息技术重构了暴力"？如果答案是肯定的，那么，这一全新的暴力形态势必对现代国家理论构成"创造性破坏"。本文的基本假设为新技术革命催生了一种新的暴力样态，下面将从组织、控制、沟通和后勤这四种基础结构的角度，对"新暴力"的生成展开论证。

二 组织要素的数据化

在暴力的基础结构中，组织化的规模与程度最为重要，它们直接决定了暴力的实际作用效果。组织基础的传统构成要素主要可分为人、物与土地三类。其中人是核心，其他要素最终都要围绕人来发挥作用。物则是保障要素，以武器装备最为关键。最后是土地，与马克斯·韦伯在讨论"政治共同体"时对"领土"③ 的强调相一致，任何形式的"暴力"都离不开一定的土地范围以作为其得以实践的具体空间。在网络时代到来之后，以上三要素在不同程度上都开始了"数据

---

① 在 Google 图书上输入 "Violence" 可以检索到超过 9000 万条结果，其中既有相对符合大众一般认知的"物理暴力""战争暴力""家庭暴力""语言暴力""性暴力"，也有相对冷门的"运动暴力""舞台暴力""娱乐暴力""象征性暴力"，等等。
② [美] 汉娜·阿伦特：《共和的危机》，郑辟瑞译，上海人民出版社 2013 年版，第 79—80 页。
③ 马克斯·韦伯认为："'政治共同体'一词指的是这样一种共同体：其社会行动的目的就是由参与者借助已经准备就绪的物理暴力——包括通常的武装力量——使一定'领土'以及领土之内人员的行为服从有序支配。"[参见 [德] 马克斯·韦伯《经济与社会》（第 2 卷），阎克文译，上海世纪出版集团 2005 年版，第 1036 页。]

化"转型,使暴力的组织要素从实物资源变成了数据代码。

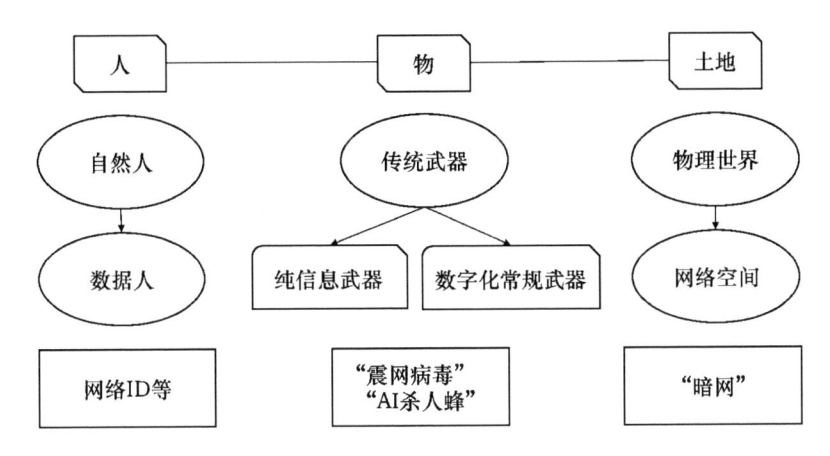

图 8-1 暴力组织基础三要素的数据化

首先是"人"的数据化。传统暴力的主要参与主体为自然人,参与者的素质与规模是影响暴力效果的两个重要因素。早在战国时期,魏国变法编练"武卒"就对参选兵士提出了严格的体能要求。[1] 戚继光的《纪效新书》中更是有大量内容涉及兵士的综合素质培养。至于参与者的规模更为历代兵家所看重,例如《孙子兵法》在讨论敌我数量关系与作战安排时有著名论断:"故用兵之法,十则围之,五则攻之,倍则分之。"[2] 但是,网络时代的到来促成了自然人的转型。自然人被重组为由一个个数据代码构成的"数据人",拥有形式多样的数字化"虚拟身份"。作为"新人"的后者一方面与物理世界有着千丝万缕的联系,另一方面在网络空间有着相对独立的个人身份和社会关系,正如约翰·佩里·巴洛(John Perry Barlow)在《赛博空间独立宣言》中的宣示:"我来自网络空间,思维的新家园。"[3] 当暴力的组织对象变为"数据人"时,对身体素质的强调则转化为对技术的诉

---

[1] 《荀子·议兵》曾详述其制度,亦见于《汉书·刑法志》。
[2] 《孙子兵法》,中华书局2007年版,第19页。
[3] John Perry Barlow, "A Declaration of the Independence of Cyberspace," Electronic Frontier Foundation, https://www.eff.org/cyberspace-independence.

求,同时网络空间的低进入门槛和跨国界特征使得参与人员的规模能够大幅度提升。这为暴力行为的发起者提供了极大的便利。从"阿拉伯之春"到"占领华尔街",再到"黄马甲"运动,数据网络已然逐渐成为反对派组织人力资源、获取大众支持的有力途径。

其次是"物"的数据化。这可细分为两个类别:一是"纯信息"武器的面世。早在1998年,爱德华·华尔兹(Edward Waltz)便探讨了"信息"的武器化问题。他将战争中除核武器外的其他武器分为动能武器、生化武器、定向能武器和"纯信息"武器四个类别。① "纯信息"武器与常规动能弹药不同,它不仅能够针对网络空间的各项目标实施打击,而且能够有效破坏接入互联网的工业基础设施。美国能源部发起的"极光测试"便可证明其威力。② 纯信息武器的破坏力已不限于虚拟世界,还超越了大众对"网络武器"的一般想象。二是常规武器的数字化改造。对常规武器进行数字化改造的起初意图在于强化常规武器以弥补人体机能的不足。近年来,数据网络在其中所扮演的角色日趋重要,从侦察型无人机到"AI杀人蜂"的演进可部分说明这一进程。③ 具备相对自主行为逻辑的武器已经成为武器研发领域的一个趋势。

最后是"土地"的数字化。网络时代到来之后,"土地"或者说"领土"对于暴力而言同样重要,只是其性质和形式已大为改变。与物理世界中分布于不同时空的各类领土空间不同,在网络时代到来之后,一个就目前而论仍然缺乏有效监管的跨国虚拟空间已逐渐浮出水面。它基本上不受自然条件的限制,能够风雨无阻地为各类行动者提供基础支撑,同时具有远超传统"根据地"的承载能力,这为暴力或

---

① Edward Waltz, *Information Warfare: Principles and Operations*, Boston, London: Artech House, 1998, p257.

② 该测试发起于2007年,旨在测试对发电机发动网络攻击的可行性。测试结果显示,受到网络攻击的一组发电机寿命迅速缩短。(参见王建伟、荣莉莉《超负荷边带有崩溃概率的相继故障模型上袭击策略研究》,《中国管理科学》2009年第6期。)

③ 无人机最早主要承担辅助性任务,但2017年11月,"AI杀人蜂"微型无人机首次在联合国相关会议上亮相。它能靠AI智能飞行,同时携带3克微型高爆炸药,通过特征匹配技术将"死亡黑名单"中的人识别出来,并对其予以致命一击。(参见尹欣黎、章贵川、彭先敏、李雷、田斌《军用无人机技术智能化发展及应用》,《国防科技》2018年第5期。)

潜在的暴力行为提供了肥沃的土壤。迈克尔·曼认为，群众不造反的原因之一是他们缺乏替代性的集体组织，同时"被嵌入了受他人支配的个人和集体权力组织之内，他们在组织上被包围了"。① 日益扩展的网络空间及其低门槛则为他们提供了打破"组织包围"的途径，使得这部分人加入街头暴力行列的想法最终可能变为现实。如有论者在谈及伊斯兰世界激进组织时指出："大量被剥夺公民权、将来有可能加入激进组织的保守派穆斯林将有机会在未来数年或数十年内访问全球网站……后果就是，圣战支持者的……绝对数字必将得到增长。"② 此外，即使如FBI等现实世界的执法力量用力颇多，"暗网"这般"网络金三角"事实上仍然存在并将在相当一段时间内继续存在下去，作为诸多暴力行为的策源地。

三　控制模式的技术化

就暴力而论，良好的组织离不开妥善的控制。暴力的控制模式主要由两方面内容所决定：一是"谁来控制"，涉及暴力的行使主体问题；二是"如何控制"，关注不同主体控制暴力的方式与特点。

在现代国家出现之前，暴力的控制主体呈现出极强的多元化特征，包括前现代国家、教会、宗族、家庭和黑社会组织等在内的众多组织都不同程度地享有暴力的控制权。前现代国家拥有一定的军事化组织，一些宗教团体也曾在特定的历史时期控制着一定规模的暴力组织，例如基督教的"圣殿骑士团"。血缘组织也是如此，武装家丁与族规家规在不同层面验证了其对暴力的控制。黑社会组织更是长期存在于各个社会当中，它们凭借自身的暴力优势，在国家触手之外拓展各自的势力范围。随着社会经济态势的整体演进，现代国家出现之

---

① [英]迈克尔·曼：《社会权力的来源》（第1卷），刘北成、李少军译，上海人民出版社2007年版，第9页。
② [德]托马斯·里德、马克·埃克：《战争2.0：信息时代的非常规战》，金笛译，中国人民解放军出版社2011年版，第183页。

后，原本分散于多元主体手中的暴力控制权开始聚拢于国家之手。作为国家意志的具体执行者，职业官僚在控制暴力的过程当中扮演着重要角色。正如樊鹏所指出的，早期人类社会普遍存在"警政不分、刑狱不分、法刑不分、兵刑不分"①的现象，直到建立起职业官僚制的现代国家出现后这一局面才得以改变。

但是，网络时代的到来催发了控制主体的又一次变化。如果说理解现代国家与传统暴力控制权的关键词是"集中化"，那么，理解网络时代暴力控制主体的关键词便是"技术"。当数据代码武器化、武器设备数据化的大趋势开始之后，对暴力的控制就变成了对数据代码的控制，而后者要求操作者具备相应的技术能力。这也意味着，在暴力控制方面，如果现代国家无法提出有效的应对措施，那么它已经建立的"垄断合法使用暴力权力"的优势地位必将受到冲击。

要想有效控制数据代码，就不能不了解网络空间的基础架构。劳伦斯·莱斯格认为："在网络空间中，某只看不见的手……正在构筑一种能够实现最佳控制并使高效规制成为可能的架构。"② 它一般至少被分为三个层级：最底层是"硬件层"，包括各类计算机设备以及连接它们的线路网络；其上是"代码层"或"逻辑层"，主要指"网上传输数据的网络协议（protocols）"；再上是"内容层"，即"文档、文件和服务于用户的软件应用"。马修·辛德曼指出，在内容层之上，还应有一个更高的层级结构——"搜索层"。③ 因为网络流量在很大程度上依赖于搜索引擎的引导，而不同搜索引擎之间的运算逻辑各有区别，键入同一关键词后得到的信息可能相差甚大。所以对数据代码的控制便被进一步具体化为对上述四个层级的控制。

在上述四个层级当中，硬件层似乎最易管控。它是网络空间与现实世界发生联系的物理介质，自然也受到现实空间规则规范的作用和

---

① 樊鹏：《社会转型与国家强制》，中国社会科学出版社 2017 年版，第 80 页。
② ［美］劳伦斯·莱斯格：《代码 2.0：网络空间中的法律》，李旭、沈伟伟译，清华大学出版社 2009 年版，第 5 页。
③ ［美］马修·辛德曼：《数字民主的迷思》，唐杰译，中国政法大学出版社 2015 年版，第 52—53 页。

影响。但网络空间的另一个基础特征又给硬件层蒙上了一层能助其规避监管的保护网。硬件层并非独立于其他三个层级而存在，它事实上仍然是全球网络空间的一个组成部分，所以对其加以管控必然涉及数据网络问题，而后者的跨国属性使得"任何对互联网施加司法管辖的企图都需要额外的成本高昂的干涉"①。对其他三个层级的管控面临同样复杂的局面，都非传统的科层制职业官僚所能轻易应对的。相比之下，当网络时代到来之后，在暴力的控制方面技术专家和科技巨头力量似乎更为显著。以爱德华·斯诺登为例。虽然他在美国国家安全局（NSA）内担任系统管理员，由此才接触了大量秘密文件，但其工作的正式单位却是国防承包商博思艾伦咨询公司。②

当对暴力的控制转化为对数据代码的控制之后，职业官僚已然出现了一定程度的非职业化趋势。在加里·金看来，国家与其他行为主体的博弈就像一场围绕信息的军备竞赛（Arm Race）。③ 在特定问题上职业官僚缺乏必要的技术能力，使得一部分非国家行为主体因其技术优势，而以非政府身份进入或部分进入了传统意义上属于职业官僚的工作领地，直接参与到对暴力的控制之中。

四 平台式的沟通机制

组织要素与控制模式构成了整个暴力基础结构的主体部分，但要保证组织与控制的顺畅运行，还需建立起一套切实有效的沟通机制。通信网络的覆盖范围、信息传递的实际效率等将直接影响暴力的作用效果。

---

① ［美］弥尔顿·L.穆勒：《网络与国家：互联网治理的全球政治学》，周程、鲁锐、夏雪、郑凯伦译，王骏、周缘校，上海交通大学出版社2015年版，第5页。

② "Edward Snowden Was NSA Prism Leak Source – Guardian," 2013 – 06 – 10, *BBC News* (https：//www.bbc.com/news/world – us – canada – 22836378)。

③ ［美］加里·金：《信息控制是一场军备竞赛》，2018年6月15日，FT中文网（http：//www.ftchinese.com/story/001077981? full = y&from = timeline&isappinstalled = 0&archive = #ccode = 2G188002）。

在冷兵器时代，相对原始的沟通机制客观上限制了暴力的实际效果和作用范围。如迈克尔·曼所言："在古代战争中交通联络的困难对双方都是如此之大，以致他们的军队都难得正面遭遇。"① 相比于组织要素和控制模式，沟通机制更为依赖技术与知识的积累与发展，也由此在漫长的历史阶段里沟通机制长期处于低发展水平。直到电磁技术被引入通信领域，这一局面才开始得到真正扭转。麦克斯韦电磁理论的一个重要内容就是电磁波与光的性质相同，传播速度接近每小时30万公里。这一速度是传统信息传递手段绝难企及的。电磁技术在通信领域掀起的革命一旦拉开帷幕，它的影响必然不会局限于一隅。当然，尽管在前网络时代，沟通机制已经完成了从飞鸽传书、烽火狼烟到电报电话的历史演进，但是，有两个问题长期没有得到有效解决：一方面不同传播路径之间仍处于相互分离状态，限制了信息数据间的互联互通；另一方面无论采取哪种传播路径，直到数据网络开始得到大规模应用之前，传统通信网络的信息传递能力始终较为有限。

随着网络时代的到来，以数字化技术为核心的新技术革命改变了这一局面。"一种被称为'数码融合'的技术趋势已经使互联网成为所有信息与媒体形式的统一平台。"② 在新技术革命的助推下，暴力的沟通基础开始了数据化转型。

其一，不同传播路径趋于合一。作为通信技术与计算机技术相结合的产物，数据通信网络所传递的信息实则是数据代码，这超越了图片、文字、声音与视频文件等不同信息形式的界限，进而造就了一种信息的普遍形式，而图文影音的区别只是其外在表现。当然，在电话电报时代，类似这种信息的普遍形式已经有了雏形，电视机中的动态视频与有线电话中的语音信息实则都是电子的流动。但是，网络时代的一个标志物使之与此前的信息流动有了根本区别，那就是全球数据通信网络的出现。借由海底光缆、移动终端以及各类跨国网络协议等

---

① ［英］迈克尔·曼：《社会权力的来源》（第1卷），刘北成、李少军译，上海人民出版社2007年版，第175页。
② ［美］弥尔顿·L. 穆勒：《网络与国家：互联网治理的全球政治学》，周程等译，王骏、周缘校，上海交通大学出版社2015年版，第12页。

要素的推动，网络时代的信息发布者可以通过数据通信网络，跨越物理国境的阻隔，将分布于不同区域的各类信息传递到网络空间中的各个目的地，而完成这一步骤所耗的时间可能只在分秒之间。巨大的实用性与便利性客观上造成了其他沟通路径的衰落，并使得大量人群转而投向使用数据通信网络这一新的沟通机制。

其二，通信能力与规模迅猛提升。近年来"5G"技术的发展是通信能力提升的一个有力证明，其最大特色就是信息传递的高效率。按高通的解释，5G网速约为4G网速的20倍，其下载速度峰值可达到4500Mbps。5G技术在带来巨大便利的同时，也使发端于网络空间的暴力的监管变得更为困难，需要监管主体具备更强的治理能力。通信能力的发展促进了通信规模的迅猛攀升。以社交媒体为例。据报道，截至2018年9月，微信的月活跃用户数已超10亿户，消息日发送次数达450亿次；Facebook的活跃用户数在2017年底便已接近20亿户。在前网络时代，国家可以通过控制舆论进而控制暴力信息的传递，但通信能力的提升与网络社交媒体的出现，让这种封锁变得更为困难，同时也给抗议力量提供了一个更具吸引力的信息沟通路径。

在"数码融合"的技术趋势之下，暴力的沟通基础演化为一种平台式的沟通机制。来自不同区域的不同类型、不同内容的信息被整合为均质化的数据代码，并借由数据通信网络这一平台，以远超以往的传递效率走向目的地。这改变了信息传播的传统态势，也改变了传统暴力所赖以存续的一个重要根基。

五 走向"万物互联"的后勤体系

后勤体系是暴力的另一个关键性基础结构，甚至可以说是基础的基础。它直接关系到其他基础结构的运行状态，关系到暴力自身的持续性和稳定性。

在前现代社会，后勤体系的整体水平相对较低，后勤补给能力直接关系到军队的生死存亡。如《孙子兵法》所言："军无辎重则亡，无粮食则亡,无委积则亡。"① 环顾整个古代史,迈克尔·曼推测:"就一支军队而言,没有支援,可行的最远限度的行军大约是 90 公里。"② 唐纳德·恩格尔分析了亚历山大大帝的全部战役,最终得出结论:"三天,这是一支完全自我装备的军队的生存期。"③ 原始低效的后勤基础也限制了进行远距离征服的可能,所以从汉尼拔到亚历山大基本上都采取了一种策略即"因粮于敌"。大规模军事战争所面临的后勤困局直到拿破仑时代才开始改观。拿破仑在各占领区建立了正规的补给基地,且在大后方建立了补给运输体系。此后,新型远距离交通工具和通信工具的出现才让拿破仑开创的这一补给体系进入了发展的快车道。由此可知,要想超越以"因粮于敌"为代表的传统后勤基础,搭建起一套较为有力的保障体系,就需要有快速便捷且覆盖面广的交通基础设施,保证较为稳定的资金、装备、粮食和兵员供给。这又对信息沟通能力提出了要求,早在 20 世纪 90 年代便有研究人员指出:"组织军事运输的过程,实质上就是'信息流'的流动过程。"④ 没有顺畅高效的信息沟通,就不可能建立起高效的后勤体系。

随着网络时代的到来,当人员、物资装备与土地等暴力的基本要素开始数据化之后,暴力的后勤基础同样开始了数据化转型。交通基础设施对实物资源的传递与电话电报等传统工具对信息的传递逐渐合二为一,被转化为"信息高速公路"对数据代码的传递。"信息高速公路"的发展大体上又可分为"互联网"与"物联网"两个阶段。

首先是"互联网"(Internet)时期。此时的"信息高速公路"已经能够在很大程度上摆脱物理空间的限制来进行信息交换,这降低了后勤信息传递的成本并提高了效率。就传统武装组织比如各国军队、警察系统而言,互联网技术的应用方便了后勤物资需求的统计、协调与分发。同时,鉴于"信息炸弹"这类发端于网络空间的"纯信息"

---

① 《孙子兵法》,中华书局 2007 年版,第 46 页。
② [英]迈克尔·曼:《社会权力的来源》(第 1 卷),刘北成、李少军译,上海人民出版社 2007 年版,第 33 页。
③ [英]迈克尔·曼:《社会权力的来源》(第 1 卷),刘北成、李少军译,上海人民出版社 2007 年版,第 171 页。
④ 海军:《信息高速公路与军事交通运输》,《国防》1995 年第 2 期。

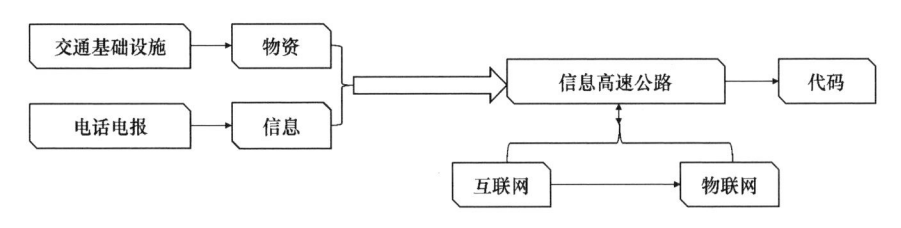

图 8-2 暴力后勤基础的数据化

武器已然出现，后勤的数据化便不仅体现为后勤运输过程当中沟通与协调信息的数据化，而且体现为运输载体与运输内容的数据化。与传统武器装备及其补给资源对后勤基础的要求相比，数据时代的"纯信息"武器仅需要一根网线、一台电脑和有效的数据网络便可完成武器装备与相关补给的运输任务。当无须劳师远征也能对千里之外的目标发动袭击之时，"0后勤"的暴力行动似乎已成为可能。

当"互联网"发展到一定程度之后便进入了所谓"物联网"（The Internet of Things）阶段。它并非传统意义上的互联网，而是利用内置芯片等，以技术手段实现物品相互之间及其与外部环境之间的联动。这在某种程度上已然接近阿西莫夫小说中所提到的"盖娅星球"[1]模式。从理论上讲，小到一个背包、一支步枪，大到一架飞机、一辆坦克，从工厂流水线上的产品到战场上正在使用的各类设备，都可以通过数据网络而联系到一起，共享自身的基本状态信息。"物联网"体系一旦关联到后勤系统，将大大提高后勤系统的作用效率，搭建起有力的后勤供给与分配的良性互动机制。当然，这也在一定程度上给其带来了风险。有俄罗斯学者指出，部队的能源或给养需求水平可能因此而泄露。即便使用所谓的"数据传输封闭段"（ZSPD）系统，只要联网，便有泄密的可能。[2]

从整体来看，"信息高速公路"的发展，让暴力组织的后勤体系

---

[1] 该星球上的万事万物共享"同一个意识"。（参见［美］艾萨克·阿西莫夫《基地与地球》，叶李华译，江苏文艺出版社 2012 年版。）

[2] ［俄］I. 德罗宁娜：《网络信息技术对俄国家安全与发展的影响》，威远编译，2018 年 7 月 1 日（http://www.knowfar.org.cn/html/version/201807/01/7472.htm）。

日益走向"万物互联"的状态。当后勤体系与暴力的组织、控制、沟通基础共同依托于一张数据网络之上时,不仅各个基础结构间的壁垒打通成为可能,而且一种新的暴力形态呼之欲出。

六　数据暴力的诞生

暴力的基础结构一旦发生重大变化,暴力自身的样态自然也将随之改变。当暴力的组织、控制、沟通和后勤基础都已开始乃至部分完成了数据化转型之后,一种不同于以往的新暴力形态自然顺势而生,因其与传统暴力最大的不同就是基础结构的数据化,故可称之为"数据暴力"。

数据暴力首先是一种具体的暴力行为。按照行使主体和作用内容,可将其分为四种类型,即网络战、网络恐怖主义、网络霸凌、黑客犯罪(见表 8-1)。

其次,它又是一种"潜能"。道格拉斯·诺斯指出,国家是唯一拥有合法的"暴力潜能"(violence potential)的组织。[①] 它只需保持一种基本稳定的潜在能力,便可对国民或敌国施以必要的威慑,进而为其强制能力提供保证。这在一定程度上与霍布斯对公民间"战斗意图"的强调相类似。[②] 与具体的暴力行为不同,"暴力潜能"虽是一种"看不见的权力",却往往能够达到更好的暴力控制效果。较之传统暴力,数据暴力的"潜能"色彩更为浓厚。正如"流量"这个网络时代的高热度词汇所暗示的那样,数据暴力恰如大海一般,看似风平浪静,却能在转瞬间释放出惊人能量。网络用户虽在大多数情况下不会遭受"数据暴力"的攻击,却可以说无时无刻不处在"数据暴力"的威胁之下,形式日趋复杂多样的"网络霸凌"便是例证。"脸

[①] [美]道格拉斯·C. 诺斯:《经济史中的结构与变迁》,陈郁、罗华平译,上海人民出版社1994年版,第21页。

[②] [英]托马斯·霍布斯:《利维坦》,黎思复、黎廷弼译,杨昌裕校,商务印书馆2013年版,第94—95页。

书"、微软等科技巨头签署的"不帮助任何政府发动网络攻击"的公约,更是其"暴力潜能"的直接证据。

表8-1　　　　　　　数据暴力行为的四种基本类型

类型	行使主体	内容
网络战 (Network Warfare)	国家	使用计算机技术对敌国或特定目标的信息基础设施发动的作战行为
网络恐怖主义 (Cyber-terrorism)	恐怖组织或个人	国家分裂组织或特工人员针对非战斗目标发动的暴力攻击
网络霸凌 (Cyberbullying)	网民	在网络空间发送或发布旨在伤害或令另一个人难堪的文字或图像的过程和行为
黑客犯罪	黑客*	使用黑客技术进行犯罪行为;又可根据黑客类型作进一步分类

*有研究者根据黑客的技术知识水平、兴趣领域以及对软件的使用,将之分为工具包新手、赛博朋克、内控者(internals)、程序员、保守派黑客或短期黑客以及专业人士(professionals)六种类型。(参考 Igor Bernik, *Cybercrime and Cyberwarfare*, New York: Wiley‐ISTE, 2014, p.27.)

马克斯·韦伯在《以政治为业》中指出,暴力并非国家使用的常规手段或唯一手段,却是国家特有的手段。国家被认为是暴力合法使用权的唯一来源。① 但是,数据暴力已从多个维度对上述论断提出了挑战。在数据暴力的行使主体方面,科技巨头力量显著,某种意义上的"数据封建主义"已日益成为现实。面对数据暴力控制模式的技术化要求,传统职业官僚缺乏必要的技术手段,垄断了暴力行使的公权力,故而在一定程度上出现私人化转向。此外,在立法与创制方面,科技巨头、社交媒体、网络集群乃至网络大V似乎都能够在不同程度上挑战现代国家的合法化能力,其中又以科技巨头实力最著。当然,

---

① [德]马克斯·韦伯:《以政治为业》,[英]彼得·拉斯曼、罗纳德·斯佩尔斯编:《韦伯政治著作选》,阎克文译,东方出版社2009年版,第248页。

数据暴力对现代国家理论的具体挑战并非本文的核心关切，但它却是数据暴力问题重要的根本缘由。唯有对数据暴力这一新暴力形态的基础结构有了较为清晰、透彻的理解，才能进一步理顺其与现代国家、现代社会的关系，并最终找到将之驯服的有效路径。

（李立敏）

公共治理

第九章

大数据应用与智能化社会治理[*]

一 大数据时代的社会治理

伴随着中国经济的持续发展，中国进入了社会转型期和改革深化期，社会矛盾和冲突不断发生，因而化解社会矛盾、改善公共服务质量、创新社会治理能力与机制成为社会治理面临的迫切任务，成为政府、社会和学界共同关心的话题。2013年，《中共中央关于全面深化改革若干重大问题的决定》中首次使用"社会治理"概念，明确提出要创新社会治理体制。2016年，习近平总书记就加强和创新社会治理要"更加注重民主法治、科技创新，提高社会治理社会化、法治化、智能化、专业化水平，提高预测预警预防各类风险能力"。社会大转型与大数据时代的重叠，在向中国社会治理实践提出巨大挑战的同时，也为社会治理的制度优化和治理创新准备了新条件。

大数据资源和技术的迅猛发展深刻地影响着人类社会的经济和治理模式。近年来，以大数据为代表的新兴信息通信技术获得世界各国重视，中国也于2016年明确提出"实施国家大数据战略"，国家对大数据的高度重视为运用大数据进行社会治理提供了战略引导和政策保

---

[*] 本章内容首发于《电子政务》2018年第8期，原标题为"大数据驱动的智能化社会治理：理论建构与治理体系"。

障。社会治理创新是推进国家治理体系和治理能力现代化的核心要义和首要组成部分。2015年国务院《促进大数据发展行动纲要》明确要求将大数据应用于社会治理创新，为有效处理复杂的社会问题提供新的手段。这为社会治理的理论创新和实践应用提供了现实土壤。海量数据的挖掘整合、统计关联和预测分析技术的成熟运用，可为社会治理领域民意感知和民情研判、社会风险评估和政府响应提供技术支撑，为社会治理的智能化提供制度和技术保障。

大数据的广泛运用正深刻地改变着社会治理的场域、过程和治理方式。大数据时代的来临塑造着新型国家社会关系，推动着政府治理模式从科层官僚制向数据和技术辅助的扁平化治理结构转型，形成多主体、多场域和复杂系统为特征的治理场域（情景）。由此既促生了数字民主和网络政治等现象，更创新着在线政府、数字治理、开放政府等新兴治理制度。大数据时代面对复杂社会问题、多重社会风险和多元化参与主体，社会治理创新迫切要求构建由政府、社会、企业和科技社群广泛参与的综合治理能力，以应对大数据语境下公共空间与私人领域、在线表达与线下参与、线上互动与政治沟通的日益整合和互相影响。

为此，技术进步为社会治理创新带来了一系列治理方式。社会治理要高度关注公民诉求、情感、态度等民情民意，要能够及时、直接地了解公众的情感迁移和诉求嬗变；又要多方协作，打破传统治理领域界限，在专业领域、分析能力和技术开发等方面密切配合。大数据资源和技术提供了洞察此前难以精准把握的民情民意动态，从数据挖掘和智能分析中发现和评估社会治理风险、基于知识库智能化探究政府回应措施，从而把握大数据时代社会治理的特点和规律。本文认为，基于大数据的智能化社会治理是科技进步对社会和政府发挥技术赋权和技术赋能共同影响的结果，借助对民情民意的系统把握、社会风险的动态评估和政府对公众诉求的精准回应，有效推动中国社会治理的决策科学性和治理民主性。

二 大数据驱动的社会治理理论创新

（一）社会治理理论和实践的时代发展机遇

治理理论的兴起是基于传统以政府为主要行动者、以层级制为主要组织特征的治理模式所面临的困境，[①] 其主要的论点之一是关于政府在治理过程中从垄断行动者到网络平行参与者的角色和作用的变化。[②] 该理论主张社会多元主体共同参与，认为政府、社会组织、私人组织以及公民，都可作为治理的主体。社会治理理论是治理理论的重要组成部分之一，从1993年开始进入学者的研究视野。英文文献从早期对结社民主、社会治理新形式的探讨，到中期关注公共政策影响，进而转向对社会组织的作用、公共参与、具体治理领域以及政府治理体系等议题的研究，均强调第三条道路[③]在其中的突出作用，即通过多元主体协同治理来解决社会问题。

而在中国，社会治理这一概念是具有典型本土特征的实践，主要是基于中国社会管理实践的变化，而非从西方治理理论出发的社会实践。[④] 自1993年出现社会治理的中文文献以来，学者从初始的历史视角探讨中国传统文化中的社会治理观，转为从现实社会角度思考中国社会治理模式的转型与变迁。随着2013年中共中央首次使用"社会治理"概念，提出要创新社会治理体制，学界对社会治理的研究即呈爆发式增长。在中国，社会治理特指由政府组织和主导负责，吸纳社

[①] Guy Peters, John Pierre, "Governance without Government? Rethinking Public Administration," *Journal of Public Administration Research and Theory*, Vol. 8, No. 2, April 1998.

[②] 田凯：《治理理论中的政府作用研究：基于国外文献的分析》，《中国行政管理》2016年第12期。

[③] Reddel Tim, "Third Way Social Governance: Where Is the State?" *Australian Journal of Social Issues*, Vol. 39, No. 2, May 2004.

[④] 张海波：《大数据驱动社会治理》，《经济社会体制比较》2017年第3期。

会组织和公民等多方治理主体有序参与,对社会公共事务进行的治理活动。[①] 政府在社会治理过程中起着主导和决定性作用,是社会治理的主体,其目标是诊断社会问题、化解社会矛盾、保障和改善民生福利、促进社会有序和谐。中国的社会治理具有自身独特的发展背景和社会基础,党和政府对自身执政方式进行理性反思,在大数据时代,受网络驱动的回应性政府建设成为中国政府富有时代感的治理转型探索。[②]

在关于社会治理的具体研究中,当前学界对社会问题的探讨更多地停留在机制设计层面,对社会治理所处的信息时代背景关注较少。无论是从个体角度切入探讨农转居、农转工以及农民工群体的就业安置、社会保障等问题,还是从路径模式的角度探讨城镇化的不同类型和机制,通过总结国内各地(尤其是基层)社会治理典型案例和经验,以及从比较政治的视角进行国内外不同社会治理经验的比较等,相关研究越来越精细,从个体关怀到制度思考,从笼统概括到精细分类,从个案总结到比对共识,涵盖了机制建设的方方面面。但在社会治理的治理工具理念和创新上,尚缺乏具体的、可操作的辅助方法。

因而,在信息技术和互联网飞速发展的背景下,传统的社会治理研究和实践面临着一系列时代的诉求。首先,大数据为社会治理的理论与实践创新带来机遇。伴随着中国社会的全面转型以及社会治理的不确定性,传统的社会治理理论和方法已不足以应对当前复杂的社会环境,社会治理必须突破传统思维模式,走向更具时代感的数据治理形态。政府作为社会治理的主导者,可有效运用数据所存储的多维信息来为预期的问题提供潜在的解决路径,[③] 传统的依赖权力、通过命令或权威来达成目标的方式,应逐渐转变为使用新的工具和技术来进

[①] 王浦劬:《国家治理、政府治理和社会治理的含义及其相互关系》,《国家行政学院学报》2014 年第 3 期。
[②] 孟天广、赵娟:《网络驱动的回应性政府:网络问政的制度扩散及运行模式》,《上海行政学院学报》2018 年第 3 期。
[③] Badie Farah, "A Value Based Big Data Maturity Model," *Journal of Management Policy and Practice*, Vol. 18, No. 1, March 2017.

行掌舵和引导。① 同时,大数据为社会治理研究方法的拓展带来机遇。传统的社会治理的研究方法多以对社会的局部抽样或个案研究作为预判整体的依据,大数据则使数据样本的广泛性和数据资源的可获得性更为便捷。大数据能够搜集更为丰富、多元的数据,较之传统的社会调查方法,能够探测更为丰富的社会议题并能实现对大众议题关注度的动态把握,② 使获取社会治理近乎全样本的研究对象及其所产生的行为数据成为可能。在此基础上对数据进行分析处理可对社会问题进行整体研判,并产生更科学和客观的研究成果。

(二) 大数据驱动的社会治理理论缘起与实践探索

社会治理的理论研究视阈主要集中于协同治理、协商民主与公共参与、治理现代化与创新方面。在协同治理视角下,政府出于治理需要,通过发挥主导作用,构建制度化的沟通渠道和参与平台,加强对社会的支持、培育,并与社会一起,发挥社会在自主治理、参与服务、协同管理等方面的作用。③ 在协商民主与公共参与视角下,中国的社会治理存在社会力量"激活"与国家"吸纳"之间的互动。"激活"意味着社会力量在国家提供的制度平台上,通过协商影响治理;"吸纳"则是国家通过制度创新为社会力量参与治理提供更多的协商机会,而这两者都取决于国家能否与时俱进、构建功能更强大的协商民主的机制体制。④ 在治理现代化与创新视角下可以认为,社会治理面对的是"三类主体"的"两大关系",即政府(国家)、市场、社会三类主体构成的"政府与市场""国家与社会"的关系,这是推进

---

① Gerry Stoker, "Governance as Theory: Five Propositions," *International Social Science Journal*, Vol. 50, March 1998.

② Joseph T. Ripberger, "Capturing Curiosity: Using Internet Search Trends to Measure Public Attentiveness," *Policy Studies Journal*, Vol. 39, No. 2, May 2011.

③ 郁建兴、任泽涛:《当代中国社会建设中的协同治理:一个分析框架》,《学术月刊》2012年第4期。

④ 姚远、任羽中:《"激活"与"吸纳"的互动:走向协商民主的中国社会治理模式》,《北京大学学报》(哲学社会科学版) 2013年第2期。

治理现代化中需要妥善处理的核心关系。① 中共十八届三中全会已明确指出，处理这种关系的关键在于创新社会治理体制，实现政府治理和社会调节、居民自治的良性互动。要实现体制创新，就必须建立一个以相互依存为基础的、以协作为特征的、纵横协调的、多元统一的现代化社会治理结构。②

这三种理论视角各有侧重，但具有本质上的共同点。三者都强调政府作为治理主体在社会治理中的主导作用，政府通过培育社会主体参与、构建制度化参与平台，为多元治理主体提供协商机会，协同其共同参与社会治理，实现政府与社会的良性互动。在互联网和大数据时代，这三种理论视角具有富有时代感的崭新意义。互联网为公民提供了政治参与和利益表达的场所，与此同时，网络空间形成了信息共享和知识传播的虚拟社区，为公众参与社会治理提供了协商机会，为政府和公众良性互动提供了对话平台。大数据及其技术的发展，为互联网政治参与中公众行为的数据收集、分析，以及政府与公众的互动和回应提供了可能，为协作共治的社会治理体制创新和社会治理结构优化提供了实现条件。

目前，将大数据技术应用于社会治理的主题业已引起学界广泛关注，在许多政策领域，大数据方法已被成功用于推进社会治理的智能化。很多人看到大数据作为一种工具在提升政府能力和革新治理模式方面的应用价值，③ 如在社会安全、公共交通、公共服务、政治传播等领域进行数字化管理；④ 在医疗卫生领域，可利用公共卫生历史数据来研究流感流行模式并预测下一次流感爆发节点。⑤ 大数据在民情

---

① 张小劲、李岩：《从语义图解到模式理解：〈关于全面深化改革若干重大问题的决定〉中关于治理问题的论述》，《当代世界与社会主义》2014 年第 1 期。
② 姜晓萍：《国家治理现代化进程中的社会治理体制创新》，《中国行政管理》2014 年第 2 期。
③ Rhoda C. Joseph, Norman A. Johnson, "Big Data and Transformational Government," *IT Professional*, Vol. 15, No. 6, November 2013.
④ 孟天广、郭凤林：《大数据政治学：新信息时代的政治现象及其探析路径》，《国外理论动态》2015 年第 1 期。
⑤ Nicholas A. Christakis, James H. Fowler, "Social Network Sensors for Early Detection of Contagious Outbreaks," *Plos One*, Vol. 5, No. 9, 2010.

预测和管理上也已显示出巨大的应用潜力。如通过对网络社交平台中博客大V话题结构的模拟发现集体行动的信息,[①] 利用文本分析方法来预测大规模冲突事件,[②] 以及为提高选举成功的可能性而运用模型估计海外公民人数,并在不同国家有效分配资源,为选民提供协助服务,[③] 等等。

诸多研究成果证明了大数据给社会治理所带来的革命性影响以及进行模式再造的紧迫性与必要性。然而,现有研究除在有限的具体领域开展应用研究外,在研究取向上还更多地处于表象观察和理念倡导阶段,研究方法缺乏必要的工具支持和系统性论说,对大数据与社会治理之间的逻辑关联、深层结构和互动作用原理尚未进行深入探讨。此外,在实操经验方面,现有研究多基于逻辑推演展开,很少涉及实践中的社会治理与大数据相互激励和优化的实际案例及可靠而翔实的实证调查;在项目协调方面,各级政府启动了许多与社会治理有关的风险预警、绩效评估和数据分析项目,然而其既未将社会治理视为有机整体,亦未将政府的回应策略纳入体系,造成信息碎片化与回应无序化。

三 智能化社会治理的概念内涵与系统要素

在此背景下,"智能化社会治理"(Intelligent Social Governance)的提法应运而生,其意指运用大数据来努力推动社会治理的网络化、智能化和系统化。具言之,智能化社会治理旨在利用大数据强大的数据采集和分析能力,结合社会治理理论和互联网技术,将复杂的社会

---

① Olessia Koltsova, Sergei Koltcov, "Mapping the Public Agenda with Topic Modeling: The Case of the Russian Live Journal," *Policy & Internet*, Vol. 5, No. 2, June 2013.

② Thomas Chadefaux, "Early Warning Signals for War in the News," *Journal of Peace Research*, Vol. 51, No. 1, January 2014.

③ Brian Griepentrog, Sean Marsh, Sidney Carl Turner and Sarah Evans, "Using Social Marketing and Data Science to Make Government Smarter," *Computational Social Science: Discovery and Prediction*, New York: Cambridge University Press, 2016, pp. 204–215.

运行体系映射在多维、动态的数据体系之中,实现对社会运行规律、社会偏好(诉求)变化趋势及规律、政府回应机制及效果差异等实时的、数量化的、可视化的观测,不断积累社会运行的数据特征以应对各类社会风险,提升社会治理的有效性。作为推动社会生态变革与社会治理创新的核心驱动力,大数据为社会治理开辟了广阔的分析视角和实践空间,成为提升政府治理能力和治理水平的关键支撑。为使大数据在社会治理各领域有效发挥网络化、智能化和系统化作用,本文构建了基于数据、信息、协作、平台以及安全五要素联动的统一协同机制,为智能化社会治理的实现与运转提供系统基础和保障。

(一) 数据

在大数据时代,数据本身已成为一种生产要素,同时也是治理要素。社会治理过程中人人均为数据的生产者,用"用数据说话、用数据决策、用数据管理、用数据创新"是新时代政府推动资源整合、提升治理能力的有效工具和必然选择。数据是直接获得决策科学性和施政效率的工具。[1] 政府内部定期或不定期产生的各类文件、报告、管理活动、行政记录、监管记录的数据公布和来自政府外部各类数据的再利用,具有重要的经济和社会意义。[2] 这些数据资源的整合与共享可推进数据集约化管理,为政府精准化治理和诊断式回应提供基础。"智能化社会治理"以人为核心,强调以民众的诉求为关切点,增强政府对民众的回应性。而对民众个体的情感、态度和诉求等"民情数据"的把握,就成为智能化社会治理的首要突破口和创新着力点。传统数据所关注的民众出行、消费、储蓄等行为数据,尽管在数据采集上运用了大数据技术,但仍然是聚焦于经济维度的"民生数据";尽管"民生数据"能够体现和反映民众的生活状态和生活需求,但无法直接说明民众在特定生活状态下的心理状态、态度偏好和社会诉求。

---

[1] Thomas Chadefaux, "Early Warning Signals for War in the News," *Journal of Peace Research*, Vol. 51, No. 1, January 2014.

[2] Anne L. Washington, "Government Information Policy in the Era of Big Data," *Review of Policy Research*, Vol. 31, No. 4, July 2014.

相形之下,"民情数据"则是民众诉求的直接反映,是对民众意见的动态感知。在网络化时代,民众的情感、态度和诉求经由新媒体、自媒体和社交媒体的催化和聚集而日益多元化、多样化和多歧化,而在此基础上形成的政治立场、价值观念和行动取向往往会处在分裂增大—区隔固化—对抗激化的发展之中。在这种情况下,对于民情数据的把握尤其重要和关键,否则就会使政府的决策和施策行为陷入困境。

(二) 信息

数据是信息的载体,信息是有背景的数据,知识是呈现规律的信息。[1] 大数据技术将海量数据背后的关系与规律以信息呈现出来,可为政府部门科学决策提供可靠和有力的支撑。随着互联网技术的发展,数据的汇聚和流动成为政府对社会各领域治理的问题感知和决策来源。数据只有成功转换为信息,并在政府的上下级之间、部门之间流动,才可为政府解决信息不对称困境提供科学和客观依据。在智能化社会治理建设中,对"民情数据"的把握需要对网络空间的民情民意数据展开进一步处理和分析,从中抽取出民意表达模式和特点,对能够体现治理过程、反映治理诉求和行动取向的相关数据进行收集、处理和展示,形成有价值信息。从这个意义上讲,较之于传统的数量型民生数据,民情数据的采集和分析模式对数据采集和分析方法都提出了更高的要求,其所包含的信息也更为丰富和多元,承载着更为丰富的有关治理主体、过程、诉求及行动的信息,服务于更为严谨的政策研究和决策制定。

(三) 协作

协作是社会治理协同关系模式的思想资源,在传统治理理论和实践对"政府和公共机构与公民以及其他社会参与者之间的协作和伙伴

---

[1] 涂子沛:《大数据及其成因》,《科学与社会》2014年第4期。

关系"① 忽视的背景下兴起。社会治理是一项庞大而复杂的系统工程，对政府内部机构和外部组织的协作要求不断提升。社会治理的协作包括两个维度：一是政府基于社会公共事务内部治理机构之间的协作；二是政府与外部主体如市场主体、社会组织、网络社群、研究机构等组织之间的协作。数据的流动和扩展使传统层级结构设置所形成的"数据孤岛"和信息梗阻问题得以解决，而协作是构成数据流动的前提。政府机构内部通过数据的在线重构可实现跨部门信息流、业务流的协作治理，打破过去需要机构或制度改革才可实现协作的传统模式；政府部门和数据企业在数据与挖掘、处理技术等方面的协作，与研究机构在相关政策研究、数据处理与分析能力等方面的协作，可共同在监测社会发展动态、发现并应对社会风险、协调冲突利益等方面行使强大的多主体协同治理，产生积极的国家社会合作关系。

（四）平台

社会治理中政府与公众的制度化沟通渠道和平台的设立至关重要。互联网对公众的生活方式产生着深刻影响，网络信息的及时性与传播性，使得多元社会诉求都可能在时空范围内快速扩散，进而引发社会风险或公共问题。因而，公众的利益诉求表达需要有一个协商对话的平台。政府通过创建公众参与的开放互动平台，与公众诉求在网络平台的持续互动与互联，为利益诉求的表达提供疏解通道，为构建社会协商民主体系拓宽渠道。2006年，中国政府门户网站即开通并设置领导信箱、政务论坛等互动交流模块；同年，人民网开通《地方领导留言板》专栏供各省、市、县级主要领导与网民交流，这两类平台已覆盖全国，成为公众参与网络问政的主要平台，为政府与社会的互动提供了制度化机制。此外，各级政府开通的政务微博、微信问政、开放论坛等地方性平台，亦为政民互动提供了重要渠道。在此基础上，大数据促进了网络政治互动的全面升级，积极响应社会诉求（民

---

① ［以］埃瑞·维戈达：《从回应到协作：治理、公民与未来的公共行政》，《国家行政学院学报》2003年第5期。

意),善于应对各类社会风险成为社会治理的重要面向。① 因而,借助大数据技术推动政民互动平台建设,为系统性民意数据采集和信息处理、民意监测和社会风险评估提供机制保障。

(五) 安全

随着数据资源日益重要,数据与信息安全成为数据技术发展和数据开放共享环境下不容忽视的关键问题。数据安全贯穿于数据挖掘、数据存储、数据传输和数据应用等环节,如何保障涉及公众隐私的身份信息不被泄露和侵犯,成为数据治理的重中之重。中国于2017年6月1日施行的第一部规范网络安全的基础性法律——《中华人民共和国网络安全法》,予以对网络运营者和个人未经被收集者同意而泄露、出售数据的行为明令禁止。然而,近期发生的移动手机终端泄露用户数据的事件层出不穷,显示出保障数据安全的必要性。此外,数据安全保障涉及数据权利的归属。中国虽然制定了一系列公民个人信息保护相关的法律法规,其中全国人大及其常委会发布40余部法案,国务院发布30部法规,工信部等部门发布200余部规章制度,但这些法律法规并未对网络空间的动态数据的属性、所有权和使用权做出明晰的界定,也没有出台关于公民个人信息保护的"宪法性"法律。② 因而,未来要充分利用数据资源强化社会治理,必须对全流程、多环节可能出现的数据安全以及数据权利问题予以清晰约束和界定,以提供制度约束和保障基础。

四 智能化社会治理的体系构建与实现路径

(一) 大数据驱动智能化社会治理的体系构建

大数据时代的智能化社会治理有利于提升社会治理的科学化和民

---

① 李振、鲍宗豪:《"云治理":大数据时代社会治理的新模式》,《天津社会科学》2015年第3期。
② 庄国波、陆晓燕:《大数据时代精细化社会治理中安全问题研究》,《理论探讨》2017年第6期。

主化程度。社会治理是以实现和维护公众权利为核心，发挥多元主体作用，着力完善社会福利、保障改善民生、推动社会有序和谐发展。相较于传统的社会管理，社会治理更加强调治理的法治化、溯源性和社会性，强调社会治理过程的主动性、互动性和预防性。而要达至从传统社会管理向社会治理方式的转移，除了理念思路的转换外，还需要相关的治理技术和工具准备来支撑社会治理的转型。在大数据时代技术方法不断更新的契机下，智能化社会治理旨在通过对社会过程数据信息的采集，把握民情民意，构建以刻画和分析社会运行过程为目的的数据库和知识库，可实现对社会规律的动态把握，社会风险的预测预警。

大数据时代的智能化社会治理有利于提高政府回应的精准性和有效性。构建回应性政府是中国特色社会主义建设的题中之义，也是走向民主治理与社会和谐的必要条件。伴随着快速社会转型的不断推进和网络社会的不断拓展，中国社会发生着剧烈的变化，政府面临的回应性压力也越来越大。在新媒体、自媒体和社交媒体不断发展的条件下，各类社会问题往往又以急剧扩散、畸形扩大和交叉叠加的方式产生放大效果，不仅会形成"无事会生事、小事变大事、大事变大灾"的恶性螺旋式发展，而且在事态发展时程上突显了临界点—爆发点—转折点以及衰减点—止损点—平复点等时间节点的意义，从而为社会问题的解决设置了更难以攻克的障碍，使得源头治理、柔性治理和良性治理落空。智能化社会治理为应对政府所面临的回应性危机以及促进政府回应模式的转型提供了创新性解决方案。

大数据时代的智能社会治理有利于提升社会治理体系的协同性和创新性。智能社会治理为解决传统社会管理的信息梗阻困局、构建全面系统的社会诉求监测、社会风险评估预警和政府应对体系开通了新的路径。一方面，结合社会治理理论和实践的进展，以及大数据和相关技术的革新，全面采集各种网络数据及其他社会经济数据，可构建有助于系统化、动态化监测和评估全国和地方性社会治理状况的评估体系，推进对大数据时代社会治理模式的认知；另一方面，基于大数据的社会治理系统还可直接实现跨地区、跨层级的数据采集和共享，增进对社会治理规律及动态的实时把握，增强对社会风险的预见和溯源能力，探究社会问题的源头治理和风险防控，为各级政府优化治理结构和提升治理能力提供技术基础。从这个意义上讲，智能社会治理能够在大数据技术条件下对上意下达和下情上传的通畅、对消除"中间梗阻"做出贡献，从而构建整体化的社会治理新格局。

（二）智能社会治理的体系构建与实现路径

实现智能化社会治理，可从社会治理民情（诉求）感知、社会治理风险评估和政府回应三个层面构建智能社会治理的体系与实现路径。大数据所呈现的社会治理诉求，在特定的数据处理技术辅助下，可有效转化为政府精准化治理、诊断式回应及动态式评估的能力。首先，在智能化社会治理体系中采集和挖掘社交媒体、问政平台和公众搜索行为等海量网络民情民意相关数据；其次，构建适合中国情景的社会治理风险监测和评估体系，以此评估各地社会风向的状况及演变，开展社会治理预测预警；最后，以丰富的国内外社会治理知识库为基础，基于自动匹配探求地方政府回应社会风险的模式，为优化社会治理提供决策依据。图9-1呈现了智能化社会治理的体系及构成要素。

1. 社会治理民情（诉求）汇聚

网民数量的急剧增长、各种社交平台及公众网络使用习惯的不断成熟，使得网络成为公众诉求表达和政治参与的重要工具，为民情数据的收集提供了绝佳的场地和机会。通过特定数据挖掘和信息处理技术，可检测和评估特定地区的公共议题关注热度、变化趋势以及讨论角度、态度情感等问题，帮助社会治理参与主体更好地把握公众诉求，提升公众知情度和政策支持度。特定主题事件信息来源（包括论坛、博客、新闻、微博、微信等）具有多样性和异构性。首先，针对民情主题事件，根据政府的政策知识库建立对应的事件分类体系，构建各个主题下的事件类别和子类别，明确各个类别的事件应该包含的实体、关键词和事件要素。其次，根据已构建的事件分类体系对事件进行抽取，包括事件的时间、地点、人物、主要内容等。再次，通过

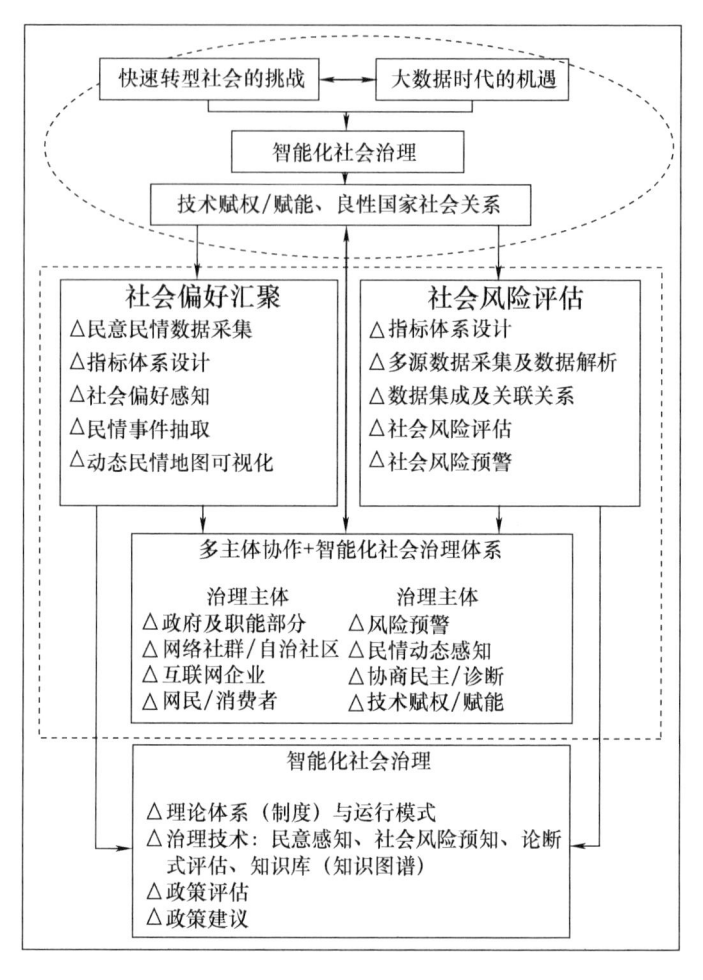

```
┌─────────────────────────────────────────────────┐
│   ┌──────────────────┐    ┌──────────────────┐  │
│   │ 快速转型社会的挑战 │←→│ 大数据时代的机遇  │  │
│   └──────────────────┘    └──────────────────┘  │
│                ↓                                │
│          ┌──────────────┐                       │
│          │ 智能化社会治理 │                      │
│          └──────────────┘                       │
│    ┌────────────────────────────────┐           │
│    │ 技术赋权/赋能、良性国家社会关系  │           │
│    └────────────────────────────────┘           │
│  ┌──────────────────┐  ┌──────────────────┐    │
│  │   社会偏好汇聚    │  │   社会风险评估    │    │
│  │ △民意民情数据采集 │  │ △指标体系设计     │    │
│  │ △指标体系设计     │  │ △多源数据采集及   │    │
│  │ △社会偏好感知     │  │   数据解析        │    │
│  │ △民情事件抽取     │  │ △数据集成及关联关系│    │
│  │ △动态民情地图可视化│  │ △社会风险评估    │    │
│  │                   │  │ △社会风险预警     │    │
│  └──────────────────┘  └──────────────────┘    │
│       ┌────────────────────────────────┐        │
│       │  多主体协作+智能化社会治理体系  │        │
│       │  治理主体        治理主体       │        │
│       │ △政府及职能部分  △风险预警      │        │
│       │ △网络社群/自治社区 △民情动态感知 │        │
│       │ △互联网企业      △协商民主/诊断  │        │
│       │ △网民/消费者     △技术赋权/赋能  │        │
│       └────────────────────────────────┘        │
│       ┌────────────────────────────────┐        │
│       │        智能化社会治理           │        │
│       │ △理论体系（制度）与运行模式     │        │
│       │ △治理技术：民意感知、社会风险预知、│       │
│       │   论断式评估、知识库（知识图谱） │        │
│       │ △政策评估                      │        │
│       │ △政策建议                      │        │
│       └────────────────────────────────┘        │
└─────────────────────────────────────────────────┘
```

图 9－1　智能化社会体系及其构成要素

机器学习方法将事件抽取分为民情事件识别与抽取、事件要素识别与抽取两个部分依次进行处理；最后，对抽取结果进行整合，得到最终的结构化事件数据。

2. 社会治理风险动态评估与预测

当前中国处在快速转型时期，社会安全与稳定呈现出新特点，涉及人口、资源、环境、公共卫生、效率、公平等因素的社会矛盾制约日显严重。在此背景下，建立行之有效的社会治理风险动态评估系统显得尤为紧迫。通过大数据方法对数据进行解析、关联关系挖掘和可视化展示，可实时监测和评估社会风险状况，并通过不断检验、改进评估系统的准确性和稳定性，构建一个有效的社会治理感知辅助系统，形成政府、市场、社会多方协同的社会治理结构。

社会治理风险评估体系是一个多指标综合监测体系，内容涉及经济、社会、民生等方面，需将社会风险客观现状的指标按内在联系有机地统一为整体。以社会风险硬性指标为主，以公众主观感知为辅，对社会风险程度做出综合监测与评定。因而，设计社会风险指数的分级指标体系要反映经济状况、社会稳定、民生保障三个方面。譬如经济风险维度主要由恩格尔系数、工资待遇、居民收入增长率、通货膨胀率、失业率、社会收入分配的不公平程度等指标构成；社会风险维度主要由刑事案件、治安案件、群体性事件、安全责任事故、网络舆情事件等指标构成；民生保障维度主要由社会保障、教育环境、医疗资源、住房、交通出行、食品药品安全等指标组成。除上述硬性指标外，社会治理风险的软性指标（主观感受）可通过对网络社交媒体、问政平台和公众搜索行为等海量网络数据挖掘来获得不同地域跨群体的丰富的民情民意信息。

3. 基于知识库的诊断式政府回应模式

在大数据时代，回应型政府成为全球治理变革的重要方向。借助现代信息技术，社会治理以多元化治理和协商性决策为理念，以解决公共问题、社会问题为根本目的，对公众诉求进行实质性回应的一系列制度或实践正在形成。[1] 在智能化社会治理系统中，回应型政府这一政治学中的经典议题得以借助技术进步而更具实践意义。中国地方政府回应方式的多样性及其效果差异为探讨社会治理创新模式提供了可行性。借助构建以国内外不同地区各领域社会治理案例、资料和政策为基础的知识库，利用大数据的文本分析、回归分析和预测分析等方法，将政府政策或行为与民情民意数据库相关联，可以发现地方政府回应社会治理需求的多样化模式，再借助智能匹配方法为社会治理

---

[1] 孟天广、张小劲：《大数据驱动与政府治理能力提升：理论框架与模式创新》，《北京航空航天大学学报》（社会科学版）2018年第1期。

政策需求者提供可比性区域的社会治理知识集合,为政策学习和扩散创造条件。

地方政府回应公共议题和社会治理风险还可以借助建设各类在线政府或数据治理来实现。基于已发现的公众热点诉求、政策关注度或社会风险等,借助大数据技术有效的分类分级分析、预测预警、智能应答或自助式服务,以提升政府回应的时效性、精准性和高质量。基于对公众关注政策热点的系统分析可以进一步为政府决策的议程设置、科学决策和吸纳公民参与提供丰富机会,强化地方政府政策响应和应对社会风险的能力。基于海量的政府回应资料开展大数据分析,有助于智能化社会治理系统发现差异化的社会治理模式和开展动态化的社会治理评估,优化社会治理系统。

五 讨论与结论

随着数据量的高速增长及计算机处理海量数据的技术能力愈益提升,如今已进入"数据密集型科学"时代,开创了继"实验科学""理论科学""计算科学"之后的第四范式。[1] 大数据现已处于当代社会科学各领域研究的舞台中心,[2] 为社会治理的理论研究和实践创新开辟了广阔的分析视角和实践空间。大数据驱动的科学研究不断取得突破性成果,运用大数据优化社会治理、提升政府治理水平亦成为普遍趋势。中国信息通信基础设施的不断优化、先进信息技术的蓬勃发展,使中国在世界上已具备了国际竞争优势。在此背景下,首创性地运用大数据技术构建整体化、系统化的社会治理体系,以及网络化、智能化的社会治理模式,成为提升国家整体治理水平和治理能力现代化的必由之路。

---

[1] Tony Hey, "The Fourth Paradigm-data-intensive Scientific Discovery," *E-Science and Information Management*, Berlin: Heidelberg, 2012, p. 1.

[2] Hsinchun Chen, Roger H. L. Chiang, Veda C. Storey, "Business Intelligence and Analytics: From Big Data to Big Impact," *MIS Quarterly*, Vol. 36, No. 4, December 2012.

第九章　大数据应用与智能化社会治理

在此背景下，构建智能化社会治理体系成为创新治理模式和治理技术，提升治理效率和治理效果的必经之路。本书阐明了大数据资源和技术服务"智能化社会治理"的机制和模式，探讨了大数据驱动社会治理创新的治理体系和实现路径，为建设回应型政府提供了创新性及可行性的解决方案。在数据、信息、协作、平台、安全的五要素协同机制保障下，通过对社会治理海量相关数据进行系统化收集和智能化应用，推动社会治理民情（诉求）汇聚、社会治理风险动态评估和基于知识库的诊断式政府回应等功能，为社会治理向数据驱动、平台依托、协同参与转变提供了制度和技术保障，可有效提升政府回应的及时性、精准性和科学性。

大数据为丰富社会治理理论和实践提供了更具时代感的应用场景和治理技术，将社会治理理论的协同、民主和参与意涵扩展到网络空间，并为治理能力现代化与回应型政府建设提供创新性解决方案。智能化社会治理利用当前规模迅速增长的数据资源和数据技术开发能力不断提高的有利因素，融科技革新于社会治理实践，在以多主体、多场域和复杂系统为特征的治理场域（情景）下，将为推进科学决策、民主治理提供创新路径，推进国家治理结构和能力现代化。

（孟天广　赵娟）

第十章

区块链技术与治理变革[*]

习近平总书记强调:"当今世界,新科技革命和全球产业变革正在孕育兴起,积极利用最新科技成果,推进国家治理现代化,关系到'两个一百年'奋斗目标和中国梦的实现。"[①] "手推磨产生的是封建主社会,蒸汽机产生的是工业资本家社会",科学技术影响并最终决定着人类社会的发展形态。熊彼特认为,科技革新往往以"创造性破坏"的形式,对旧有的产业结构、组织形式等产生"颠覆式"影响,[②] 甚至会导致治理范式的变迁。[③]

区块链是新科技革命中一项"颠覆性"技术,它正在对政府治理产生深远影响。《经济学人》提出,区块链将引发互联网上信息治理的革命。麦肯锡公司认为,区块链是"继蒸汽机、电力、信息和互联网科技之后,目前最具有触发第五轮颠覆性科技革命潜能的核心技术"[④]。各国政府也纷纷出台政策,推动区块链技术发展。例如,英国将区块链政府建设提高至国家战略层面,中国将区块链确定为战略性

---

[*] 本章内容首发于《当代世界与社会主义》2019年第3期,原标题为"技术赋能:区块链如何重塑治理结构与模式"。

① 李磊:《习近平新科技革命观论析》,《社会主义研究》2017年第2期。

② [美]约瑟夫·熊彼特:《经济发展理论:对利润、资本结构、信息和经济周期的探究》,叶华译,中国社会科学出版社2009年版,第37页。

③ [美]托马斯·库恩:《科学革命的结构》,金吾伦等译,北京大学出版社2004年版,第40页。

④ 高芳:《美英两国区块链发展现状及对我国的启示》,《情报工程》2017年第2期。

前沿技术和颠覆性技术,① 美国、澳大利亚、爱莎尼亚、瑞士、新加坡等国也纷纷在身份认证、政府管理、税收、数字货币、支付、土地交易、金融监管等诸多领域,推进政府管理创新。

区块链到底是怎样一种技术?其创新的本质是什么?它如何对政府治理产生影响?研究以上问题对于把握科技革新的前沿动向,应对"颠覆性技术"所带来的机遇和挑战,推进经济社会持续健康发展,都具有重要意义。然而,现有关于区块链的研究,要么从计算机科学的角度,关注员工激励、用户识别、密码加密等纯技术性问题,② 要么从经济学和管理学的视角,关注区块链技术在电子支付、商品防伪、会计流程、共享经济等商业模式上的创新。③ 少有研究从政治学或公共管理学角度,探讨区块链对政府治理的影响。《电子政务》杂志发表多篇文章,从不同侧面对区块链如何影响政府治理的问题做出回应,如王毛路、侯衡、张毅等讨论了区块链在政府部门的技术采纳过程;④ 高国伟、戚学祥、陈涛等讨论了区块链为政府信息共享所带来的机遇;⑤ 韩海庭等讨论了区块链对社会管理的冲击。⑥

从总体上看,这些研究提供了深刻而睿智的见解,然而,却存在如下两点不足:第一,过于突出技术微观层面的采纳和影响,缺乏宏

---

① 2016年,中国国务院发布《"十三五"国家信息化规划》,将区块链技术确定为战略性前沿技术、颠覆性技术;工信部发布《中国区块链技术与发展应用白皮书》,贵阳市发布《贵阳区块链发展和应用白皮书》,积极推进区块链技术发展。

② 王博:《企业区块链平台中的治理机制与激励机制设计》,《信息通信技术与政策》2019年第1期。

③ 张衍斌:《基于区块链的电子商务信息生态系统模型研究》,《图书馆学研究》2018年第6期。

④ 王毛路、陆静怡:《区块链技术及其在政府治理中的应用研究》,《电子政务》2018年第2期;侯衡:《区块链技术在电子政务中的应用、优势、制约和发展》,《电子政务》2018年第6期;张毅、肖聪利、宁晓静:《区块链技术对政府治理创新的影响》,《电子政务》2016年第12期。

⑤ 高国伟、龚掌立、李永先:《基于区块链的政府基础信息协调共享模式研究》,《电子政务》2018年第2期;戚学祥:《区块链技术在政府治理中的应用、优势、挑战与对策》,《北京理工大学学报》2018年第5期;陈涛、马敏、徐晓林:《区块链在智慧城市信息共享与使用中的应用研究》,《电子政务》2018年第7期。

⑥ 韩海庭、孙圣力、傅文仁:《区块链时代的社会管理危机与对策建议》,《电子政务》2018年第9期。

观治理架构及组织、制度、观念层面的深入分析;第二,缺乏理论解释工具,没有对区块链为什么产生这样的影响提供逻辑统一的解释。本文在政治学和公共管理学的视角下,关注技术对政府治理所产生的影响,分析区块链的颠覆性创新对政府宏观治理结构和治理模式的影响,及其技术本质的潜能和限度。本文从技术赋能的理论视角进行阐释,以增强解释逻辑的内在自洽性。技术赋能的概念关注技术进步对治理过程所造成的复杂且多元化影响:一方面,从国家社会关系的角度,审视新兴信息技术对国家能力、民主治理、协商民主的影响;另一方面,从技术官僚政治的角度,审视信息技术对政府结构和功能的重塑。

一 区块链的来源、本质与创新

(一) 区块链来源于对信任问题的探索

亚当·斯密认为:"个体追逐利益最大化,就能实现社会利益最大化。"然而,在信息不对称情况下,理性个体间难以建立信任关系,从而出现"拜占庭将军难题",[①] 使市场上的多方利益受损。信任问题的传统解决方案是第三方担保,即银行、政府、支付宝等被社会广泛信任的"中心化"机构,为信息不对称的双方理性个体做担保。但是,第三方担保存在缺陷,一方面,第三方担保会产生交易成本,尤其是在跨国交易、小额支付等情况下,交易成本会挤压微薄的利润空间,导致交易无法达成;另一方面,"中心化"的第三方担保者,会无偿占有交易双方的信息,这又带来安全隐私问题。为弥补第三方担保的缺陷,2008 年,中本聪(Satishi Nakamoto)提出用基于"分布式

---

① "拜占庭将军难题"是容错计算中的一个老问题,由莱斯利·兰伯特在 1982 年提出:在十个将军中,必须有五个以上联合,才能攻克坚固的拜占庭城堡,但是将军们不确定他们中是否有叛徒,叛徒可能会擅自变更进攻意图和进攻时间,在这种情况下,将军们难以达成合作协议,攻占拜占庭城堡。

账本"的区块链来解决互联网上的信任问题。[1] 所谓区块链,可以简单地理解成一个分布式账本,当网络交易发生时,"账本"会用加密方式,记录一个数据资产的整个交易过程;所谓"分布式",是指"账本"不是掌握在单一个体或机构手中,而是通过实时数据共享,实现多方相互监督。即将交易过程数据存储在网络中电脑的无数数据库中,通过实时透明化的,多方相互交叉监督,代替传统的第三方担保,建立信任关系。

(二) 区块链的本质是分布式数据存储

张成岗将区块链概括成"一串使用密码学方法相关联产生的数据块,是分布式的存储、点对点传输、共识机制、加密算法等计算机技术的新型应用模式"[2]。唐·塔普斯科特、长侠和王鹏等对区块链的概念有类似的理解。[3] 不同学者对区块链理解的侧重点不同,但都包含三个核心特点:第一,区块链本质上是一种新的数据库存储形式。如罗航认为,区块链是一个建立在共识模式基础上的数据库;[4] 唐·塔普斯科特认为:"区块链本质上是比现有方案更靠谱的数据库,即一种让关键利益相关者(买家、卖家、托管人、监管者)保持共享及不可删除记录的数据库"[5]。第二,区块链的根本目的是用"分布式账本"替代第三方担保(所谓的"中心"),建立信任关系。"区块链是在信息不对称的情况下,无须相互担保信任或第三方核发信用证书,采用基于互联网大数据的加密算法,创设的节点普遍通过,即为成立

---

[1] Nakamoto S. Bitcoin, "A Peer-to-Peer Electronic Cash System", 2008 (https://bitcoin.org/bitcoin.pdf).

[2] 张成岗:《区块链时代:技术发展、社会变革与风险挑战》,《学术前沿》2018年第6期。

[3] [加] 唐·塔普斯科特、亚力克斯·塔普斯科特:《区块链革命:比特币底层技术如何改变货币、商业和世界》,凯尔等译,中信出版社2016年版,第9页;长侠、韩锋:《区块链:从数字货币到信用社会》,中信出版社2016年版,第9页;王鹏、丁艺:《应用区块链技术促进政府治理模式创新》,《电子政务》2017年第4期。

[4] 罗航、成欢:《透视区块链技术在经济和金融领域的应用》,《西华大学学报》(哲学社会科学版)2018年第2期。

[5] [加] 唐·塔普斯科特、亚力克斯·塔普斯科特:《区块链革命:比特币底层技术如何改变货币、商业和世界》,凯尔等译,中信出版社2016年版,第29页。

节点的信任机制。"① 第三，区块链是不同层面技术的组合。Alfonso 认为，区块链至少包含四项核心技术：（1）P2P 网络链接；（2）透明和分布式账本；（3）分类账本的同步复制；（4）分布式"矿工"核实打码。② 区块链是一串技术的组合，它至少包括：（1）分布式账本；（2）去中心的数据存储；（3）智能合约；（4）TCP/IP 模型（互联网模型）里点对点的传输协议。③

（三）区块链的创新点

区块链的主要创新点是解决了传统互联网的两个固有难题，即"数据孤岛"问题和"数据确权"问题。同时，链上治理与智能及合约，是区块链自身治理形式的创新。

1. 区块链解决"数据孤岛"问题

1969 年，美国国防部（ARPA）建立阿帕网（ARPANET），标志着互联网的诞生。自那时起，"开放、平等、协作、快速、分享"等理念，就是互联网追求的目标。然而，基于 TCP/IP 协议的传统互联网，并不能实现上述目标，反而逐渐走向其反面。其原因是 TCP/IP 协议只能实现电脑之间的互联，而电脑产生的数据，则是由市场主体各自占有，并分别存储于独立的数据库中。在数据日益成为核心资产的情况下，理性个体不会自动将数据分享给他人，使数据在单位内部不断聚集，而单位与单位之间却很难流通，最终形成"数据孤岛"。尤其是具有第三方担保资质的银行、政府、大型企业等，在富者愈富的"马太效应"下，会聚集海量数据，而广大中小企业或公众个体，则占有很少数据。最终，全社会数据集中在少数人手中，大多数人无法获益，互联网走向其初衷的反面。区块链在本质上是用"分布式账本"的形式，实现底层数据库之间的互联互通，它会从根本上解决

---

① ［加］唐·塔普斯科特、亚力克斯·塔普斯科特：《区块链革命：比特币底层技术如何改变货币、商业和世界》，凯尔等译，第 12 页。

② Panarello Alfonso, "Blockchain and IoT Integration: A Systematic Survey," *Sensors*, Vol. 18, No. 25, 2018, pp. 1–37.

③ 阿尔文德·纳拉亚南：《区块链技术驱动金融：数字货币与智能合约技术》，林华等译，中信出版社 2016 年版，第 8 页。

TCP/IP 协议难以解决的"数据孤岛"问题,也就推动着传统互联网发展到新的阶段。

2. 区块链解决"数据确权"问题

基于 TCP/IP 协议的传统互联网,只能实现信息的传播,不能实现信息(或数据)的产权界定。在 TCP/IP 协议下,信息可以被无限复制,复制后的信息与原来的信息没有任何差异。这虽然方便了信息在不同主体间的自由传播,但也使信息(或数据)变成无竞争性、无排他性的公共产品。一方面,这是"数据孤岛"问题的根源。因为作为逐利的市场主体,只有人为制造信息的排他性和竞争性,如设置密码,甚至独占信息、避免网上传播等,才能最大限度地保证数据产权归自己所有。另一方面,这导致数据产权错位,也是隐私保护问题的根源。个体是数据的生产者,理应拥有自己数据的占有、使用、收益和处置权,但在"中心化"(第三方担保)的 TCP/IP 模式下,银行、维萨(Visa)、支付宝、微信、滴滴出行等互联网企业,无偿占有大量数据,而企业逐利化本性与隐私保护公益性目的间存在着张力,导致隐私保护问题日益严峻。区块链从技术上解决了"数据确权"问题:(1)通过竞争机制下的"矿工",为信息打上"时间戳",使前后传播的信息间产生异质性;(2)通过"智能合约"自动实现信息在不同主体间传播时的产权流动;(3)通过"分布式账本",即多方主体相互制约、相互监督的形式保证这个过程的实现。

3. 链上治理与智能合约

链上治理是相对于链下治理而言的,是区块链本身治理机制的创新。所谓链上治理是指参与方,如持有者、开发者、"矿工"等可以通过协议的形式决定区块链的发展方向,选择性地加入(opt-in)治理过程。所谓链下治理,是无选择性地加入,所有参与方采用"直接民主"的形式,参与到区块链的治理过程中,按照绝对"少数服从多数"的原则,选择性地退出(opt-out)治理过程。然而,"直接民主"会出现"选民冷漠",真正参与者的比重往往很小,大部分人可能并不知道,也无法影响治理过程。尤其是参与者还需要承担一些费用,这会使区块链治理变成"公地悲剧",最终谁也不愿参与到治理中来。

链上治理的本质是：在"直接民主"的基础上附加额外的治理结构，这是一个在"绝对去中心化"和传统"中心化等级结构"之间的折中方案，这意味着区块链的本质是分布式，而不是去中心，是弱化的中心控制，而不是消灭了中心控制。

智能合约是区块链的又一重要创新。计算机科学家、加密大师尼克·萨博在1994年发表的《智能合约》一文是智能合约的开山之作。尼克·萨博认为，智能合约本质上是在人、机器和财产之间形成关系的一种公认工具，是一种形成关系和达成共识的协定。简言之，智能合约是一套以数字形式定义的承诺，承诺控制着数字资产，包含了合约参与者约定的权利和义务，并由计算机系统自动执行。与传统合约（如法律合约）相比，智能合约具有客观、成本低、自动判断触发条件等优点，却在一个很长的时期内，仅仅被应用于自动售货机等少数场合，其原因是缺乏支持可编程合约的数字系统的技术。区块链分布式技术解决了该问题，去中心化、不可篡改、过程透明、可追踪等优点天然地适合于智能合约，可以说分布式技术使智能合约的应用发扬光大，即智能合约成为区块链的核心技术之一。

二 区块链重塑宏观政府治理结构

治理（governance）是相对于统治（government）而言的，它意味着政府从垄断行动者，向网络平行参与者角色转变。[①] 政府治理是相对狭窄的概念，它更加突出政府在治理中的引领和推动作用。就其本体而言，政府治理是指政府行政体系作为治理主体，对社会公共事务的治理；[②] 就其地位而言，政府治理在国家治理中处于核心地位，是

[①] Guy Peters and John Pierre, "Governance without Government? Rethinking Public Administration," *Journal of Public Administration Research and Theory*, Vol. 8, No. 2, 1988, pp. 223–245.
[②] 王浦劬：《国家治理、政府治理及社会治理的含义及其相关关系》，《国家行政学院学报》2014年第4期。

整个国家治理体系中极为重要的一个子系统;① 就其功能而言,政府治理是通过政府自身的改革而改善政府治理,通过政府治理的现代化,实现整个国家治理的现代化。② 不管从何种角度理解政府治理,其本质都是对层级制(hierarchy)、市场(market)和社会(society network)三种治理机制关系的讨论。所以,本文在政府、市场和社会关系框架下,分析区块链对政府治理宏观结构的影响。

(一) 政府内部流程重塑

区块链消除"数据孤岛",使政府内部流程被深度重塑。现代政府建立在理性科层制基础上,韦伯认为:"从纯技术的角度看,官僚制是最高效的组织形式。"③ 然而,在实际运行中,官僚制却容易异化:④ 条块分工壁垒、冗繁的规章、严格的程序使官僚制成为效率低下的代名词。20世纪80年代,组织流程再造运动兴起,其基本思想是:利用信息技术减少工作流程摩擦,实现跨功能、跨权限、跨层级的数据库信息共享,就能大幅度提高效率。⑤ 组织流程再造运动传播到公共部门,成为新公共管理运动的重要部分。林登提出"无缝隙政府"的概念,认为利用信息技术,将"串联式"业务流程,变成"直接面向公众"的"并联式"业务流程,政府效率就会大大提升。⑥ 然而,组织流程再造在公共部门进展得并不顺利,从全球案例看,失败得多,成功得少,其根源是"数据孤岛"的存在,尤其是科层组织部门间因利益、竞争等原因,难以在整体层面实现数据整合。区块链

---

① 何增科:《国家治理及其现代化探微》,《国家行政学院学报》2014年第4期。
② 张小劲、李岩:《从语义图解到模式理解:〈关于全面深化改革若干重大问题的决定〉中关于治理问题的论述》,《当代世界与社会主义》2014年第1期。
③ [德] 马克斯·韦伯:《马克斯·韦伯社会学文集》,阎克文译,人民出版社2010年版,第188页。
④ [美] 罗伯特·默顿:《社会理论和社会结构》,唐少杰等译,译林出版社2008年版,第190页。
⑤ Michael Hammer and James Champy, *Reengineering the Corporation: A Manifesto for Business Revolution*, Harper Collins Publishers, 2006, p.240.
⑥ [美] 拉塞尔·林登:《无缝隙政府——公共部门再造指南》,汪大海等译,中国人民大学出版社2002年版,第18页。

从技术上解决"数据孤岛"问题,这就使科层制从横向业务流程上真正实现"面向公众"的"一站式服务";从纵向层级关系上,压缩中间层级冗余,实现组织扁平化、弹性化和透明化,这些都会使政府运作效率和回应公众诉求的能力大大提升。

(二) 政府与市场边界重塑

在社交媒体出现后,安德森等认为,互联网正在推动传统资本主义向利基资本主义①过渡,并预言个性化缝隙市场将取代标准化大众市场;"小作坊"式多中心定制化生产将取代层级化垄断生产;网络化共享文化将取代个体化竞争价值。②里夫金也认为,互联网将带来一个"零边际成本"社会,即传统资本主义会逐步过渡到协同自治的共享经济。③然而,"利基经济"和"共享经济"并未大规模出现,其原因是在中心化互联网结构下,"数据孤岛"阻碍了交易成本的降低,尤其是小微交易的潜力尚未释放出来。区块链解决"数据孤岛"问题,大大降低了中心化网络结构的交易成本,按照威廉姆森④等人的交易费用理论,交易成本降低,意味着更多的业务可以通过市场购买,这样组织边界就会收缩,而对政府来说,就是科层职能边界收缩。弗里德曼等人提出"规制私有化"的概念,认为互联网新经济业态更适合市场的自我规制,其原因,一是非正式处理更能适应环境变化,不会抑制创新;二是技术专业性优势,即"能理解和执行规章的往往不是法官或政界人士,而是企业家和软件工程师"⑤。区块链革新互联网底层结构,可能会导致市场"多中心"化相互制约,逐步代替

---

① 利基资本主义,即利基市场(niche capitalism),又叫缝隙市场、壁盒市场或针尖市场,是指那些被市场中具有绝对优势的企业忽略的某些细分市场;在利基市场中,企业会选定一个很小的产品或服务领域,集中力量进入,并成为领先者。

② Chris Anderson, *The Longer Long Rail: How Endless Choice is Creating Unlimited Demand*, Random House Business Books, 2009.

③ [美] 杰里米·里夫金:《零边际成本社会:一个物联网、合作共赢的新经济时代》,赛迪研究院专家组译,中信出版社2014年版。

④ [美] 奥利弗·威廉姆森:《资本主义经济制度》,段毅才等译,商务印书馆2013年版。

⑤ Des Freedman, *The Politics of Media Policy*, Cambridge: Polity, 2008.

政府对市场"中心化"的监控,这使政府与市场边界得以重塑。

(三) 政府与社会边界的重塑

20世纪90年代,凯文·凯立就在《失控》一书中预言,信息技术最终将会给人类社会带来分布式、去中心和自组织的结局,[①] 区块链正在使凯文·凯立的预言变成现实。区块链分布式网络正在使工业社会强结构、强标准、强控制的"中心化社会结构"变成弱控制、扁平化、网络化的"多中心社会结构"。在传统社会结构中,社会由处于"金字塔尖"的少数人掌控,"少数人掌握多数人的权力,且外来人很难在这个结构中发出声音"。区块链将促进社会治理结构更加透明化、多元化和平等化,从政府与社会关系的角度看,区块链技术赋能作用将会彰显。一方面,向社会赋能,网民、非正式组织、虚拟社群等多元化主体,更容易主动参与到政策议程和公共事务中来,而不仅是被动者、旁观者和接受者;另一方面,向政府赋能。政府决策和行为在受到更多制约、监督的同时,政府的民情民意汇聚能力、社会风险预警能力、社会需求回应能力也会提升。政府主导,多元主体参与,社会协商共治的智能化社会治理格局将会形成。

(四) 公私边界重塑

x区块链明晰数据产权,推进数据交易、数据开放和隐私保护,进一步促使智能化社会治理格局形成。一方面,区块链解决数据交易与隐私保护的矛盾。Richards 等认为,大数据使个体与集体、公与私的边界变得模糊,"我是谁?""我在哪里?"等问题难以回答,[②] 进而使数据交易市场基础性规则难以建立。这背后的根本原因是在 TCP/IP 协议下,信息无差异化使数据产权难以界定。而区块链明晰数据产权,将使个体、企业、政府间数据边界得以澄清,在实现隐私保护的前提下,巩固数据交易的市场根基。正如唐·塔普斯科特等所言,区

[①] 凯文·凯立:《失控》,东西文库译,新星出版社2014年版,第682页。
[②] Richard Neil and King Jonathan, "Three Paradoxes of Big Data," *Stanford Law Review Online*, Vol. 66, No. 41, 2013, pp. 41–46.

块链会使"虚拟的你真正被你掌管""你可以从你的数据流中获得经济利益,决定自己的数据向市场开放的程度,并且软件仆人会根据具体情况实时汇报开放细节。"[1] 另一方面,区块链解决了数据开放与隐私保护的矛盾。数据开放与隐私保护间存在着内在张力,数据开放范围在不断扩大的同时,隐私保护的难度也随之增大,背后的根本原因同样是数据产权难以界定,导致数据开放与隐私保护的边界难以明晰。区块链解决了数据产权归属问题,在技术底层为数据开放和隐私保护筑好根基,使个体与集体、公与私的边界变得清晰,[2] 进而在不断推进数据开放的同时,使隐私保护的基础得以巩固。

(五) 治理价值体系重构

区块链会深度重构社会治理价值体系。首先是从控制到自治。区块链的分布式特性,会弱化等级、封闭、控制等威权价值,强化平等、开放、协作、共享等自治价值。早期,区块链就是一群具有强烈无政府主义价值观的技术极客们创造出来的,他们试图在网络虚拟空间内,打造一个自由平等的自治社区。区块链带来的新式生产方式,也会强化这种价值转变。正如唐·塔普斯科特等所言,区块链推动着基于等级和控制的传统资本主义向"共享、合作、众筹、自我组织化"的新型资本主义转变,创意、民主、参与等价值会被强化。[3] 其次是从效率到公平。传统互联网是由成本驱动的,其根本目标是通过信息中介高效率地实现经济利益,而区块链促使互联网的根本目标变成保护交易、创造价值,保证交易公平性、正当性、安全性和隐私性,最终使诚信和公平成为核心价值。最后是从物质到关系。在互联网刚诞生时,学者们就预言,信息将代替电力和石油,成为社会经济

---

[1] [加]唐·塔普斯科特、亚力克斯·塔普斯科特:《区块链革命:比特币底层技术如何改变货币、商业和世界》,凯尔等译,中信出版社2016年版,第15页。
[2] Jeff Jarvis, *What Would Google Do?* New York: Collins Business, 2009.
[3] [加]唐·塔普斯科特、亚力克斯·塔普斯科特:《区块链革命:比特币底层技术如何改变货币、商业和世界》,凯尔等译,第15页。

的轴心要素,① 区块链进一步改变价值次序,开放性将代替渠道、产品、人员甚至知识产权,成为组织成功的关键,"链接"而不是"占有","网络关系"而不是"封闭式结构"将成为价值源泉。

三 区块链带来的政府治理模式创新

(一) 经济调控创新

凯恩斯主义认为,政府有对市场进行宏观调控的基本职能,而政府宏观调控有两大手段:一是货币金融政策;二是财政税收政策。这两大政策都会被区块链所改变。首先,区块链促使货币金融政策创新。区块链最早诞生于金融诚信问题的解决,所以它对金融市场及相应政策的冲击最明显。2015 年,纳斯达克通过基于区块链的操作平台完成首个证券交易。随后,纽约交易所、花旗银行、纳斯达克、德意志银行等,纷纷推广基于区块链的新一代交易系统。全球各大金融管理机构,如欧洲证券与市场管理局、国际证监会组织、世界交易所联盟、美国金融监管局等,都对清算/结算、大额支付、股票/证券交易等金融活动,推出基于区块链的新型监管政策。区块链用低成本方式,解决了金融活动的信任难题,将金融信任从"双边信任"或"中央信任",转化成"多边信任"或"社会信任",这意味着政府传统宏观调控的技术手段、政策法规、权力边界等的重塑。其次,区块链促使财政税收政策创新。一方面,区块链使市场交易活动更透明,增加了政府的税收汲取能力和精准度,降低税收成本;另一方面,区块链消除政府内部"数据孤岛",使财政政策执行更高效精准,同时,伴随着更加强而有力的会计和审计监督,财政资源配置效率大为提高。

(二) 经济性与社会性监管创新

区块链多中心结构使市场主体间逐步形成"相互共识、相互制约、透明化、安全化、诚信化"的"网络式自治共同体",其本质是

---

① Kenneth Boulding, *The Coming of Post-industrial Society: A Venture in Social Forecasting*, New York: Basic Books, 1973.

市场主体自下而上的自治模式，代替政府自上而下的市场监管模式。具言之，区块链创新了经济性与社会性监管。首先，监管内容革新。市场交易是信息流、资金流、物质流等在一定时空范围内自由匹配的结果，而传统交易活动因地理空间分割、权力范围、组织边界等形成"中心化"交易范围圈，而区块链的分布式网络结构，会打破传统交易圈，实现更广范围市场要素配置，这就使政府监管内容随之发生改变。例如，区块链解决了跨境支付难题，但也带来非法洗钱等新监管挑战。其次，监管工具创新。区块链会塑造出一种新的自我维持秩序的电子商务生态系统，而弱化政府"中心化"的市场秩序维持方式，它需要更多的适合"比特世界"规则的监管工具，而不仅是基于物理空间的传统法律法规。最后，监管能力强化。基于区块链的交易，建立在智能合约基础上，即交易双方一旦达成智能合约，计算机程序就会"不反悔、不可篡改"地自动执行合约，会形成"代码即法律"的新型交易规则。而如何保持代码本身的公平正义性，就成为市场监管的巨大挑战，这要求政府部门有更强的技术能力去实现这种监管。

（三）公共服务创新

区块链促使公共服务模式从"政府供给为中心"，向"公众需求为中心"转变。一方面，区块链消除"数据孤岛"，重塑科层组织流程，实现"直面公众的一站式服务"[①]。例如，爱沙尼亚政府通过区块链技术，将出生证、护照、结婚证、死亡证明、驾照、医疗卡、地契、身份证、商业登记、纳税情况、就业情况、学校成绩等，将分散于多个政府部分的数据加以统一整合，提供"多证合一"的"一站式服务"。佛山禅城区正是利用区块链技术，才打破"层级间、部门

---

① 例如，"一网、一窗、一号"改革，"一网"是指政府网站资源的整合。传统以部门为中心的网上办事流程复杂，公众往往难以找到需要的网页和功能，为此，各地政府整合网站资源，形成统一的政府官方网站，将网上办事资源整合到统一的公共服务目录下面。"一窗"是指现场办公资源的整合，即政府办公场所整合成统一的政务服务大厅，实现"一站式服务"和"最多跑一次"的目标。"一号"是指建立自然人和法人的统一证件号，将身份证、社保卡等多种个人证件统一成一种，将组织机构代码等多种企业证件号统一成一种，实现"一次识别，终生受用""一部门录入，多部门公用"的格局。

间、条块间、区域间、平台间"的"数据孤岛",实现"一门式"服务。浙江、陕西、贵州、上海等地也通过区块链技术,推进组织底层数据融通共享,简化政府办事流程,实现"一站式服务"。另一方面,区块链实现了公众个性化公共服务需求。例如,区块链在爱沙尼亚等国的应用,不再要求公众适应统一化的政府标准,而是政府根据公众个性化特征(如收入、资产、年龄、住房、身份、消费等),提供个性化公共服务。从全球范围来看,区块链在教育、医疗、慈善、基础设施管理、社会保障、住房管理、应急服务等多领域,推动着公共服务模式从"政府供给为中心"向"公众需求为中心"转变。

(四)政府数据治理体系创新

传统互联网的"数据孤岛"和"碎片化分割"使政府数据治理难以发挥整体性优势,而区块链将激发这种整体性潜能。以我国数据治理体系建设历程为例。20世纪80年代,微机和数据库的应用,拉开了中国政府"办公自动化"和"信息中心建设"的序幕;90年代,"三金工程"(金桥、金关、金卡)使中国政府开始大规模信息化建设;21世纪前十年,"一站、两网、四库、十二金"工程构建起中国数据治理体系的基本架构。[①] 然而,这个庞大的政府数据治理体系,面临着严重的"碎片化问题",条块部门间因利益、权力、标准等不统一,重复性业务难以精简,整体性功能创新潜能难以释放。区块链从技术底层打破"数据孤岛",促使统一、开放、安全的数据治理体系逐步形成。具言之,在组织架构层面,政府数据治理部门逐渐成为权力最大、影响最广、最有权威性的部门;在功能运行层面,政府数据治理体系逐渐成为政府日常运作的核心基础设施,甚至成为整个社

---

① 2002年《国家信息化领导小组关于我国电子政务建设的指导意见》(中办发〔2002〕17号)提出了中国电子政务建设的整体框架:"一站",指整合应用的政府综合部门网站;"两网"是指组成统一电子政务网络的政务内网和政务外网;"四库"是指国家基础政务信息资源的人口基础数据库、法人单位基础数据库、自然资源和空间地理基础信息库、宏观经济数据库四个基础数据库;"十二金"是指办公业务资源系统、金关、金税、金融监管、宏观经济管理、金财、金盾、金审、社会保障、金农、金质、金水十二个政府重点业务系统。

会治理的关键性技术系统；在行为主体层面，政府数据治理体系逐步成为基层官僚、高层领导、企业、公众、非正式组织、网民群体、社会团体等多方治理主体交流互动的基础性平台。

（五）社会征信体系创新

区块链对社会征信体系产生了深远影响。[①] 首先，促进社会信用资源的整合。我国社会信用资源（包括自然人和法人数据）长期分散于"碎片化"部门，公安、社保、教育、医疗等各有一部分自然人数据；工商、质检、税务、环保、消防、食药监等各有一部分法人数据；银行、通信、电商、证券等各行各业，在某些方面都已累积大量数据，但是，"数据孤岛效应"使社会信用资源难以发挥整体性优势。区块链将促使跨部门、跨行业、跨区域的社会信用资源的整合。其次，推进信息共享平台和失信惩戒机制的建立。2014年，国务院发布《社会信用体系建设规划纲要（2014—2020年）》。2015年，"信用中国"网站上线运行，搭建起第一个全国范围内的信用信息共享平台，各省、市、县政府也构建了相应的信用信息共享网站和部门间的联合惩戒机制。在此过程中，区块链起着技术支撑作用，随着区块链技术的进一步完善，它将在全国统一社会信用体系建设过程中发挥重要作用。

四 区块链创新政府治理体系的限度与挑战

（一）价值伦理的挑战

区块链去中心化或弱中心化的功能，虽然能够克服官僚组织层级多、信息传递慢等弊病，有助于建立紧凑性、扁平化组织，但冲击着传统政府运行的基本伦理价值。首先，区块链带来了何种价值？传统社会严格建立在以政府为中心的等级化结构上，政府拥有最高权威，对社会整体负责，追求公共利益最大化。但是，当政府被"嵌入"区

[①] 刘财林：《区块链技术在我国社会信用体系建设中的应用研究》，《理论研究》2018年第8期。

块链的分布式结构中后，政府权威像无数个体、企业一样被"削平"，那政府还要不要对社会整体负责？其目标还是不是追求公共利益最大化？政府的责任边界和目标追求又应该如何界定？其次，区块链保障了谁的价值？在去中心化的结构中，所有参与者的话语权是平等的吗？如果不是，那会优先保障谁的价值？公民还是用户？是数据生产者、数据管理者，还是拥有技术能力的数据管理者？他们会不会为了攫取网络的控制权而相互发生冲突？以上问题均由区块链技术引起，却不是技术所能解决的。

（二）技术赋能的限度

迷信于区块链的影响，就会陷入技术决定论的困境，因为技术赋能是有限度的，它离不开社会制度和人类行为制约。Leavitt 最早对技术决定论提出质疑，他认为，社会因素对技术有重要影响，技术与组织结构、组织成员、组织任务是相互影响和制约的。[1] Barley 认为，技术往往只是导致组织变化的"诱因"或"触发机制"，真正起作用的是社会制度。[2] Bijker 等认为，社会群体赋予技术以特殊意义，任何组织或团体决定采用以及怎样采用一项技术，取决于他们的需求，以及他们根据环境变化而采取的策略。[3] 一方面，区块链作为具有颠覆性意义的技术革新，必然与传统治理结构（官僚制、功绩制、国家自主性）和治理能力（强制性、渗透性）体系发生冲突，如何处理这些冲突，促进两者之间的默契配合，成为区块链技术应用的挑战。另一方面，区块链刚诞生不久，其技术本身尚不成熟，其保密性、高耗能、搭便车、低效率等问题，挑战着区块链的进一步发展。

---

[1] Leavitt, "Applied Organization Change in Industry: Structural, Technological and Humanistic Approaches," *Handbook of Organizations*, ed. by James March, Chicago: Rand McNally, 1965.

[2] Stephen Barley, "Technology as an Occasion for Structuring: Evidence form Observations of CT Scanners and Social Order of Radiology Department," *Administration Science Quarterly*, Vol. 31, No. 1, 1986, pp. 78–108.

[3] Hughes T. Bijker, "Social Construction of Technological System: New Directions in the Social and History of Technology," MIT Press, 1989, p. 405.

(三) 资本角色的局限

区块链技术的创新和应用都是由大企业推动的，所以，当区块链技术大规模应用于政府，并引起政府治理模式发生变革时，私人治理与公共管理的根本逻辑会发生潜在冲突。私人管理的合法性源自于产权的让渡，追求的是私人利润最大化；而公共管理的合法性来源于公民权利的让渡，追求的是公共利益最大化。正如登哈特夫妇所言："公民并非顾客，政府也非公司，将资本运作的逻辑，照搬到政府中，会对民主、宪政等基本公共行政规范造成损害。"所以，在引入区块链技术的时候，如何实现对资本的有效控制，防止公共利益被局部利益或私人利益所捕获，成为区块链发展的又一挑战。

五　结论

技术首先是一种工具，其次是一种知识，在更深层面是一种行为约束边界。[①] 作为新技术革命发生的主战场和生力军，信息通信技术正以前所未有的速度、深度和广度，影响着微观个体和宏观社会运作，[②] 塑造着国家治理新情景、新模式和新动力，也成为政府治理生态变革和推进国家治理现代化的重要力量。区块链技术是对传统互联网信息技术的"颠覆式"创新，它以"分布式存储""智能合约""链上治理"等一系列技术革新，克服了传统互联网的"信息孤岛"和"数据确权"难题。与现有研究多局限于探讨区块链的微观技术变迁不同，本文着重探讨了区块链带来的技术范式革新的本质及其对政府治理结构与模式的冲击。在政府治理结构层面，区块链通过技术赋权重塑政府、市场、社会边界和运行机理，推动智能化社会治理格局

[①] 布鲁斯·宾伯：《信息与美国民主：技术在政治权力演化中的作用》，刘刚等译，科学出版社2010年版，第9页。

[②] Pippa Norris, *Digital Divide, Civic Engagement, Information Poverty, and the Internet Worldwide*, Cambridge University Press, 2001, p. 16.

的形成。在政府治理模式层面，区块链推动政府宏观调控、经济性和社会性监管、公共服务供给、社会治理体系、社会征信体系等诸多领域的创新。然而，区块链创新政府治理体系存在着限度和挑战，包括价值伦理挑战、技术赋能的限度和资本角色的局限。

（赵金旭　孟天广）

第十一章

区块链技术与政务服务*

区块链政务服务正逐渐成为"互联网+政务服务"背景下我国政府改革的前沿领域之一。2015 年,《国务院关于积极推进"互联网+"行动的指导意见》发布,中央政府层面正式提出以互联网技术为引擎,驱动多领域发展。"互联网+政务服务"开始成为各级政府探索新一轮改革创新的思路和方向。区块链政务服务是将区块链技术应用于政务服务领域的改革,旨在助力实现一网通办,从而提升营商环境、政务服务质量。区块链技术具备何种特性?如何与政务服务结合?区块链政务服务的平台架构和服务模式为何?新技术的应用如何驱动政府治理革新?存在着怎样的前景和问题?这些都是新时代亟待深入研究的问题。

一 区块链政务服务:信息时代的政府再造

信息通信技术(ICT)的应用为政府带来了诸多方面的变革和影响。区块链技术作为现阶段比较前沿的一种 ICT 技术,正在为政务服务领域带来新一轮革新。区块链技术引起的行政体制改革成为第四次工业革命中的重要改革领域之一。

区块链技术为传统电子政务提供了崭新的信息技术基础设施

---

* 本章内容首发于《中国行政管理》2020年第1期。

(Technology and Information Infrastructure)。这一具有共享、透明、可追溯、防篡改、分布式的信息技术基础设施或会为政府组织结构、行政流程、部门协作带来多方面的变化，从而降低行政成本、提高行政效率。

第一，组织权力结构去中心化。区块链技术通过推动政府角色和职能的转变，有助于促进组织权力结构扁平化。区块链技术可实现分布式存储，交易数据分布在各个节点上，可多点同时存储，组织部门从传统的各自独立的单一中心转变为多中心结构，从而实现某种程度的"去中心"。比如，爱沙尼亚政府利用区块链非对称加密技术实现百万量级个人健康数据的分布式安全存储和访问。

第二，行政流程去中介化。区块链技术的应用可提升政府部门间信息流动，从而优化行政流程。在传统政务服务办理模式下，办事人须提交相关证明文件。区块链技术提供了共识、认证的技术支撑，使得办事过程中不需要第三方/中介的背书和认证。因此，政府部门不再需要依赖办事人提供证明文件，部门间可直接沟通并传递相关信息，实现行政流程去中介化。比如，电子身份、数据追踪为现阶段区块链政务服务的典型应用领域。政府通过建立和部门间共享的电子身份，实现对办事人身份的核验，不再需要办事人提供物化身份证明；通过数据追踪实现历史数据的纵向核验。英国的数字身份、新西兰的Real ME等都属于类似项目。

第三，行政审批流程去人工化。从职能部门后台办事流程的角度，区块链的防篡改特性可实现事项办理要件各项信息的自动核验，减少政务服务供给过程中的人工核查环节，降低行政成本，提高行政效率。比如，英国将区块链技术应用于基础设施和数据，降低运营成本，追溯交易及增进交易的透明度。

第四，部门合作关系多元化。在传统政务服务场景下，政府职能部门主要通过串行或并行的方式进行协作。区块链技术可以建立政府部门间的信任机制，将物理上分散的各部门，在信息的层面上聚合在一起，实现更加复杂的合作关系，由以部门为中心的合作关系，变为去中心化的沟通关系。但这种复杂协作关系的具体形式仍有待于进一步探索。

二　区块链及核心技术特性

区块是构成区块链的基本单元，区块链由多个区块连接而成。区块链的核心技术要素使得区块链具备安全、透明、防篡改、可追溯等不同于其他信息技术手段的特点，从而适用于相应的应用场景。

（一）区块及区块链

区块链（Block Chain）本质上是一种分布式数据库（Distributed Database），或分布式账本（Distributed Ledger），用以记录所有参与者的数据事件，其特点是参与者一旦加入区块链，信息向全网公开，防篡改，永久可追溯。任何需要对实际发生的点对点活动进行记录的场景，都可以应用区块链技术进行记账。

区块链主要分为三种类型：公有链、私有链、联盟链，适用于不同的应用场景。三者对参与者的数量和身份的限制不同。公有链对所有参与者公开，参与者无须注册，可匿名自由加入或退出，参与记账并交易。公有链的所有参与者都有争夺记账权的权力，确立记账权需要消耗大量资源。随着参与者数量的增加，公有链会出现效率较低，确认延迟的问题。从设计理念上，公有链以牺牲效率换取公平与信任，是一种完全去中心化的结构。公有链的典型应用是比特币、以太坊等。

私有链是组织内部的封闭网络，完全不公开，比如公司内部的区块链网络。区块链成员的读写权数和记账权由组织指定。私有链的主要目的是实现数据在组织内透明、防篡改、可追溯的共享，链上成员数量有限、身份透明，且无须消耗能源确立记账权且征得所有参与节点同意，因而十分高效。较之公有链，私有链是一种中心化的结构，其特点是以效率换公平。

联盟链介于公有链与私有链之间，部分公开。联盟链上的成员通常为同一类型的机构或部门,允许授权成员加入。由于联盟链不需要通过引入算力竞争确定数据写入权,可大幅节省计算资源、电力和时间,提高区块链运行效率。虽然联盟链的公平程度不及私有链,但确立共识的效率高于私有链。链上成员总数有限,身份透明,具有部分去中化的特点。联盟链半开放、透明、高效、可指定主导节点的特点更适合应用在由政务部门主导的政务服务场景。

(二) 区块链核心技术要素及特性

区块链包含若干核心技术要素,令其具备独特的应用价值。业界对区块链的核心技术要素基本达成了共识,主要包括分布式账本技术、共识机制、智能合约、非对称加密。

第一,分布式账本技术。区块链采用"分布式"技术,这主要指区块链的每个节点都等同于存储链上的全部记录。链上不存在单一中心,每个节点都是地位等同的分布式中心。分布式账本的主要作用是记录链上活动的内容、发生时间、参与互动的主体和参与方式。这就涉及一系列技术的应用,主要包括哈希函数、时间戳 (Time Stamp) 和梅克尔树 (Merkel Tree)。

时间戳用于记录活动的时间,使区块中的活动具有时间的唯一性。梅克尔树是确保当篡改发生时,区块体内上下层数据不能对应的关键技术。梅克尔树是一种二叉树状数据结构,区块链多用此种数据结构储存区块链内活动的哈希值,以其发明者拉尔夫·梅克尔 (Ralph Merkle) 命名。梅克尔树的技术特性是由它的生成方式决定的。最底层相邻两个子节点的哈希值生成一个哈希值,上一层再由临近的两个哈希值生成一个新的哈希值,以此类推,直到生成最终的一个哈希值。哈希值层层生成,任何一处修改,都会导致与上层哈希值不匹配,使分布式账本具有防篡改的特性。梅克尔树带有哈希指针 (Hash Pointer),指向数据存在的位置、标明隶属关系,使分布式账本可追溯。

第二,共识机制。共识机制是区块链全网对确定记账权的共识,是确定谁有权将新的区块添加到区块链上的机制。区块链每个节点都持有完整的账本。在公有链匿名场景下，为保证账本记录真实无误，谁来负责记录至关重要。为鼓励链上参与者积极记账，公有链一般设置激励机制，奖励成功获得记账权的参与者。比特币就是公有链系统奖励取得记账权参与者的代币。参与者争夺记账权的过程俗称"挖矿"。私有链由组织负责记账，无须激励机制。

联盟链的共识机制由联盟链自定义的规则确定。联盟链通常由内部指定一个或多个预选的节点作为记账人，每个块的生成由所有的预选节点共同决定，其他接入节点可以参与链上活动，但不过问记账过程，这样就无须消耗大量能源确定记账权，提高联盟链的运行效率。

第三，智能合约。智能合约是部署在区块链上的一套自动执行的代码约束规则。智能合约不一定依赖区块链使用，但区块链防篡改的特性可为智能合约提供更可靠的执行环境。智能合约的内容与一般合约基本相同，内容由参与方共同约定。不同的是，智能合约可实现强制执行，当条件与合约规定内容一致时，合约自动执行，不受外力干涉。

第四，非对称加密。非对称加密算法并非区块链技术所独有。区块链主要采用非对称加密算法为数据加密。数据被公钥和私钥两种密码共同加密。两种密码配对生成，加密与解密使用的密钥不同，因此被称为"非对称加密"。公钥在数据传输者和接收者之间共享。数据传输者使用数据接收者的公钥对数据加密，数据接收者使用自己的私钥对数据进行解密阅读。

非对称加密技术可有效保障数据安全。在数据和公钥传输的过程中，有可能发生公钥被盗的事情。在对称加密技术下，公钥被盗等同于数据被盗。在非对称加密技术下，数据要由公钥和私钥共同解密。由于私钥保存在被传输者处，无须传输，所以不会在传输过程中被盗。即便公钥被盗，数据仍需私钥解密才能被阅读。而私钥由 2 的 256 次方的长度函数计算，被破解的可能性极低。非对称加密技术形同为被传输数据加上"双保险"。

三 政务服务场景下的区块链技术应用与架构

本章的"政务服务场景"主要指政务服务事项的办理。我国区块链政务服务尚处于起步阶段，尚未形成成熟完整的模式。各地对区块链政务服务的探索大多处于将区块链部分核心技术应用于政务服务部分场景、审批链条的部分环节。全国范围内将区块链技术运用于政务服务全场景、全链条的成功经验为数不多。个别城市和地区正在着手探索审批全链条应用。

广东省佛山市禅城区起步较早，主要应用区块链的身份认证技术。2016年7月，广东省佛山市禅城区启动创建广东省大数据综合试验区，开始打造全国首家基于区块链的电子政务服务平台。2017年6月，佛山市禅城发布基于区块链技术的政务服务应用"智信禅城"，并陆续落地多个区块链政务服务、区块链社区服务项目。[1]

南京市主要将电子证照区块链应用于政务服务事项办理。2016年12月，南京市开始筹备基于区块链技术的电子证照共享平台建设。[2] 2017年4月，南京市发布全国第一张基于区块链技术审批的个体营业执照。[3] 2019年1月18日，南京市发布《南京市区块链示范应用发展白皮书》，为研究和探索区块链技术在政务服务和其他行业的应用提供指引。截至2019年9月，南京市区块链政务服务平台已对接国家、省、市52个政府部门，43个业务系统，实现市、区、街道三级1700多个事项全链条应用区块链技术，已归集659项3743万张电子

---

[1] 《禅城启动创建广东大数据综合试验区》，禅城区行政服务中心，2016年7月26日，http://www.chancheng.gov.cn//chancheng/cc3012/201709/b1c97a88b65b4155a9147ae9675c8de5.shtml。

[2] 《基于区块链技术的电子证照共享平台建设招标公告》，中国采招网，2016年12月26日，https://www.bidcenter.com.cn/newscontent-33801622-1.html。

[3] 南京市机构编制委员会办公室，2019年1月。

证照，办事项涵盖全市 34 万家企业。①

北京市海淀区将区块链技术应用于身份认证、电子证照链建设等多个环节。2018 年 12 月 18 日，首个基于区块链技术的不动产交易事项完成办理，政务服务事项办理开始走向"秒批"。截至 2019 年 9 月，海淀区对接国家、市、区 15 个部门数据，正在探索行政审批全链条区块链技术应用。②

此外，天津口岸在跨境贸易平台建设上引入了区块链技术；重庆市渝中区引用区块链技术进行农产品追溯。其他部分城市也开始着手探索区块链政务服务应用。比如，2019 年 8 月，深圳宣布正在探索推进区块链技术下教育、就业、医疗、住房、交通等高频应用场景的数据链全打通。③ 贵阳提出要将区块链技术应用于政府数据共享开放、数据铁笼监管、互联网金融监管等场景。④

基于现阶段我国区块链政务服务较为前沿的地方探索经验，⑤ 区块链核心技术要素在政务服务场景中基本上都有体现，并在应用中获得了政务服务的业务内涵。

（一）技术要素应用

如前所述，政务服务场景通常采用高效、具有部分中心化特点的联盟链。联盟链通常将政务服务部门设置为带有管理职能的排序节点（Orderer），将相关职能部门设置为其他节点（Peers）。不同于开放、匿名的公有链，政务服务联盟链上的成员为政府各职能部门，身份透明，链上节点数量有限。在政务服务场景中，区块链技术服务于政务事项办理的业务需求。

---

① 南京市机构编制委员会办公室，2019 年 1 月；江苏荣泽信息科技股份有限公司，2019 年 9 月。
② 北京市海淀区政务服务管理局，2019 年 9 月。
③ 《深圳市统一政务服务平台"i 深圳"将利用区块链等技术打通政务服务数据链》，《星球日报》2019 年 7 月 25 日，http://baijiahao.baidu.com/s?id=1640031924113238612&wfr=spider&for=pc。
④ 《贵阳区块链发展和应用》，贵阳市人民政府办公室，2016 年 12 月。
⑤ 主要基于对南京市和北京市海淀区的深入调研。

第十一章　区块链技术与政务服务

第一，采用"分布式账本"记录部门证照和事项办理信息。部门将已有证照信息上传至区块链，供政务服务部门在事项办理过程中依需调取。职能部门上链的信息分布在证照链全网所有节点，同时存储。政务部门从证照链调取信息，与事项办理要件要求匹配，生成匹配结果，并根据匹配结果做出审批行为。这一过程可记录在事项办理链上。梅克尔根和哈希指针可用于验证和追踪数据调取路径、匹配结果和审批结果。时间戳记录数据调取、审批结果的发出时间等。

第二，采用"共识机制"明确政务服务上链数据合规。联盟链可指定政务服务部门拥有记账权，负责记账。此处的记账权特指将政务服务相关信息记录在区块链节点网络上的权力。谁有权记录，就意味着谁有权在区块链网络上写入信息。比如，政务服务部门负责将其他职能部门计划分享的数据最终上传到区块链网络；政务服务部门也可以被指定拥有记录办事过程中数据的调取和使用权力等。通常可在政务服务部门部署排序节点，负责接收事项办理信息或其他部门上链数据，并按照排序将信息接入区块链节点网络。

但这并不意味着拥有记账权的政务服务部门可以随意写入数据。在将排序节点部署在政务服务部门的情况下，政务服务部门负责将其他部门上链数据加以排序。在数据正式写入区块链网络前，数据还需要获得验证。区块链可将链上多个节点指定为背书节点。在收到数据上链请求时，背书节点将对请求发出方进行身份验证，确保该上链请求来自合法节点。背书节点还将模拟执行智能合约并将身份验证结果和执行结果返回给请求节点。请求节点将这些信息提交给排序节点，由排序节点排序广播给区块链节点网络。全网节点根据这些信息对背书策略、数据是否被篡改，以及数据的逻辑有效性进行验证。通过验证的数据将被正式写入区块链节点网络。

第三，采用"智能合约"确定数据共享规则。很多时候，政务服务部门在办理事项时只需获得办事人是否具有某些证照，信息是否真实，只需要具体数据的某些字段，而无须获得全量数据。应用智能合约可明确职能部门在什么情境下分享哪些数据的哪些字段，政务服务部门在事项审批过程中可以调取哪些数据的哪些字段，返回匹配结果

· 189 ·

或其他具体信息等。智能合约可由政务服务部门和职能部门共同编制，也可由一方编写、另一方审核确认。在政务服务部门审核确认后智能合约生效，对双方具有共同约束力。

第四，采用"非对称加密"技术明确不同部门的数据读写权限。政务服务部门和职能部门都会被分配公私钥。职能部门数据上链时首先使用政务服务部门的公钥对数据进行加密，可以同时附上本部门的数字签名，以证明数据传输者身份。政务服务部门调用数据时需用自己的私钥解密。

（二）区块链政务服务基础架构

区块链政务服务基础架构是将以上核心技术要素以一定的方式组织起来，以支撑政务服务的业务需求。区块链政务服务基础架构与区块链一般底层架构大体相同，基础架构的具体承载内容服务于政务服务的业务需求。区块链政务服务基础架构总体上可分为六层：数据层、网络层、共识层、激励层、合约层、应用层。[①] 每层完成不同的核心功能，自下而上层层封装，叠加新功能，各层相互支撑配合，共同实现区块链的具体应用功能。这六层又可大体分为两部分：一是业务层，包括合约层、应用层、激励层；二是平台层，包括数据层、网络层、共识层。平台层基本功能通常由联盟链基础平台提供，可根据不同业务进行代码改进、二次开发。

第一，数据层。数据层是区块链的物理结构层。区块和区块链部署在数据层，与区块链相关的核心技术，如哈希函数、时间戳、梅克尔树、非对称加密等技术也部署在数据层。数据层用于存储政务服务数据。政府职能部门上传到区块链，供政务事项办理所用的数据都存储在数据层。

第二，网络层。网络层通过相应规则确定政务服务部门和其他职能部门在区块链网络上的分布结构以及信息同步机制。P2P组网机制用以确定政务服务区块链节点网络的分布结构。数据传播机制确定信

---

① 地方调研，2019年9月至11月。

息如何在全网传播。验证机制也存在于网络层，确定各节点以何种方式验证数据的有效性。

第三，共识层。共识层用来部署共识机制，确定记账权。在政务服务场景中，这具体指确定哪个部门拥有写入数据的权力，负责将其他职能部门上传数据记录在区块链的机制部署共识层。共识层的功能是确定哪些部门具备数据写入权，数据通过何种机制获得链上所有职能部门的验证。

第四，激励层。激励层用来部署激励机制。区块链政务服务采用联盟链，通常指定节点记账，不涉及多节点争夺记账权，因此激励记账并非必要因素，但根据实际需要也可设置激励层。比如，现阶段政府职能部门共享数据意愿弱，可通过设立激励机制，以积分的方式鼓励各部门共享本部门数据。积分可用于兑换其他部门数据的读取权限等。

第五，合约层。合约层主要用于部署智能合约。各部门读写数据的不同权限可通过智能合约自动执行。在读写权限以外，根据政务服务业务需求，凡需要自动执行点对点约束性规则的环节，皆可使用智能合约，并将之部署在此层。

第六，应用层。应用层与政务服务办事场景紧密相连，基于区块链技术的各式应用服务于不同业务场景。比如，证照链用于存储职能部门数据，以及读取记录。事项办理链用于记录政务服务事项各环节的办理信息。这些应用可作为"智能审批"的技术基础设施。

（三）区块链政务服务流程

区块链政务服务流程（见图11-2）仍以事项办理为驱动。办事人发起办事流程后，政务服务部门依据需求向有关部门发起数据匹配请求，数据匹配结果在区块链节点生成后被推送回审批部门，审批部门根据数据匹配情况批出事项办结结果。不同于传统模式，在区块链政务服务流程中，匹配请求、数据匹配均可通过区块链技术自动实现，无须人工介入。

第一，提出申请。办事人发起事项办理。办事人是政务服务事项办理的发起者。在传统政务服务模式下，办事人发起事项办理需要提

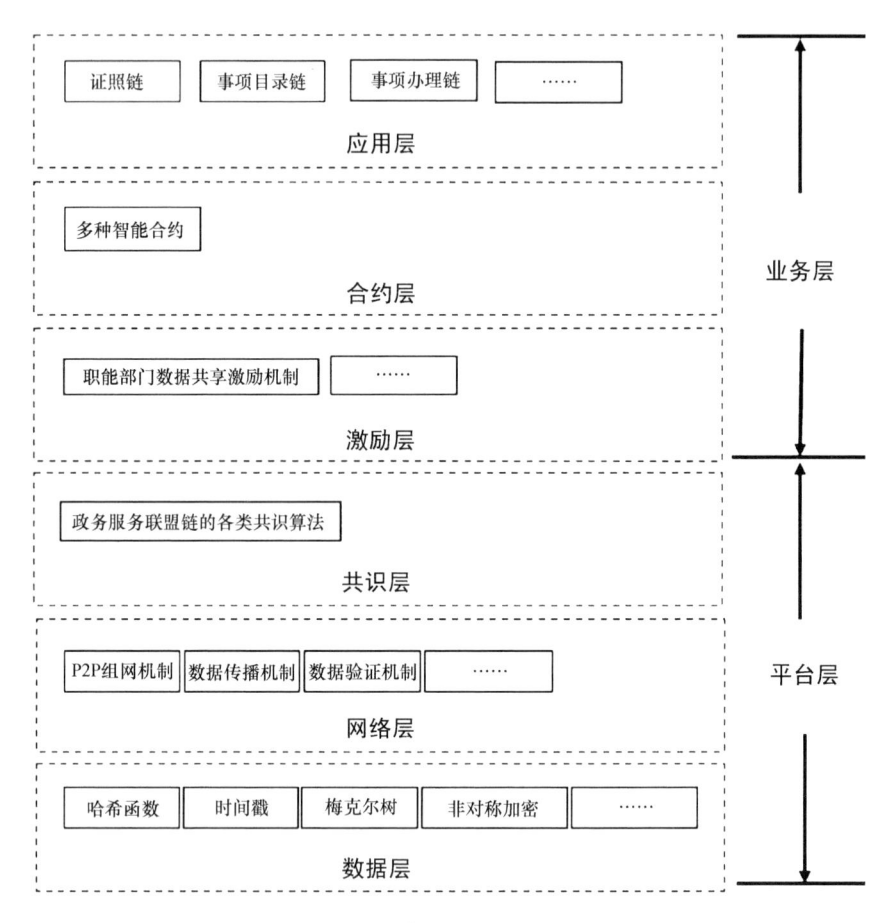

```
┌─────────────────────────────────────────┐  ↑
│  证照链    事项目录链    事项办理链  ……  │  │
│              应用层                     │  │
└─────────────────────────────────────────┘  │
┌─────────────────────────────────────────┐  │
│  多种智能合约                           │  │
│                                         │  │ 业务层
│              合约层                     │  │
└─────────────────────────────────────────┘  │
┌─────────────────────────────────────────┐  │
│  职能部门数据共享激励机制   ……          │  │
│              激励层                     │  │
└─────────────────────────────────────────┘  ↓
┌─────────────────────────────────────────┐  ↑
│  政务服务联盟链的各类共识算法           │  │
│              共识层                     │  │
└─────────────────────────────────────────┘  │
┌─────────────────────────────────────────┐  │
│  P2P组网机制  数据传播机制  数据验证机制  …… │ 平台层
│              网络层                     │  │
└─────────────────────────────────────────┘  │
┌─────────────────────────────────────────┐  │
│  哈希函数  时间戳  梅克尔树  非对称加密  …… │  │
│              数据层                     │  │
└─────────────────────────────────────────┘  ↓
```

图 11-1 区块链政务服务基础架构

资料来源：笔者参考王毛路、陆静怡（2018）《区块链技术及其在政府治理中的应用研究》基本架构修改而成。

交事项要件。即便对于全流程网上办理的事项，办事人也需要将相关证件上传至系统。在区块链政务服务模式下，办事人只需要出示身份认证信息，通过生物识别技术，证明确实为本人持有效证件发起事项办理。办事人无须提交政府相关职能部门已有证照数据信息。

第二，匹配请求。政务服务部门是政务服务事项的受理和办结者。在办事人提请办事需求后，政务服务部门向区块链节点网络提出数据匹配请求，比如，办事人申请办理的事项需要验证婚姻信息、住房信息。政务服务部门可向职能部门提出匹配此两项信息的请求。

第三，数据匹配。区块链节点根据智能合约进行数据匹配，生成结果，并推送回政务服务部门。区块链节点网络是数据匹配的实际发生场所。在传统审批模式下，人工核验证照数据通常需耗费大量时间。在区块链技术下，证照信息在证照区块链上统一抓取、自动匹配，可实现"秒级"快速审批。

第四，事项办结。政务服务部门根据区块链节点返回的匹配结果，判定办事人的条件是否符合事项办理的要求，决定是否通过审批，并向办事人告知结果。

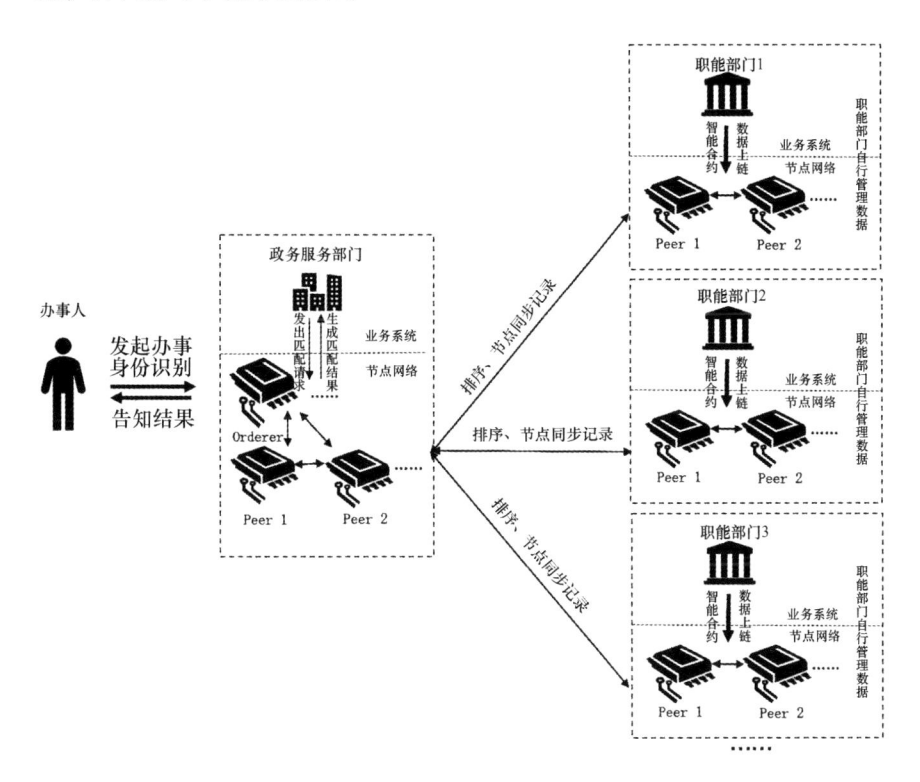

图 11-2　区块链政务服务流程架构

资料来源：笔者主要基于对南京市和北京市海淀区的深入调研情况自制。

四　区块链技术赋能政务服务

核心技术要素的应用使得区块链政务服务具有政务数据主体权责清晰、政务数据防篡改、政务数据传输存储使用安全、部门数据可实时共享、数据共享轻体量等优势。

第一，政务服务智能化。政务服务流程可以同时实现"去中介化"与"去人工核验"。

办事人无须提供政府部门已经掌握的材料，对于无须技术审查的事项，审批材料无须在各职能部门进行物理流转，改变了传统跨部门协作方式，提高审批效率，实现政务服务智能化。

第二，数据权责边界清晰。传统数据共享主要通过汇集数据的方式实现，此种方式存在着一定的安全隐患。数据由职能部门共享给其他部门后，不能有效追踪数据的使用及传播途径，如数据从哪些部门汇集到哪些部门，由谁保管、如何使用。基于对数据安全隐患的担忧，数据主责部门共享数据的意愿通常较低。[①] 这也是"信息孤岛""数据壁垒"难以打通的重要主观原因之一。

在区块链政务服务场景下，职能部门自行管理本部门数据。分布式账本技术可实现职能部门数据流向的全程可溯，可有效降低数据使用过程中的权责推诿，缓解职能部门出现因无法追踪数据流动与使用而不愿分享数据的问题。

第三，政务服务记录防篡改。区块的链式结构和区块的梅克尔树使得篡改政务数据几乎不可能发生。任何区块内的政务数据被修改，都会使得此区块内的下层与上层哈希值无法对应。此外，每个删除动作都会产生新增数据。即便是政府职能部门作为原始数据的生产部门，也无法不留痕迹地修改链上数据。

每笔政务数据及办事信息都会在区块链全网节点留存。比如，政

---

① 根据 2019 年 2 月地方调研得出的看法。

务服务部门向工商业务系统发起匹配办事人营业执照相关信息，此请求将存储于全网所有区块链节点。存储内容包括：发出请求方、请求内容、数据来源方、匹配数据字段内容、匹配时间等。政务服务部门在何时向工商部门系统发出匹配具体哪位办事人的营业执照的什么信息，匹配结果如何，都将以生成新纪录的方式保存于区块链全网所有节点。对任何单一节点数据的篡改，都会导致该节点数据与其他节点数据不匹配。此外，联盟链上各部门身份透明，政府部门篡改数据、破坏诚信的成本十分高昂。

第四，政务数据传输存储使用安全。数据在保存与传输中存在盗用与泄露的隐患，这是传统数据共享主要的安全隐患之一。区块链的多项技术可共同支持与提升数据共享的安全性。区块链对上链数据的全网验证机制可确保链上政务服务数据与外界的安全隔离。智能合约能够实现各职能部门数据的有限共享，降低数据批量泄露的风险。即便数据出现泄露，第三方也难将数据字段用于其他用途。

非对称加密技术提升部门数据使用和传输安全。在非对称加密技术下，各职能部门只能读写权限范围内数据。即便政务服务部门和职能部门作为联盟链上的节点都会存储全部账本，但在被授权之前，并不意味着它们具有自动备阅全部账本的权限。

第五，部门数据可实时调取。在传统模式下，职能部门主要通过定期批量推送的方式共享数据，无法保证共享数据的实时性。在两期数据推送间隔中，可能存在数据滞后与不准确的问题。[①] 如办事人要件信息已发生变更，但职能部门未能及时推送给政务服务部门，可能导致审批结果依据陈旧信息批出。在区块链技术下，审批部门可调取职能部门的实时数据，有效避免了批量推送的数据陈旧问题。

---

① 笔者在2019年9月进行地方调研时发现这一问题。

五 "去中心"与"多中心"的行政权力重构

应用区块链技术不仅可以提升政务服务办事效率,优化行政流程,还可以在更深层次上引起行政权力结构的变化。在区块链技术下,官僚机构不再只是一种组织结构,而是依据法律处理各种信息的"信息处理器"。每个政府职能部门都是数据生产部门,因保有特定数据而成为权力中心。在大数据时代,电子政务催生海量数据,数据成为政府部门的主要行政权力来源之一,进一步强化了政府职能部门作为数据权力中心的地位。为应对这种局面,有的地方政务服务部门采取同样的策略,自行沉淀数据以对抗职能部门的数据权力,这样非但不能破解中心化的数据权力格局,还会产生重复建设的副效应。区块链技术可有效破解中心化"数据孤岛"结构,推动行政权力重构。

第一,政务服务网络部分"去中心"。作为数据生产和来源部门,职能部门依然是数据中心。此处的部分"去中心"主要指职能部门不再是上链数据的控制中心。上链数据将存在于全网所有节点,数据活动对全部节点公开,并会出现实时多点存储变动情况。

"去中心"的色彩主要体现在政务服务事项的办理过程中。分布式存储的特点使得各个节点同时见证、记录并存储所有活动。虽然在一般情况下,各职能部门仅具有查阅本部门节点数据的权限,但一旦有需求,政务服务事项办理可实现历史追溯,全过程查询核验,并可在所有节点验证信息。在追溯和查验环节,职能部门将不再具有对数据的解释权和话语权,上链数据及链上政务服务活动记录将拥有实质话语权。在此意义上,区块链政务服务有助于打破以职能部门为中心的数据权力结构。

第二,构建"多中心"沟通结构。在区块链技术下,政务服务供给由职能部门为主导的"中心化"结构,转变为职能部门各数据主体负责任的"多中心"沟通结构。作为数据的保有者,职能部门对上链数据的真实、准确性负有主体责任。政务服务部门与相关职能部门通过智能合约的制定，进行沟通并固定沟通结果。由政务服务部门和职能部门共同制定智能合约，清晰约定数据共享规则、读写权限，达成约定双方共识，并自动执行，有助于降低部门沟通和规则执行成本。

第三，形成部分程度的"中心化"管理格局。政务服务的业务特点使得政务服务部门需要具有一定程度的中心化色彩。比如，政务服务部门需要调取多部门数据，综合用于行政审批；政务服务需要向职能部门提出上链数据范围及字段要求；政务服务部门需要协同技术方牵头建设区块链政务服务平台等。区块联盟链可通过将排序节点部署在政务服务部门，赋予其记账、沉淀、调阅与使用数据的管理权限。与此同时，区块链的技术特性使得行政权力结构透明化，链上任何被赋权的部门都会审慎行使手中权力。

六 前景与挑战

区块链政务服务虽然在世界范围还处于起步状态，但已经展现出提升审批效率、促进部门联动等多方面的应用潜力。未来应用前景与挑战并存，需要进一步明晰思路。

第一，快速审批与决策辅助。区块链作为信息技术基础设施是一种政府治理工具，有特定的适用场景，服务于有限治理目标。区块链技术更适用于政务服务事项办理流程。区块链技术支撑的"数据共享"主要用于微体量的数据字段匹配，通过快速匹配提升行政效率。这与通过汇集数据实现数据共享的传统思路存在本质区别。数据汇集形成的大数据中心的优势在于通过海量数据分析，辅助决策，对数据的实时性要求不高，职能部门可定期将数据批量汇入数据池。基于不同技术手段的相对优势，实现治理工具与目标的精准匹配是智慧政务时代面临的重要议题之一。

第二，跨区域通办。目前有些地方开始探索政务服务全城通办、跨区域通办。但由于打通程度不高，后台仍主要靠部门流转、跨地域物流流转的传统方式。区块链技术可支撑政务服务事项跨区域办理，未来可深入探索具体应用模式，可从京津冀、长三角、珠三角等已经初步搭建一体化制度机制的区域做起。但区块链技术支撑跨区域通办依旧需要以相关部门数据上链为前提。实现跨区域通办的前提是需要做好同城通办。

第三，"轻体量"与"重体量"悖论。单一区块只存储实际数据的哈希值，与实际数据的体量相比具备"轻体量"的特征。但政务服务事项办件量大，快速交互，加之区块链数据只增不减，区块链政务会在短时间内快速累积大量区块，使得存储成本大幅提升。我国区块链政务服务正处于起步阶段，多地正在进行部分场景的应用实践，即便云存储可以提高存储效率，但随着区块链政务服务应用场景的拓展，未来数据存储容量与保留时限问题都不容小觑。这更加提示我们要将区块链技术应用于最能体现其技术优势的领域，在优劣势之间寻求平衡。

第四，跨链政务服务。随着优化服务不断推向深入，目前有地方已经开始探索集成政务服务，为办事人提供一体化服务。比如，在固定资产登记的二手房交易场景集成煤气水电等服务，办事人在完成二手房登记过户后可一并完成煤气水电等后期需要办理服务的勾选，真正实现以场景为单位的"一站式"办理。但目前各地对于集成服务的实践大多仅限于前台用户体验集成，后台依旧分流办理。未来可探索区块链技术对集成办理的应用。这涉及对区块链技术的跨链应用，需要政务服务与金融服务、医疗健康、商业服务等其他社会领域数据的互联共通，将对政务数据的安全保护提出更高的要求。

（张楠迪扬）

第十二章

新技术革命与中国政府信息公开[*]

事实上,近年来中国政府信息公开的历程与由信息技术革命推动的媒介环境变化存在着非常明显的正相关性。不管是2003年网络媒体在跻身于主流媒体时,在"非典"的催化下诞生的中国政府新闻发言人制度,还是2010年在微博兴起时,在"围观影响中国"力量的推动下各级政府纷纷建立微博以发布信息,抑或是"微信公众号"使各种舆情事件发酵倒逼官方对事件的快速处理,从中都可见信息技术所导致的媒介环境变化对于政府的影响。而当前新技术革命正在席卷而来,其特点是信息传播海量、即时、智能、去中心化及中性但易趋负面使用。这些变化无疑将对中国政府信息公开产生重大而深远的影响。

一 新技术革命的特征

以大数据、云计算、人工智能、量子通信等为代表的第四次工业革命正如火如荼地展开,它不仅孕育着前所未有的产业变革,而且深刻地重塑着国家和社会的治理生态。

首先,当前新技术革命的主要特征是信息技术的深度应用,包括大数据、5G、人工智能等都具有海量、即时和智能的特点。大数据是

---

[*] 本章内容首发于《中央社会主义学院学报》2019年第6期,原标题为"新技术革命与我国政府信息公开的挑战与机遇"。

·199·

指无法在一定的时间、范围内用常规软件工具进行捕捉、管理和处理的数据集合，是需要采用新的模式处理才能具有更强的决策力、洞察发现力和流程优化能力的海量、高增长率和多样化的信息资产。5G网络是第五代移动通信网络，其理论峰值传输速度可达每8秒1GB，比4G网络的传输速度快数百倍。人工智能则是对研究、开发用于模拟、延伸和扩展人的智能的理论、方法、技术及应用系统的统称。这些领域的突破及联动所带来的影响无疑是史无前例和具有震撼性的。对于我们人类来说，这场新技术革命使得人类作为一个整体的思考和可以感知的世界疆域大大扩展，可以说是极大地打破了时空限制，因此古人说的"千里眼""顺风耳"等对于我们个体来说已不再是神话。

其次，就其政治和社会影响来说，新技术具有去中心化与大众化的特征。这也符合人类社会媒介发展的大势，不管是15世纪中期印刷术的发明，19世纪中期大众传播的兴起，还是20世纪80年代以来的网络传播，这种媒介变革带来的去中心化和大众化的趋势都非常明显。而当前兴起的技术革命在这方面的作用是有过之而无不及。如果说传统的大众传播因为其媒介如报纸、广播、影视等的物理稀缺性而只能是有限的传播者与有限的传播媒介的结合的话，那么新技术革命下的大众传播则是无限的传播者与无限的传播媒介的结合。这在当前的互联网时代已经初现端倪，而新一波的技术革命无疑将大大增强这种趋势及功能。这样传统大众传播时代有组织的传者与受众单向的"一对多"的传播格局就被彻底改变成无组织化的"一对多""多对多"的相互传播、圈层传播的复杂格局。[1]

最后，就其本身性质而言，正如所有的科学技术一样，新技术自身并无好坏，但是它有趋于被负面使用的特点。这有三方面的原因。一是与人类整体信息的爆炸性扩展相对比，个体获取信息的有限性导致每个个体在烟波浩渺的信息海洋中显得更加渺小和无力。这直接导致现代人不得不面对海量信息应接不暇、疲于应付的局面，并只能选择自己想看的信息，从而更容易导致失真、自我和偏激。二是因为信

---

[1] 唐绪军：《"后真相"何以成为"定义这个时代的词汇之一"》，http://xinwen.cssn.cn/sy_50320/zdtj/hcxzzl/201806/t20180627_4455913.shtml。

息可以被制造，所以有人会利用"信息包围圈"达到各种目的，比如商业上的营销，民粹政客的煽动等，这也就是如今经常被提及的"后真相"时代出现的原因。三是鉴于人性的弱点及"气难清而易浊"的特点，在信息自由传播的时代，人的低级感官欲望更容易被激发，结果就是包括谣言、谩骂、浮夸、色情等在内的垃圾信息漫天飞舞，而那些真正有价值的信息却总是被掩盖。这些特征为国家的治理体系和治理能力带来前所未有的挑战和机遇。鉴于新技术革命以信息技术的深度应用为主要特征，这里选取与此密切相关的政府信息公开为考察对象，探讨其在新技术革命席卷下所面临的挑战与机遇。

二 政府信息公开的制度及实践

政府信息公开主要是国内的表述，在国外对应的概念通常是信息自由（freedom of information）、信息权（right to information）、知情权（right to know）。这些称谓比较明显地体现出西方政治传统侧重于个体权利的特点。与此相关的概念则包括开放数据（open data）、透明政府（transparent government）、开放政府（open government）、开放国家（open state）和开放治理（open governance）等，后面这些概念的内涵和外延都更大。比如开放政府概念就包括核心三要素，即透明、参与和问责。政府信息公开仅仅是其中增加透明度的一个重要方法和手段，并且有助于鼓励——如果不是促进的话——参与和问责的实现。[1] 值得指出的是，在西方语境中，政府（government）通常指的是行政部门，所以开放国家和开放治理的概念范畴更广一些，可以包括议会、法院及企业等。

对于政府信息公开的意义，可以从规范和实用两个层面进行阐述。从规范层面来说，西方思想界基本上是将政府信息公开视为参与

---

[1] The World Bank Public Sector and Governance Group, "Freedom of Information Systems (Right to Information/Access to Information): A Background Primer," Retrieved on Oct. 29, 2019 (https://agidata.org/pam/. p1).

民主的必要条件及一项基本人权。政府信息公开制度是伴随着参与民主和人权的兴起而发展起来的，因为在早期的代议制民主制度中，并不存在需要向公众开放信息的内在需求。恰恰是随着代议制民主和公共行政出现危机之后，信息公开作为参与民主及实现个人权利的重要手段才被纳入控制行政机关的视野。① 这也是为什么有学者指出，虽然中国宪法并未明文规定知情权和政府信息公开，但是中国信息公开制度也有其宪法基础，即相关的参与民主条款。② 对于参与民主，透明、参与和问责被视为是其三项核心原则，并构成一个相辅相成的闭环。③ 如图12-1所示，在透明方面，信息供给是提高透明度的重要支柱，但还不局限于简单的信息提供。如果人们不知道信息存在或者不知道如何获取该信息，或者获取的时间和金钱成本太高，又或者信息并不是"客户友好型的"，那么单是信息供给就没有太多意义。同样，穷人和其他弱势群体的信息需求以及考虑他们如何获取信息（相关性和适当性机制）对于使透明变得有意义至关重要。面对面沟通有时就是一个可以有效提高透明度的较好例子。在参与方面，为了让信息供给发挥其赋权的功能，必须重点关注和提高受众分析和理解信息并根据该信息采取行动的能力。在这方面，可以采取多种机制，比如听证会、公共会议、参与式计划、委员会、论坛和圆桌会议、焦点小组和公民咨询小组、调查、游说、谈判和调解等。在问责/回应方面则意味着倾听和承认公众的观点和诉求，并在政策制定和执行过程中得以确认。④

除了规范层面外，从实用层面来说，政府信息公开也具有重要意义。一是其有利于个人做出理性决定。政府作为国家和社会最核心和最权威的信息收集、整理和发布者，其信息能便捷地提供给公众，无疑将使得个人做出相关决定时更加理性和全面。二是政府信息公开有

---

① 杨伟东：《政府信息公开：主要问题研究》，法律出版社2013年版，第45页。
② 彭錞：《我国政府信息公开制度的宪法逻辑》，《法学》2019年第2期。
③ The World Bank Public Sector and Governance Group, "Freedom of Information Systems (Right to Information/Access to Information): A Background Primer," World Bank, Retrieved on Oct. 29, 2019, at https://agidata.org/pam/.
④ UNDP, Access to Information: Practice Note, 2003, pp. 5-6.

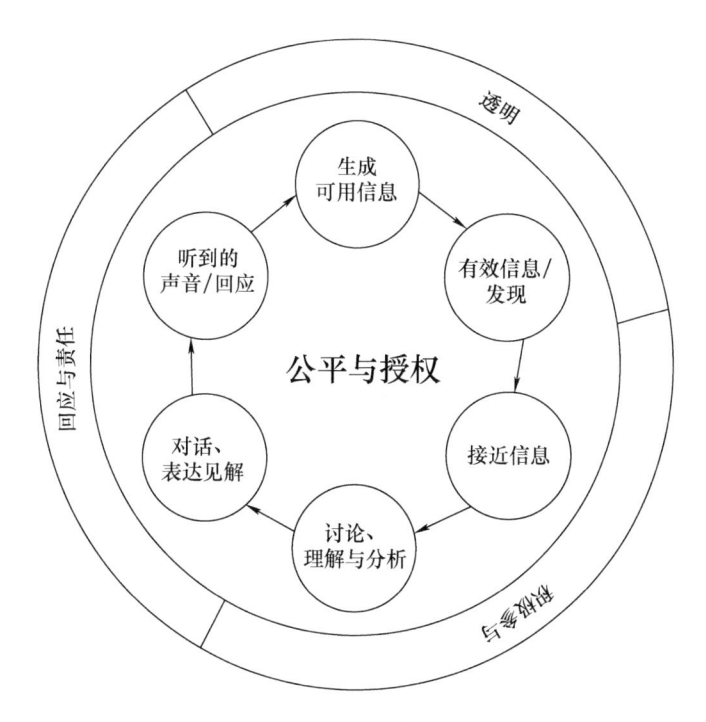

第十二章　新技术革命与中国政府信息公开

图 12-1　信息传播闭环

资料来源：UNDP, Access to Information: Practice Note, 2003, p. 5.

利于经济发展和节省成本。这是因为政府的不少数据具有重要的商业价值，而且能节省为了信息保密所带来的高昂成本。三是政府信息公开有利于提高政府的公信力并营造政府良好的形象。这并不难理解，因为没有政府信息公开，公众就无法了解政府及其运作，信任也将受到削弱。四是有利于反腐倡廉。"阳光是最好的杀菌剂。"因此政府信息公开无疑可以减少公职人员"暗箱操作"的机会。事实上，这也是很多国家建立信息公开制度的主要目的。五是可以减少对"吹哨"制度的依赖。"吹哨"是指将所发现的违法违规、不端或不正确的信息或者行为向组织内或外进行披露从而拉响警报的行为。① 虽然"吹哨"也有公开信息的部分效果，但是责任追究才是"吹哨"的核心，

---

① 彭成义：《国外吹哨人保护制度及启示》，《政治学研究》2019 年第 4 期。

而且所披露的信息较之于信息公开的范围也有限得多；吹哨作为政府信息公开方式受到多重因素的制约，比如其取决于有勇敢而具公共精神的公职人员站出来披露相关信息等。①

完善的信息公开制度通常包括如下几个核心构件，即公开范围、获取信息的程序、豁免公开的要求、信息公开的执行机制、信息公开的截止日期、对违规行为的处罚及信息的主动公开等。根据联合国教科文组织发布的一份信息公开比较报告，有效的信息公开制度还需要遵循九个大的原则。一是最大限度公开原则，即信息公开的范围、主体以及可能主张权利的个人范围都应该最大。这也是知情权的应有之义。二是义务公开原则，即不仅仅局限于赋权公民申请信息公开。三是提倡开放政府原则。这需要采取一系列促进措施解决保密文化，并确保公众都知道知情权及其对他们的影响。开放政府原则要得到真正落实，还取决于说服公职人员，让其明白公开不只是一种义务，也是一项基本人权，并且对有效和适当的治理至关重要。四是有限例外原则，即对例外情况应清晰、狭窄地加以标明并进行严格的"损害"和"公共利益"检验。五是促进信息获取原则，即任何人都可以请求并接收任何信息，而且这要求公共机构确立清晰的申请信息公开程序，并建立独立的审查系统。六是成本不宜过高原则，即不应因为成本的原因而阻止个人提出信息公开的申请。七是公共机构的会议应该公开原则。八是信息公开优先原则，即与最大限度信息公开原则相抵触的法律应该被修改或废止。九是"吹哨人"保护原则，因为他们"吹哨"所取得的客观效果也是公开信息。②

三 新技术革命背景下中国政府信息公开面临的挑战

新技术革命对于人类社会治理本身构成了挑战，同时，当前政府

---

① 杨伟东：《政府信息公开：主要问题研究》，法律出版社2013年版，第52—57页。
② Toby Mendel, *Freedom of Information: A Comparative Legal Survey*, UNESCO: Paris, 2008, pp. 31–40.

信息公开制度的不完善以及在某些方面与国际的脱轨也是构成中国政府信息公开制度挑战的重要因素。

（一）传统治理体系和能力面临的挑战

正如上文所提到的，以信息技术深度应用为主要特征的新技术革命有着去中心化和大众化以及趋于被负面使用的特征，这些都对传统的治理体系和治理能力构成了挑战。一方面，执政者要应对公众更高的要求，另一方面，执政者还要确保公众在新的媒介环境中不被负面和不实信息所误导从而走上歧途。这其实不仅仅是政府信息公开，也是整个传统治理体系和治理能力面临的所谓的"后真相时代"的挑战。如果应对不力，执政者驾驭全局的能力可能会遭到削弱，甚至威胁到国家的长治久安。

（二）中国当前的政府信息公开制度还不完善

首先，尽管《中华人民共和国政府信息公开条例》（以下简称《条例》）于 2019 年 4 月 3 日进行了修订，但是，当前政府信息公开的立法位阶不高。中国政府信息公开制度的法律体系包括《条例》和位阶更低的规章和规范性文件。其法律位阶较低，不易与政府信息公开相关的上位法律相协调、配合。比如《中华人民共和国档案法》就档案资料的开放与利用规定了一套与《条例》完全不同的权限和程序。当申请人要求公开的信息已交由行政机关档案部门保管或者已转交国家档案馆保管时，因规范调整事项的重叠且均未明确各自对处于不同阶段文件资料的调整规则，使得《条例》和《中华人民共和国档案法》产生了适用上的冲突。实践中就有行政机关将公民申请的政府信息临时移送综合档案馆以规避适用《条例》的案例，这显然不利于公民知情权及《条例》目的的实现。其次，《条例》设立的宗旨规定得并不全面并缺乏高度。修订后的《条例》是"为了保障公民、法人和其他组织依法获取政府信息，提高政府工作的透明度，建设法治政府，充分发挥政府信息对人民群众生产、生活和经济社会活动的服务作用"。较之于修订前版本，这一版本只是将"促进依法行政"

改成了"建设法治政府",而相较于世界通行的提升政府的透明与公信力,实现公民的知情权,鼓励与促进公民参与和问责,助益反腐倡廉建设,提供更好的公共服务,推进民主政治建设等宗旨还相去甚远。最后,中国传统上比较根深蒂固的官本位文化和保密文化对于政府信息公开可能构成阻滞。每年,中国被定密的文件数量是美国的十倍以上,而其中有不少被定密文件的必要性和危害性其实都值得商榷。针对此,需要端正官员的认知、提升国民的素质。

(三) 中国的政府信息公开与国际实践在某些重要方面存在脱节的风险

首先,不管是被叫作"政府信息公开",还是"知情权""信息权""信息自由",国外都将该制度的重要性提升到维护基本人权和"民主赖以生存的氧气"的高度,并被越来越多的国家和国际组织所认同和倡导。但是,鉴于历史传统、话语及认知差异等原因,这方面并未被纳入新时代中国特色社会主义事业的优先议程中。

四　新技术革命背景下中国信息公开的机遇

新技术革命为政府信息公开提供了更好的技术条件和发展动力,而且中国政府信息公开已经历了十年的路程,积累了宝贵的经验并对政府信息公开制度进行了修订和完善,再加上习近平新时代中国特色社会主义思想高度重视信息公开的意义并提出了具体的要求,这些都是中国政府进行信息公开的机遇。

第一,大数据、5G、人工智能等为中国政府信息公开提供了更便利的条件和更强大的动力。便利条件方面不用多说,不管是电子政务、智慧城市建设,还是数据开放等都依赖于当前科技的巨大进步。区块链技术的发明和应用更是为政府信息公开提供了新的可能及广阔前景。在更强大的动力方面,新媒体的发展为民众提供了自由谈论政治、经济、公共话题,了解重大事件实时进展的公共平台。互联网、手机、微博、微信等全媒体以其便携、移动、快速等特征使传播环境更加多样、复杂。相较于传统主流媒体的"官方舆论场"在应对社会突发事件时由于拘泥于多种约束条件而无法做出及时反应、无法满足社会公众基本的"知情权"与"表达权"的需要，新兴网络媒体中孕育的"民间舆论场"具有明显的优势与亲民特性。如果说在传统传播环境中政府信息控制是可能的，那么在新技术席卷下信息控制则几乎不可能。甚至他们本身就是当事人，提供的信息比政府发布的信息更准确、更及时，这就要求政府及时准确地进行信息公开，否则不仅被动而且在新的信息传播环境中有被边缘化的危险。这种转变在图12－2中就有很好地体现。政府不仅是信息公开的主体，还应成为信息公共平台的搭建者与维护者，并且积极带头促进信息的开放。

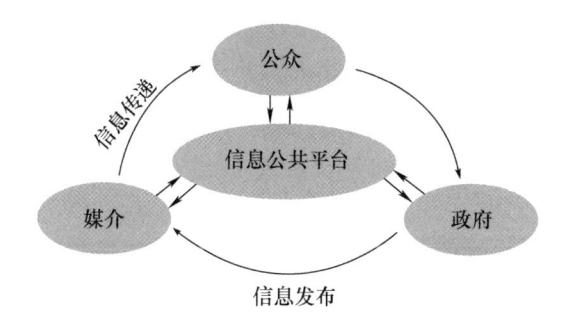

图 12－2 新技术革命背景下信息传播变化情况

说明：外围弧形箭头代表传统政府信息公开，内部直线箭头代表新环境下的政府信息公开。

资料来源：参见万新娜《"大数据"语境下政府信息公开的主体重构——基于媒介环境学的视角》，《青海社会科学》2015年第3期。

第二，中国政府信息公开自2008年正式建立以来，已经取得重大进展并积累了宝贵经验，而且相应地做了修订和完善。根据中国社会科学院法学研究所的一项评估报告，中国政府信息公开制度的运作呈现出六个方面的亮点。一是信息公开已建立起多元化的渠道，包括政府的门户网站，政府公报、新闻发布会、政务微博微信等。二是政务运作信息更加公开规范、透明，包括在门户网站公开行政审批事项清单，通过"阳光执法网上服务大厅"发布行政运作事项、行政决定、预决算信息等。三是行政机关每年公布本机构的信息公开年度报告，内容包括主动公开、依申请公开政府信息的情况及相关行政复议和行政诉讼的情况等，以及在信息公开工作方面存在的主要问题及改进措施和努力方向等。四是政府主动公开信息，回应社会关切的问题，后者往往是社会普遍关注和涉及公民切身利益的事项。五是政府信息公开及时，准确解读法律、政策文件。六是越来越多的公民选择以申请公开政府信息的方式获取其需要的信息。[①] 现在每年的申请量已经达到几十万起。在这十年中也积累了不少宝贵经验，并相应地对《条例》进行了修订。修订后的《中华人民共和国政府信息公开条例》从2019年5月15日起施行。其亮点包括七个方面：扩大主动公开范围的广度和深度，明确"以公开为常态，不公开为例外"的原则，提升公开的在线服务水平，取消依申请公开的"三需要"门槛，完善依申请公开的程序规定，强化便民服务举措，进一步加大对《条例》落实的监督保障力度。这些无疑为新技术革命下政府信息公开奠定了更坚实的基础。

第三，习近平新时代中国特色社会主义思想高度重视政府信息公开并提出了更高的要求。党的十八大以来，以习近平同志为核心的党中央统筹推进"五位一体"总体布局、协调推进"四个全面"战略布局，高度重视法治在国家治理和社会治理中的作用，把法治作为治国理政的基本方式，对政务公开、党务公开、实施国家大数据战略提出了一系列要求，为政府信息公开制度的发展完善明确了方向。2014年《中共中央关于全面推进依法治国若干重大问题的决定》强调，"坚持以公开为常态、不公开为例外原则，推进决策公开、执行公开、管理公开、服务公开、结果公开"。2015年印发的《法治政府建设实施纲要》则将政务公开作为强化对行政权力制约和监督的重要举措，提出了制定《条例》时未考虑到的新要求，如"创新政务公开方式，加强互联网政务信息数据服务平台和便民服务平台建设，提高政务公

[①] 参见姜明安《中国政府信息公开制度的发展趋势》，《比较法研究》2017年第2期。

开信息化、集中化水平"。此外，2016年2月，中办、国办印发《关于全面推进政务公开工作的意见》，明确公开透明是法治政府的基本特征，并提出推进决策公开、执行公开、管理公开、服务公开、结果公开，推进政府数据开放、加强政策解读、扩大公众参与、回应社会关切、发挥媒体作用等新要求。2017年11月30日，中共中央政治局会议审议通过《党务公开条例（试行）》，对加强和规范党务公开工作提出明确要求。这些都表明习近平新时代中国特色社会主义思想高度重视政府信息公开并对其提出了更高的要求。这无疑为后者的发展提供了更为直接的动力和机遇。

当然，国外除了对政府信息公开的制度安排有丰富的理论和实践经验之外，对于如何有效执行的相关框架也有非常多的尝试和经验，比如执行的指标体系建设，这些都值得借鉴。这里囿于篇幅就不再赘述。

总之，在新技术革命下中国政府信息公开既面临着机遇也面对着挑战，中国应该稳妥面对挑战，积极把握机遇，加大力度推进党的十八届三中全会提出的各项深化改革举措，才有可能实现国家治理的现代化。

（彭成义）

典型案例

第十三章

数字公益：科技支撑的社会治理创新样本[*]

党的十九届四中全会聚焦于国家治理体系和治理能力建设，提出必须加强和创新社会治理，完善党委领导、政府负责、民主协商、社会协同、公众参与、法治保障、科技支撑的社会治理共同体。十九届四中全会公报明确提出，科技是治理共同体建设的有效手段。在中央提出推进社会治理现代化的总体要求之后，各地积极行动，改革创新，社会治理的组织创新、模式创新、政策创新、技术创新层出不穷。其中，部分领军企业用数字公益助力社会治理的诸多做法，集中体现了中央要求社会协同、科技支撑和治理有效的精神。对此，中国社会科学院"数字时代的公益新模式"课题组先后实地调研了腾讯、美团、传化等国内极富影响力的企业基金会。这些企业基金会依托数字技术，结合自身业务，以"互联网+公益"的方式助力社会治理创新的做法，打造了一个高效率、强参与、多协同的治理模式，既有效支撑了数字经济的发展，也撬动了社会各界的共治、共益力量，成为新时代打造社会治理共同体的崭新样本。本课题组通过实地考察、集中座谈、单独访谈等方式对这些模式中的可复制经验和存在问题进行了深入分析，并在此基础上提出依靠科技，创新手段，推动共建共治共享的治理共同体建设的对策。

---

[*] 本章内容首发于《光明日报》2020年1月10日，原标题为"数字公益：共享治理红利"，本章内容略有改动。

一　科技与数字公益新潮流

习近平总书记指出："经过长期努力，中国特色社会主义进入了新时代，这是我国发展新的历史方位。"这一重大政治论断赋予党的历史使命、理论遵循、目标任务以新的时代内涵，为我们深刻把握当代中国发展的新阶段新特征，科学制定党的路线方针政策提供了时代坐标和基本依据。新时代不仅仅指的是新目标、新任务，也需要面临新形势用新方法解决新问题。就经济发展来说，信息技术的迭代已经将中国带入了数字经济的新时代。2017年世界互联网大会聚焦数字经济，习近平总书记提出要遵循"四个共同"即发展共同推动、安全共同维护、治理共同参与、成果共同分享，来推进数字经济的发展。"时代是出卷人，我们是答卷人。"数字经济发展的新时代对社会治理的模式、方法和目标提出了新的要求。

党的十九大报告指出，在中国特色社会主义的新时代，我国社会主要矛盾已经转化为人民日益增长的美好生活需要和不平衡不充分的发展之间的矛盾。解决"不平衡不充分的发展"问题，不仅仅需要政府引导与督促，同时也需要企业、社会组织（包括"企业基金会"）、公众共同的参与——社会协同是推动可持续发展的重要方法论。党的十九大报告重新定义了企业社会责任发展方向：以企业社会责任为抓手，引导和促进民营企业积极履行社会责任，发扬企业家精神，推动其以新技术要素投入社会建设，可以有效破除传统社会治理的固化模式和技术瓶颈，释放治理效能。这对社会主义新企业提出了新要求。在新时代的感召下，不少企业纷纷将企业社会责任上升到"一把手"工程，重新梳理企业战略和使命，"商业向善""资本向善""益商结合"成为企业践行社会责任的新潮流、新共识。

我国企业发起或支持的社会公益项目在过去十几年里取得了长足的发展和创新，形成了一批有影响力的品牌项目，比如吉利的"吉时雨"、京东的"物爱相连"、阿里的"蚂蚁森林"、腾讯的"99公益日"、百度的"AI 寻人"等。这些项目不仅在名称和品牌塑造上别具一格,而且大多数充分利用了自身的商业优势,甚至创造了新的商业模式;更重要的是,这些项目中的佼佼者促使中国企业更加有效地利用技术和资本的力量应对目前的社会问题,发挥企业的社会价值。比如,一些科技公司利用方兴未艾的人工智能技术,创造性地为之前很多难以通过传统方式解决的社会痛点问题提供了技术解决方案(比如走失儿童的打拐、问题疫苗的筛查),这些模式即便在全球都具有领先性。

数字公益正是对这种企业利用信息技术践行社会责任,推动社会问题解决,创新社会治理模式的总称,包括募捐、配捐,乃至"善能量"转化。在组织形态上,常常呈现出去中心化、数字化、网络化和协同化的特点,致力于打造人人公益的善行圈,创造凸显社会影响的价值链。截至目前,数字公益已经在全国范围内覆盖了环境保护、医疗救助、扶贫攻坚、行业互助、教育培训,以及儿童妇女保障等社会发展领域,成为我国推动社会进步与发展,打造人类命运共同体的新动能、新手段。

二 数字公益创新治理样本

当下,企业践行社会责任的方式多样,无论是扶贫、环保还是教育领域都活跃着企业或企业基金会的身影。作为主要资金捐赠方,它们是社会问题解决的源头活水;作为市场经济主要行动者,它们也是活化乡村,赋能落后地区的行动者;作为前沿技术的开发应用者,它们是社会创新的推动者。本课题组在深入考察当下企业践行社会责任的不同类型之后,选择了社会影响广泛、模式新颖、可复制性强的三个企业或企业基金会深入探讨企业践行社会责任,推动社会建设,实践"企业+技术+治理"的不同运作形态。

(一)腾讯:"互联网+乡村"

当前的中国乡村不仅是"贫"的问题,地理的疏隔、心理的疏离、青年的抽离让乡村社会处在全方面"穷"的状态，腾讯将其总结为"三重失联"的状态，这让任何新事物的推动都举步维艰，更像是一场不计成本、旷日持久的"数字义务教育"。就是在这种背景下，为了让乡村社会的人与人、人与组织、人与市场重新连接起来，腾讯公益慈善基金会打造了一个网络平台，名之为"为村"，希望从乡村移动互联网能力建设入手，推动城乡一体化建设，为新时代数字经济发展减负增能。以新时代的"党务""村务""事务"和"商务"为目的，腾讯公益慈善基金会孵化的"为村"项目逐步上线，并获得了认可。

"为村"以乡村集体组织为单位，实名认证，立足于推动乡村发展的内生动力。它有几种功能：第一，作为上线村庄的互联网名片。"为村"通过"村庄星级体系"挖掘特色村庄，在线集中呈现村庄聚人、聚心、聚力的发展图景，村集体和村民还可以通过"为村"展示村庄特色，吸引外界资源进入村庄，走上脱贫致富的高速道路。第二，作为云端上的党群服务中心。"为村"为村级社群提供基层社会治理的数字化服务工具，搭建"党务、村委、商务、事务、服务"五务合一的在线党群服务中心，提高乡村基层工作开展及重要信息上传下达的效率，强化党建引领作用，推动精准扶贫留轨迹、社会治理见成效、乡村振兴有成果。第三，作为实名认证，"为村"可以成为村民手机里的精神家园。在村庄空心化的情况下，构建村民的网上精神家园，村民无论身在何处，都能实名认证加入本村"为村"凭条，和村友互动、参与村庄公共事务及活动，在全国各地进行村庄跨村交流和学习，更有机会获"加油为村基金"，支持开展村庄活动，激活村社群内生动力和凝聚力。

"为村"的负责人陈圆圆表示，只有各类行动主体都能在"为村"上各取所需各尽其责，乡村的社会团结才有重新达致的可能，以产业兴旺、生态宜居、乡风文明、治理有效、生活富裕为总要求的乡村振兴也才有早日实现的前景。

（二）美团公益：互联网＋生活服务

当下，美团点评已经成为继阿里、腾讯之后，中国的第三大互联网上市公司。除了市值外,美团的重要性还在于作为一家"互联网+生活服务"电子商务平台,正在通过吃玩住行等生活服务深刻地改变中国人的生活,用科技提升生活服务业的效率,提升服务行业的水平、创新能力、拓展产业空间,并为生活服务从业者提供更好的职业空间和职业尊严。

美团公益正是结合平台所创造的丰富生活服务场景,将公益融入消费者生活,为用户搭建安全、简单、便捷的公益捐赠渠道,为慈善组织提供均等化的信息发布和筹款服务。美团公益扎根于美团的主营业务板块,采用了行业公益与平台公益相结合的模式。

美团正着力建设成为一家社会企业,美团的业务也是跟社会息息相关的。美团外卖为数亿用户提供便捷、高品质的服务,同时解决了很多用餐场景的难题,比如 2019 年就有超过 751 万名医护人员叫外卖在医院用餐,包括解决 2000 万名老人做饭难、吃饭难的问题等。

到店餐饮业务和外卖业务是美团的核心业务。2019 年 10 月 16 日,在世界粮食日期间,美团公益与联合国世界粮食计划署合作,策划了"彩虹公益套餐"活动。用户每订购一份彩虹餐,商家就会捐赠一笔善款,用于支持联合国粮食计划署"学龄前儿童营养餐"公益项目,帮助湘西地区 3—6 岁贫困学龄前儿童改善营养。值得一提的是,这项计划不仅号召用户帮助他人,还向用户倡导"拒绝隐性饥饿"的健康理念,通过"吃彩虹挑战"等活动来培养用户均衡膳食与健康生活的习惯。

作为负责任的互联网生活服务平台,美团不仅带头做公益,还利用其平台优势,带动利益相关方一起践行社会责任。"美团公益商家计划"是其平台公益的明星项目。这个项目主要发挥互联网的平台优势,带动商家、用户参与公益,推动公益资源整合,"让每一笔订单都更有温度"。

(三)传化安心驿站:互联网+新劳工

数字经济的运行不仅需要高效的生活物流配送体系,还需要高效的供应链物流推动生产端互联共通。中国经济迈上高质量发展的基础是市场供给与消费两层面都从万物互联走向万物智联。传化集团是少有的从公路物流开始，依托智能物流系统、云仓系统、支付系统做生产物流的企业。生产数字化背后是数以万计的卡车司机。

传化公益基金会的工飞告诉本课题组，全国76%的货运量是靠卡车司机完成的，平均每天超过1亿吨，为城市提供了生活保障，服务了生产和流通的高效运转，是支撑国民经济运行的一支重要力量，但缺少应有的尊重与帮助。他们曾查遍了全国5000多家基金会等社会组织，没有找到专门针对卡车司机的公益项目，因此决定以公益的力量帮助卡车司机。

"传化·安心驿站"于2017年12月26日正式启动，主要提供以下几项服务：卡车司机的互助咨询；公益支持培训；社会认可。由于卡车司机常年在路上，其首要诉求基本上与道路有关，路况询问、道路援助以及路上社交。不过，其核心的组织形式仍然是依托驿站，发动卡车司机互相答疑、救援、交友，并鼓励在线下建立实体驿站（自家酒店等形式），线上与线下互动。驿站实行属地化管理，在物流运输中卡车司机汇聚的地方建立驿站。站长既是管理人员也是服务人员，最常做的就是为在路上遇到车抛锚等问题的卡车司机提供道路救援。为了提升这些助人者的积极性和专业性，该项目同时开设了"传化社工"的系列培训课程，对进入安心驿站工作3年以上的员工，给予初级、中级、高级"传化社工"的荣誉称号。

三 数字公益的社会治理效能

作为数字时代的产物，无论是从社会影响的广泛程度、治理模式的创新程度，还是产生的社会和经济效能来讲，数字公益在治理效能和社会影响方面都产生了积极的效果。领军企业在激发信息技术的社会性，提升治理效能，推动社会可持续发展方面取得了明显的成效，特别是在社会协同、科技支撑与治理有效方面，以创新企业家精神为载体，以转变企业社会责任实践方式为抓手，扎扎实实落实了党的十九届四中全会关于打造共建共治共享治理共同体的总体要求。

第十三章 数字公益:科技支撑的社会治理创新样本

技术赋能,调动各行各业的公益力量,推动社会协同。数字公益让"善"插上翅膀,让翅膀挥舞的机制就是充分发挥互联网高效连接的独特优势。行业协同一起做公益的模式值得关注。在"为村"的案例中,我们看到,腾讯公益慈善基金会整合多种市场、渠道资源推动乡村振兴。例如,充分利用美的的品控、营销网点和供应链,本来生活的买手制度和市场数据,移动的基站等市场优势资源为乡村赋能。再比如,美团公益强调搭建良好的公益生态,倡导平台上的酒店业关心留守儿童问题、餐饮业关心营养均衡与绿色环保议题、旅游门票业务板块关心自闭患者等社会议题。他们推出的彩虹餐计划,致力于让公益伙伴互利共赢。对商家而言,既推出了一款健康的新菜品带动营销,又倡导了健康的膳食观念,一举两得;而用户在一种特定的消费理念引导上,在参与公益的同时,也改善了消费者自身对于健康、营养的认知;同时,这也能为公益机构募款,可谓多方共赢。

科技支撑,推动企业经济效益和社会责任践行的互利共赢。数字公益的典型特征就是互联网信息技术的支撑,从而将企业的市场主营业务与社会公益项目结合起来,以业务能力助力企业社会责任践行。美团正在建设生活服务业从需求侧到供给侧多层次科技服务平台,旗下包括外卖、酒店、门票等多项业务,覆盖吃住行、游购娱等200多个生活服务品类,链接着590万商户,以及多达4.4亿的用户。这是它能够盘活线上线下资源,开发生活场景,汇聚善心的基础。"为村"仅仅上线几年,就以指数级的速度复制扩散,依托的也是互联网技术。腾讯公司创始人、腾讯公益慈善基金会发起人兼荣誉理事长陈一丹就表示:"乡村治理是国家治理体系的重要组成部分,也是乡村振兴战略的基石。为村上线至今,发挥最大作用的,包括'党群服务'和'村务服务',为群众服务亮承诺、亮实绩,都在为村平台上公开。"

赋能弱势边缘群体,促进社会团结,推动治理有效。中央用来解决各类社会问题的政策和资金总量是巨大的,但问题是结构和效率。弱势群体缺乏组织化的抓手,大量的政策和资金无法触及他们是社会治理的痛点。以卡车司机来说,他们原本是一个特殊的群体,他们的生活多数在路上。因此，这个群体的生理、心理健康面临着普通人难以理解的压力，如果长期得不到有效疏解，常常会引发道路安全、冲突、涉黑，甚至极端的群体事件等新的社会问题。"传化·安心驿站"旨在依托互联网技术，将卡车司机连接和组织起来，让他们学法守法、救援互助、交流学习。如同"安心驿站"的名称一样，传化集团依托传化慈善基金会所做的这个项目正是希望卡车司机本人、卡车司机的家人，以及跟卡车司机汇车的路人，乃至社会各界安心，在帮助他们找到归属感的同时，赢得社会认同、公众引导和公众教育。

四 数字公益的革新方向

党的十九届四中全会已经为如何提高治理效能指明了方向。我们需要设计更多的政策工具，推动和引导更多的企业，尤其是科技企业，通过成立或资助社会组织（比如各种公益基金会）、赋能社会群体的方式，加入助力社会治理的伟大事业中。这不仅有利于"社会协同"的大发展，而且有利于"科技支撑"的强落地。更重要的是，我们应该看到，这种社会治理的效能反过来也会推动经济的高质量发展：既可以通过企业更好地履行社会责任促进民营经济的健康发展；也可以通过引导和培养民营企业家树立正确的责任观，促进他们的健康成长。我们的政策导向应该从大局着眼，从细微处着手，培养包括企业、企业公益基金会、基金会赋能的社会力量共同回应现实，解决问题，提高社会治理效能，推动经济社会的可持续发展。

要重视企业的互联网慈善探索，适时将其纳入民政或市场监管部门的评估体系中。党的十八大以来，特别是《中华人民共和国慈善法》实施以来，我国慈善事业借助"互联网+"得以迅速发展，互联网慈善在营造共建共治共享的社会治理格局中发挥了重要作用。现有互联网慈善的备案、监督和捐赠信用管理体系主要是以社会组织为主体，关注"捐赠"行为。但是，企业在履行社会责任方面所进行的数字公益探索，或者根本没有现金捐赠行为。或者已经融合在产品定

第十三章 数字公益:科技支撑的社会治理创新样本

价之中,在市场交易的过程中同步产生了客观上的公益行为,这种模式既不属于传统的市场监管系统的范畴,也游离在民政监管体系之外,因此,对企业社会责任或社会企业这种公益与商业融合的组织类型还缺乏有效的制度约束,也没有合适的归口管理单位。例如,当前我国在全国层面上,在注册登记方面还不存在社会企业这个类别,主要由各类第三方机构通过评审认定产生。不过,在一些地方(比如成都),地方市场监管部门已经创造性地对"社会企业"进行了官方认定,取得了非常积极的经济和社会效益。

商协会等相关机构要协调好与各利益相关方的社会责任关系,适时成立民营企业社会责任的监督机构、评估机构和协调结构。民营企业、商协会甚至工商联,可以设立独立的社会责任委员会,并由各利益相关者委派代表参加,确保各利益相关者可以在第一时间里知晓企业的重大变动与决策,同时可以表达其主张与看法,确保企业各项经营管理决策的顺利实施,形成合力共同推进民营企业的发展。工商联应该加强与相关智库的合作,抓紧出台针对民营企业社会责任的指标体系和分析模型;在涉及民营企业社会责任的制度建设和立法方面,也应该借鉴市场监管部门和金融部门的优秀经验,促进民营企业社会责任国内标准与国际标准的接轨。

宣传部门要充分重视企业社会责任特别是"互联网+公益"在社会建构和社会教育方面的作用,让其成为公众教育和思想引导的阵地。与传统救助不同,数字公益项目长于议题构建和公众宣传。一方面,它们拥有受众黏性较强的互联网平台,具有传统媒介难以比拟的流量优势。另一方面,数字公益的主要贡献并不在于平台发起者自身捐赠的数额或人员投入的数量,而在于通过其网络优势和规则引导,调动引入其他资源的程度。因此,数字公益必然需要寻找多方合作者的利益结合点和价值共识区。例如,美团的"公益彩虹餐"计划不仅教育了商家,也教育了公众对营养均衡问题的认知。腾讯"为村"项目不仅弥合了数字鸿沟,也教会农民环保、社交、电商,弥合了城乡消费文化习惯的鸿沟。引导和激发公众参与解决社会问题的意愿和能力是形成"人人参与、人人尽力、人人享有"治理格局的前提。

领军企业要充分发掘自身的业务能力，从市场能力方面投入社会建设，创新社会治理。本课题组调研发现，美团、传化等企业都开始依托自己的主营业务和数字能力，将平台所拥有的数据资源视为重要的商业和公益决策依据。数字公益的优势是能够超越地理区隔、行业职业身份差异进行对接，实时互动，保证需求的回应性。同时，数字公益还能通过良好的公益产品设计，对社会进行合理有效的干预，促进团结、互助与稳定。从这个意义上讲，数字公益不仅能够把原子化、散乱的个体连接起来，还能了解他们的基本面貌、诉求、困境，有利于充分发挥国家治理体系的治理效能，构建出人人有责、人人尽责、人人享有的社会治理共同体。当然，也需要防范数字社会和数字公益对传统的条块管理结构的冲击，提早预防，保障线上治理与线下治理的无缝衔接，协同推进。

（刘学　吕鹏）

第十四章

政企协同：新冠肺炎疫情防控中的新技术企业参与[*]

一 新技术企业参与疫情防控总体情况

新冠肺炎疫情是我国全面进入数字化时代以来发生的第一次重大公共卫生事件，给2020年带来了巨大的影响。在疫情防控背景下，各级政府、社会组织在积极防控疫情的同时，也不断摸索疫情防控的有效途径，探索创新公共事务管理方式，促成了疫情防控的公共管理理念和管理方式的变化。2020年初新冠肺炎疫情暴发以来，中国政府组织社会各方面进行了积极防控。我们追踪梳理了我国疫情防控的全过程，参照同时期其他国家利用新技术平台和工具开展疫情防控的做法，总结出公共危机爆发中的新技术运用主要集中在以下几个重要领域和关键环节。

（一）信息发布方面的合作

医疗信息是抗疫过程中非常重要的信息。在疫情发生后，国家政务服务平台在微信、支付宝等各大平台上线疫情防控专题，同时开发同行人员密切接触自查功能。国务院客户端小程序上线疫情线索征

---

[*] 本章作者马玉春、方荣平、何玉玲、刘祯、郝一笑、田晓沛、肖晗均为中国社会科学院MPA中心在读研究生。文稿经樊鹏补充整理。

集、发热门诊和医疗救治定点医院查询、国务院部门疫情防控消息等一系列服务专区，使相关信息在第一时间被快速传达给社会公众。国家卫健委联合腾讯、百度等企业，发布了"新型冠状肺炎病毒感染的肺炎医疗救治定点医院和发热门诊导航地图"。京东、阿里、腾讯、平安好医生、春雨医生等平台上线了"在线免费义诊"服务，服务包括提供线上发热咨询、免费在线义诊、居家防护、导诊建议、心理咨询等。

海外多个主要社交媒体也借助人工智能技术在自家平台上的应用，针对疫情谣言采取相关举措：1月30日，推特（Twitter）启动搜索提示，当用户在推特平台上搜索"新型冠状肺炎病毒"时，将会出现"了解事实"的窗口，这样用户就能获得可靠的、权威的信息。1月31日，Facebook表示，当用户搜索和疫情相关的信息时，将根据世界卫生组织的指导提供可靠的信息。此外，Facebook还宣布将删除包含"与疫情相关的不实信息"的帖子。同一天，谷歌也宣布，将与世界卫生组织合作，在用户搜索新型冠状肺炎病毒的相关消息时，在其搜索页面置顶"世界卫生组织网站的新闻""安全提示""最新信息"等。

（二）数字化技术助力科学决策

数字化技术是互联网企业的优势，也是政企合作的重点。可以帮助政府决策部门掌握疫情风险以及目标区域人群情况，以便制定应急预案。在国内疫情防控中，从"丁香社区"疫情动态数据，实时播报疫情扩散数据，再到支付宝、百度等的"疫情实时大数据报告"，通过数据定向和数据分析等手段，提供了武汉500万人的流出方向图，便于其他地区疫情扩散的推演和预测；高德地图、腾讯健康分别上线了"发热门诊地图"，便于用户查找住所附近有发热门诊的医疗机构……新技术企业在战"疫"过程中，充分结合自身优势，使得与疫情相关的各类信息传递更加迅速，也更加透明。

新技术企业的参与为疫情防控决策和管理提供了准确的数据支撑。通过运营商信令、民航、铁路等交通工具的购票信息，借助打通公安、卫健委、医保、民政等部门之间的信息壁垒，实现了对确诊患者、疑似患者、发热患者和密切接触者"四类人员"的信息在不同部门间的关联对比、统一推送，为决策提供了更精确的数据支撑。通过"线上+线下"相结合的联防联控、群防群治，充分利用了"大数据""移动互联"所带来的信息化便利，初步实现精准发现、精准管控、精准指挥和精准处置。例如，为了鉴别人们的出行轨迹和健康状况，通过"健康码""通行码"的大量使用，用大数据的智慧化管理手段助力疫情防控工作。工信部主推的"通信大数据行程卡"，手机用户可免费查询包括国际行程在内的过去14天停留4小时以上的到访地，在全国得到广泛应用后，为人员流动提供了极大的便利。

在疫情期间，为了精准掌控国内人口迁徙情况，百度上线了"迁徙地图"，通过热力图层直观展现出全国人口迁徙情况。1月22日，百度地图迁徙大数据平台上线升级版，免费对300多个城市开放查询，查询内容包含来源地、目的地、迁徙规模指数、迁徙规模趋势图等信息，直观表现出春运期间各地人口迁徙情况，为疫情提前布防提供数据基础。2月3日，360地图发布"地图迁徙大数据"，用户从手机或电脑进入可查看2020年1月1日至今全国除港澳台地区外的迁徙趋势状况。用户在高德地图上搜索"疫情地图"，即可一键查看自己居住地附近是否有确诊病例及疫情案例发生场所；通过人民在线推出的"众云大数据平台"，用户可随时随地查看最新的疫情信息和多维度的数据统计分析。

事实上，新技术在其他一些西方国家的疫情预警防控中也得到了比较及时和广泛的应用。此次新冠肺炎疫情发生前期，在WHO提醒公众新冠肺炎病毒爆发之前，加拿大数据评估公共健康风险公司Blue Dot通过收集到的数据处理结果，2019年12月31日就向其客户推送了疫情警告。此外，它还通过算法掌握和预测受感染居民下一个去向和时间，从而准确预测出该病毒在首次出现后的几天内可能蔓延至泰国、韩国、日本、美国等国家和地区。加拿大Blue Dot公司，是一个使用数据评估公共健康风险的公司，通过将AI和自然语言处理技术相结合，进行"自动传染病监测"工作。这个公司只拥有40名员工，是一家典型的小微企业。这款名为"全球早期预警系统"（Global Early Warning System）的预测 AI 是 Blue Dot 公司在 2018 年开发的一个人工智能应用，这款应用可以通过人工智能分析官方和非官方来源的信息，寻找相关词汇和短语，快速发现潜在疫情。如此精准的预测并不是第一次，早在 2016 年，Blue Dot 就采用相关技术预测了寨卡病毒（Zika）最早出现在佛罗里达州，并在六个月前预测其会在美国爆发。除了预测爆发的时间之外，Blue Dot 开发的 AI 还能通过访问全球运营的航空公司的机票数据，预测其他地点即将发生流行疾病的可能性。如 Blue Dot 准确预测了新型冠状肺炎病毒将会在开始几天传播到曼谷、首尔、台北和东京。

值得一提的是，该系统跟踪的数据源不是来自武汉政府的公告，也不是社交媒体（杂质太多），而是来自这样几个途径：第一，寻找每天分析 65 种语言的约 10 万篇文章，寻找关键词与流行疾病、动物疾病、公共卫生等有关的数据；第二，全球航班动态，通过全球机票数据库的数据跟踪受感染人口接下来的流向，从而预测接下来感染的城市，从而有助于知道何时通知客户潜在传染病的爆发和扩散；第三，关于天气和爆发历史情况，Blue Dot 先通过机器分析数据，然后筛选，再进行人工筛选，其公司中有一半是程序员，一半是传染病医学专家。也就是说，Blue Dot 的预测系统并不仅仅依赖于 AI 预测。相反，专家会从科学的角度评估 AI 预测，并在所有方面看来均合理的情况下才会发出警告。

（三）数字化技术助力社会治理精准高效

此次新型冠状肺炎病毒疫情的爆发，不仅是对政府公共卫生危机应急防控能力的一次检验，而且是对政府在非常态情境下社会治理能力的一次严峻考验。如果处理不当，在社会层面可能引发一系列"次生灾害"，带来社会失序的风险。在 2020 年 2 月 3 日召开的中共中央政治局常务委员会会议上，习近平总书记发表重要讲话，指出疫情防控不只是医药卫生问题，而是全方位的工作，各项工作都要为打赢疫情防控阻击战提供支持。数字化技术在非常态情境下解决社会治理的

第十四章 政企协同:新冠肺炎疫情防控中的新技术企业参与

高效化以及维护社会安全稳定方面发挥了重要作用。

1. 新技术确保疫情期间信息服务

2020年1月28日,百度推出针对疫情防控的智能外呼平台,承诺不收取任何费用,无须技术对接,向各级政府、卫健委机构、基层社区、疾控中心等相关疫情防控机构开放使用。该平台具有批量一对一电话呼叫的领先能力,可以通过定向或随机发起拨入居民电话,自动询问并采集居民疫情进行信息分析,并生成触达统计报告,还可以对居民进行疾病教育及防控指导。基层医护人员不用上门排查,避免被感染疫情的风险。更重要的是减少了排查时间,提高了防控疫情的效率。可提供流动人员排查、本地居民排查、回访、特定人群通知三大场景的外呼服务,日拨打能力可超过10万次。

2020年2月5日,360金融面向全国各地所有医院、社区、乡村及相关机构免费开放"疫情通"智能机器人服务。"疫情通"基于庞大的语义识别语料库,采用深度学习算法结合人机协同模式,以语音形式实现高效沟通,旨在高效探寻、排查疫情信息及智能化统计、进行分析与处理。"疫情通"借助成熟的ASR语音识别和智能外呼技术,可以准确快速识别用户意图,并做出相应回答。"疫情通"也将正式应用于360金融与医联共同组建的线上7×24小时免费问诊,提供疫情咨询和居家隔离方案。平安智慧医疗推出新型疫情防控服务管理平台,以智能语音、医学知识图、辅助诊疗模型、疫情预测模型等自有核心技术为基础,可帮助一线防控人员,进行一线语音摸排、智能回答区域12320卫生热线问题,并对区域内群众的感染风险实现智能分级。平安智慧医疗运用人工智能自然语言处理(NLP)技术训练智能语音座席,以实现快速响应、持续服务、节省人工。

2. 新技术推动测温手段升级

当前体温检测是人流聚集场所防控疫情的主要手段,但是公共场所人员密集,流动性高,传统额温枪速度慢,容易引发人群拥堵,增加互相聚集,形成交叉性传染的风险。此时,计算机视觉等人工智能技术就有了较大的应用空间,基于计算机视觉+红外技术的新型测温技术手段,能够以非接触、可靠、高效且无感知的方式进行体温检测,同时能够快速精准定位体温超过阈值人员。2月2日百度宣布其研发的多人体温检测技术落地海淀区清河火车站。自1月28日上线测试以来,该技术已完成了1.4万人的检测,发现160人次体温异常,极大地提高了客运区域多人体温检测效率。2月4日,由旷视科技开发的用于发热及潜在被感染对象识别、筛查与分析的系统"明骥"在牡丹园地铁站和海淀区政府服务大厅正式布设上线,旷视科技针对人脸口罩佩戴进行了专项优化,无须摘下口罩和排队聚集;其智能疑似高热报警可达15人/秒,大流量通道可由一人完成管控,一台机器可以部署16个通道,基本满足对一个地铁口的管控需要,提升了公共空间的安全性和检测效率。

3. 疫情期间互联网政务平台显现优势

北京市市场监管联合京东、阿里、拼多多、微店、苏宁易购5家全国知名电商平台企业,共同建立了涉疫跨平台联防联控工作机制,对违规商户进行联合惩处,提高了处罚的威慑力。为了解决社会治理过程中可能带来的接触传染风险问题,中国海关在小程序内上线出入境健康申报功能,百度地图联合深圳、苏州、郑州等城市推出入境申报登记服务,支付宝联合钉钉开发出全国首个智能社区防疫小程序,打造"无接触式"社区。在复工期间,阿里开发出健康码,腾讯开发的企业复工复产管理平台,都极大地提高了高流动人群的防控效率。腾讯、阿里、百度等企业还通过搭建数字平台帮助政府提高复工审批速度,京东等则通过"企业复工保障计划",大力加强生产资料的供应保障,使得物流更畅通,推进了企业复工进程。

(四)疫情期间的数据使用安全

大数据时代,数据涵盖了普罗大众生活的各个方面,个人数据的安全使用是公众普遍关注的问题。在硅谷暴发疫情之后,苹果与谷歌合作,打破了IOS和Android之间的系统隔绝,推出美国版"健康码"新型冠状肺炎病毒传播的追踪系统。这款应用能通过蓝牙beacon的方式,同时作为发送者和接收者,在IOS和Android之间交换并保存信息,同时为了安全考虑,代码每10—20分钟会进行一次更新。用户

第十四章 政企协同：新冠肺炎疫情防控中的新技术企业参与

在公共场所停留 5 分钟或更长时间时，他们的设备会自动交换密码并存储 14 天，即冠状肺炎病毒潜伏期，手机之间的距离是根据信号强度计算的。代码每 14 天删除更新一次，在征得用户同意后，App 会将过去 14 天的匿名符号传输到系统以便观察。苹果和谷歌双方就隐私问题表示，不会允许政府或第三方插手获取个人信息，并且该项目所有的数据会在新冠肺炎疫情终结时被销毁。

国家层面的数据安全同样不容忽视，数据作为一种资源，没有保护就没有发展。360 对疫情期间攻击我国医疗机构的境外黑客组织重拳出击，360 公司技术研究团队表示，近期发现有黑客组织不断尝试窃取我国医疗卫生行业的相关机密，对 360 安全大脑多次监测、追踪到的证据分析表明，该组织确为越南黑客组织 APT32（海莲花，Ocean Lotus）。据了解，海莲花是高度组织化、专业化的境外国家级黑客组织。在过去数月中持续对我国重要的卫生医疗机构发起网络攻击，以获取和新型冠状肺炎病毒相关的重要信息情报。360 运用全球最大的安全数据库，发现、分析、追踪黑客组织的 APT 攻击，实时向主管部门和被攻击的实体通报预警，同时协助相关机构进行网络安全防御。

二 对危机治理与公共管理模式的影响

在新技术时代，国家机构同技术巨头的合作协同是一个不可避免的趋势，一个拥有抗风险能力的国家治理主体和治理结构，需要一个广泛的利益和风险的分享分担机制，需要更多元化的解决复杂社会问题的"稳定器"，这其中最重要的合作协同对象就是影响巨大的技术巨头。[1] 新技术企业与政府的合作并非仅仅局限在抗击疫情方面，它们显然拥有在更广泛意义上参与公共治理的强大潜力。

事实上，由于这次疫情是一次综合性的社会管理危机，涉及全方

---

[1] 樊鹏：《新技术环境下的政治安全》，《东方学刊》2019 年第 1 期。

位工作，新技术企业在许多重要领域和重要环节的参与，已经在事实上改变了公共治理体系的运行方式，预示着包括更高层级技术因素在内的新兴治理模式的降临。正如本书绪论中所指出的那样，此次新冠肺炎疫情危机也可视为我国政府融合新技术力量和更高效的组织方式，开展危机管理和公共治理的一次实践演练，未来政府组织形态和行政权力运行方式也将因此而加速变革。

（一）对宏观制度体系运行的影响

这次新冠肺炎疫情，是新中国成立以来在我国发生的传播速度最快、感染范围最广、防控难度最大的一次重大的突发公共卫生事件，对国家治理体系来说既是一次危机，也是一次大考。之所以说是大考，是因为新型肺炎疫情不仅仅是公共卫生事件，而且涉及全方位的工作，社会影响巨大，涉及全国物资供应、工业生产、民生保障、社会治安、改革开放、国际层面世界经济形势稳定等，亟须发挥我国的制度优势和制度威力应对危机和挑战。

在疫情暴发以来，在党中央的坚强领导下，全国形成了全面动员、全面部署、全面加强疫情防控工作的局面。与国外相比，中国最初对于疫情的判断决策，属于深度不确定性条件下的决策，虽然异常困难，经历了曲折，但是中国借鉴2003年SARS防控时积累的经验，全国各级地方政府在党中央集中统一领导下，积极调动各方面力量，集中有力地开展防控工作，及时决断，做出了正确的处理方式，体现了高效的国家治理能力。

一个有效的"中央大脑"是形成危机应对的问题导向和目标导向的前提，是克服各方面信息不对称、调动全国四面八方、各系统各部门高效协同形成"全国一盘棋"的关键。但是，如何确保中央的战略思路可以得到广泛而准确的传播，除了需要党政军群各类机构的制度执行力和全国广大干部的治理能力外，还涉及技术的助力。

中央将新冠肺炎疫情防控上升到国家层面，做出了适宜的制度性安排，果断启动联防联控机制，成立了由国家卫生健康委牵头、32个部门组成的应对新型冠状肺炎病毒感染的联防联控工作机制。在这个

第十四章 政企协同：新冠肺炎疫情防控中的新技术企业参与

过程中，集中统筹是克服各方面信息不对称，调动全国四面八方各系统高效协同，形成全国一盘棋的关键。新技术企业的参与，在促进信息统筹、资源调配、医疗资源和重要物资的国家统一调度等方面发挥了积极作用。

与此同时，在疫情暴发后的关键时间点、关键领域和关键环节，中央不仅加强了对疫情防控的顶层部署和集中协调调度，而且十分注重疫情防控战略和措施的高效的制度执行力。我们注意到，互联网新技术企业的参与，让疫情防控的战略部署迅速搭上了技术治理的"快车道"。许多涉及全局、涉及全社会的重大部署和信息发布，没有依赖传统的"金字塔形"的决策结构和信息传播结构，而是直接向社会精准"广布"，这一结果的实现，在一定程度上依托于以国内支付宝、微信等几大"头部"移动 App 为主、由众多移动 App 组成的传播矩阵的助力与配合，使得国家在危机治理中的制度优势、战略思想、决策执行通过互联网端得到迅速传递。

此次疫情防控是对地方党政决策者和班子领导能力的一次考验，也是对各级各类机构和干部队伍的一次重大的政治历练，考验的是他们在公共危机面前的制度执行力和治理能力。在新冠肺炎疫情的防控过程中，各地构建了各负其责、各尽所能的防疫责任体系。包括湖北省在内的全国多地明确落实属地管理责任，强调"内防扩散、外防输出"，落实最严防控措施，坚决遏制疫情蔓延势头。地方各系统各部门在危机时刻，通过协商共治，进一步聚拢目标、营造共识，彼此的权力相互让渡、相互补台，形成并强化、整合了制度合力。

例如，在疫情暴发后，应当及时发布的信息要依法层层上报，应当共享的数据受制于不同的部门和分散的信息主体，形成了普遍的信息孤岛、权力孤岛现象，极大地增加了防疫过程中各方面的信息成本和信任成本。新技术企业的参与，在一定程度上有利于消除影响地方"制度合力"的一些技术层面的症结和壁垒。

事实上，在任何管理体系中，人力、资源、信息、交易等都是分布式部署的，这决定了要在面对危机的地区层面形成有效防控危机的"制度合力"，需要极大的时间成本、信任成本和资源成本。但是这并不意味着所有的事情都需要集中确认、反馈和执行，在危机管理的某些领域和环节，过度中心化的决策体制和过长的决策链条，往往会推高决策成本、贻误救援时机，也更容易出现职责交叉和权责脱节的现象。在疫情暴发后，在重点防控地区一度出现了物资供给的结构性失衡、一些地区和部门应对不力的问题，部分源自于某些环节层层审核的复杂流程以及过度中心化的决策方式，阻碍了物资和救援的高效实现。[①]

中央决策系统和它的地方权力代理人之间，在大多数时候需要就共同面临的任务和所要实现的目标达成基本共识，而地方决策者能够在责权一致的前提下，就如何分头开展行动形成符合总体利益的判断并以低成本的方式实施。新技术因素的出现以及新技术企业的广泛参与，在很大程度上消除了这样一种制度壁垒，实现了危机防控中各方面的信息共享和协同联动，较好地实现了从过度集中统筹的领导模式向平行多重参与者的分布式管理的转变。

通过确立基于数据的危机预警模型、完善基于数据的分析决策机制、搭建城市级统一数据服务平台等各种措施，促进了各层级党政权力运行和体制机制的优化，促成了权力、资源的相互补台，也促成了地方各级社会力量的广泛参与，使得疫情防控工作逐渐转向更高效的组织形式，更充裕的社会物资的运力保障。

（二）对公共治理效能的影响

疫情防疫的经验显示，新技术企业群体的参与也在一定程度上促使了公共治理效能的提升，一个显而易见的事实是，新技术的应用大幅降低了突发公共卫生事件中信息在不同防控参与主体之间有效传递的成本。在 SARS 疫情之后，尽管我国在突发公共卫生事件信息沟通机制建设方面取得了实质性进展，相继修订或出台了《中华人民共和国传染病防治法》等一系列法律法规，明确了各级卫生行政部门和各级各类医疗卫生机构在突发公共卫生事件中疫情报告、信息公开、发

---

① 参见樊鹏《战"疫"中看国家治理体系运行得失》，《人民论坛》2020 年第 5 期。

第十四章 政企协同：新冠肺炎疫情防控中的新技术企业参与

布中的职责。但是，在新冠肺炎疫情前期依旧出现了信息传递不足的问题。

新技术企业群体的参与，进一步畅通了重要的突发公共卫生事件信息的有效传递。在纵向沟通中，针对传染病等重大突发公共卫生事件信息，促进、加快了信息的传递速度，缩短传递链条，间接优化了信息对公众发布的传递决策流程；在横向沟通中，政府、卫生行政部门、疾病预防控制机构、医疗机构之间探索建立起重大突发公共卫生事件沟通特别渠道，打破信息沟通壁垒，整合信息资源，助力科学决策。

推动了国家层面对大数据利用标准的制定出台。SARS疫情过后，我国公共卫生健康信息平台、疫情报告信息系统、医院信息化、电子病历、病案首页库等信息化建设有了长足发展，并已有大数据、云平台、云计算、人工智能、区块链等新技术的支撑，但是在实际的运用过程中，却没有发挥出"大数据"的效力。

在此次新冠肺炎疫情的防控过程中，新技术企业群体的参与，推动了国家层面对大数据利用标准的制定。通过推动建立大数据标准体系及上下协同机制，尽快出台相关基础数据库的标准规范，为在更大区域实现城市间的数据共享交换，打下统一的标准基础。特别是公共事业领域、公共卫生领域的相关数据，进一步规范数据的共享、开放和使用，将会对公共安全、公共卫生、公共事业大数据的利用，创建良好的法制环境。

推动、加强了大数据时代对个人数据隐私的保护。在新技术企业参与防疫的过程中，或多或少地引用或者存储、掌握了关于公民身份证号、住址、电话等个人隐私数据。在疫情防控前期，或多或少出现了个人隐私泄露或者过度曝光的事情。经此一役，无论是从国家安全以及从商业价值还是从个人隐私角度考虑，新技术企业都应更加注重隐私数据的保护，防止政府、医院、科研机构及工作人员非法泄露、恶意传播隐私数据。

比如现在被广泛使用的"通信大数据行程卡"，调用的是三家电信运营商的用户大数据，分析的是手机信令数据，通过手机所处基站位置获取，目前用户只须填写手机号和验证码，不用收集其他个人信息，这种处理方式不改变数据归属所有权和存储位置，只带走不含敏感数据的分析结果，充分保护了用户的隐私。

（三）对基层社区治理体系的影响

城乡社区组织是国家治理的基石，也是防范化解重大风险的第一道屏障。新冠肺炎疫情暴发以来，全国各地基层社区开展了卓有成效的工作，但同时也暴露出一些突出问题。

这样一次前所未有的突发性大规模烈性呼吸系统传染病，对于基层治理来说实际上是一次"超负荷"危机，对它的应对几乎超过了现有基层治理体制、制度和机构人员的全部承载力，对基层社会治理体系和治理能力造成严重冲击，甚至瓦解了系统功能，这足以引起我们的高度重视和警惕。据有关报道，仅武汉市就有2000多个社区，街道干部、社区居委会、公安、物业等，外加下沉的3万名党员职工平摊到每个社区才十几个人，靠这十几个人，对接数万人的社区，超负荷工作也难以完成全面底数排查和分诊救助等急难险重任务。面对"超负荷"危机的爆发，我们在社区层面的防控取得了重大成就，但是同时也要意识到，现有基层社区治理体系和治理能力总体上难以胜任复杂形势和艰巨任务的需要，不仅在力量配备方面，而且在社区的组织形式以及应对危机的专业储备、技术储备等方面，还存在一些结构性制约和深层次问题。

从此次疫情防控来看，疾控是个技术活，需要专业知识与经验，但社区专业疾控知识薄弱和防控技术、经验储备不足问题，成为疫情防控第一道防线面对的风险，也是现有公共危机应对和国家治理体系的一个显著短板。尤其是在疫情防控的重点地区，社区专业疾控人员太少，一般社区医务人员尤其是社区工作者、志愿者并不完全了解疾控流程，在疫情防控实践中出现一系列因能力短板而贻误防控时机或管理流于形式的问题。地方上针对基层社区的支持往往流于号召、动员，有的地区虽然通过下沉手段增强了人手和资源保障，但是专业化防控能力和科技助力机制仍付之阙如。这些情况说明，应对公共卫生危机等重大社会风险,未来基层社区治理能力的提升不能仅仅强调人员规模和服务能力,还要高度重视基层社区层面必要的科技储备和专业化危机处置能力。

我们注意到,一是在疫情防控初期,借助新技术企业的参与,全民关注并参与防疫,线上生活助力居家隔离,在更好地发挥社区疫情防控堡垒作用的同时,也凝聚起每个人的个体防疫合力,通过政府、社会、个人等多主体的协同作用,织密了社区防控网。二是在疫情防控过程中。新技术企业支撑的信息化摸排、无接触式网络走访,促进了高效率的防控技术和形式深入社区,使得社会防控成本降低,网络化治理水平提升,为疫情防控提供了信息化支撑。三是各大移动互联网平台发挥大数据优势,提供了各种类型的信息搜集和信息供给功能,更好地服务了人们对疫情扩散、医疗咨询、便民服务等信息的需求,为人们居家隔离期间提供了有效供给、个性化供给,促成数字化管理日渐精准。

这些经验说明,基层治理一方面要坚持发扬基层民主、践行党的群众路线,另一方面要善于把高效率的社会组织形式和高层级的技术下沉到基层、运用到基层。现代社会更需要一种复杂的专业分工和专业协作,群众路线和基层民众需要配合理性的专业化引导和数字化治理技术的助力、塑造。在疫情防控期间,上海、深圳等地的城乡街道社区各级各类组织积极行动,不仅组织社区家庭签约医生、社区工作者、广大志愿者和广大党员积极参与,而且积极引入本地区大量具有技术治理能力的专业组织,在涉外人口聚集比较多的国际化社区,积极利用涉外专业组织下沉社区,针对外籍人口及时普及防疫知识,做好各项防控工作;在技术储备比较充足的地区如杭州等地,则是将大量社区治理工作交给一些技术公司组织完成。

这些案例呈现出了基层党政部门、医疗机构、社会组织、专业组织、企业和民众在专业化指引之下应对超负荷社区危机的杰出治理模式。未来社区治理改革要在原有的"网格化管理、社会化服务"基础上有所突破,要持续探索新形势下调动人民群众积极性的高效率组织形式,积极引入各类专业组织和高层级技术要素向基层下沉,以便形成适应重大社会风险和超负荷危机防控治理的新路径和新模式。

三 影响新技术治理的制度因素分析

当前,疫情防控已经进入了一个新的阶段,在这场没有硝烟的战争中,大数据为疫情防控提供了坚实的保障,加快了大数据在政府基层治理中的普及,促进了传统公共管理模式的升级。但是,在从传统管理模式到"大数据+"治理模式的转变过程中,仍不可避免地暴露出一些问题。

(一)传统技术参与中的问题

新冠肺炎疫情突如其来,企业与政府都是在超负荷的压力下进行运转的,对政府现有的组织形式、制度形式是一种挑战,传统管理模式有了新技术的加持,产生了明显的"化学反应",而最初的"物理碰撞"也在实践中暴露出了一定的短板与不足。

1. 专业人才短缺

当前,新技术企业在大数据应用方面主要是以研发和顶层设计为主,真正使用大数据的是基层政府,然而基层政府大数据管理部门是刚组建的大数据局,无论是在人员编制还是专业性方面,都无法满足当前对于大数据管理的要求。同时,在新技术企业与政府合作方面,新技术企业对大数据的应用挑战了政府在管理方面的地位,并且,当前并无专门的法律法规文件对于新技术企业参与地方治理方面的规定,政府在此方面还持观望态度。一方面是政府人员无法满足需求,另一方面是新技术企业不能充分参与进来,这必然导致相应专业人才的缺乏。

2. 地区基础设施差异明显

新技术的应用往往需要一定的基础,在发达地区新技术的应用比较广泛,但是在全国范围内,新技术企业的参与程度与地区发展程度密切相关。越是基层地区,尤其是占人口多数、智慧化基础薄弱的农村，现有的技术设施无法有效地适应新技术的运用，在这场疫情防控中，仅仅是简单地承接上级的技术系统、指示和要求，技术运用的程度不深，关于数据统计、交通要塞的体温测量等工作还是要借助人力，既降低了工作效率，也带来了交叉感染的风险。

3. 新技术企业与政府的信息交流分享不够顺畅

政府部分职能部门掌握了一定的个人信息，尤其是各地刚刚组建的大数据信息局，但是在这次疫情防控中，政府普遍不重视信息资源共享，仅仅把政府信息化作为服务于政府部门运作的一种技术手段，也没有意识到当前大数据是一种战略资源。没有最先采用信息共享、分析的方式综合运用数据，原本的大数据的资源作用也没有充分发挥出来。而且，企业运用大数据资源受限，形成了数据使用的制度壁垒。当前，尚未有专门的供居民使用的手持设备或者APP作为采集数据信息的工具，只有部分大品牌的手机厂家或者是覆盖率较高的比如微信、支付宝等APP的研发企业可以从民众那里直接采集第一手资料。考虑到保护民众个人隐私、维护企业利益等因素，企业收集到的信息必然不能与其他企业进行共享，这就导致在数据应用过程中很容易出现数据壁垒，增加了企业运用大数据的难度。并且，当前各地智慧城市的建设管理中，相当体量的社区即便有"智慧平台"，也因为缺乏运营和用户，很难采集到第一手数据，在关键时刻难以发挥作用。在实际应用中，甚至有狭隘的部门主义思维作祟，认为使数据共享容易造成本单位利益受损，数据的背后往往隐藏着部门的隐匿权力，这严重阻碍了新技术企业在大数据方面的应用。

（二）新技术后续治理方面的不足

现阶段，新冠肺炎疫情的防控已经取得了阶段性的胜利，在新技术企业的加入、信息技术的管理上，也暴露出一些问题。

1. 个人隐私暴露的问题

数据经济作为目前发展潜力巨大的经济类别，政府对公民信息的保护是高于企业的，而政府在数据运用方面的技术、体制却不如企业灵活先进。国外一些运用数据的企业承诺，疫情防控结束后所有数据将被终止使用，这是对公民个人隐私保护的一种承诺。但是，目前国内对数据的使用还没有定论，如健康码对全国的疫情防控工作发挥了重要作用，在外防输入、内防反弹任务还比较繁重的情况下，部分地区计划将迭代升级相关服务码，健康码的功能还有待深化，数据安全就是人们非常关注的问题，如果这一问题得不到解决，那么未来将会面临一些风险隐患。

2. 数据使用不够规范的问题

此次疫情防控，从中央到地方，根据疫情的变化，不断提出具有时效性的政策措施，但是关于大数据使用、技术企业使用数据的政策规定非常少，同时，对于数据的使用也没有相关规定，比如企业在运用大数据方面应该遵循什么原则和法律法规？由谁负责大数据的收集？什么内容的大数据可以被新技术企业利用？参与大数据应用的企业应当具备何种资质？如何进一步规范地方政府和新技术企业的合作？这些都导致市场上的技术企业各自研发、各自为政的状态。

（三）存在的原因分析

1. 政府原有治理体系的固有要求

新冠肺炎疫情的突如其来与政府治理的旧有格局形成强烈对比，在短时间内为了保障良好的社会经济运行秩序，政府内部的治理方式并不会做大的调整，上传下达的制度规范仍发挥着作用。尤其是在大数据的运用方面，即使有好的企业可以承接大数据处理的功能，但是因为考虑到公民信息隐私、后期管理等问题，无法运用更为多元化的工具和手段。

2. 对数据利用的重视不足

疫情就像是一场大考，考出了各个地区政府日常的工作能力。公共医疗资源、防疫物资、企业产能、基本生活保障能力等基础数据的缺失，暴露出日常数据采集与管理维护的疏忽大意，因而无法第一时间调动和分配最有效的资源。同时，对技术企业的扶持力度也不够，市场环境还没有进一步健全与完善。

3. 制度规范本有的滞后性

在疫情防控中暴露出的问题,尤其是在政府和企业关于大数据使用的界限、未来数据保护方面的困扰,归根结底,还是缺少制度的规范。而制度的形成不是一蹴而就的,而是根据现实的变化不断完善发展的。我国的立法、规章制度本来关于大数据运用的要求和规范就较少,可遵循的市场规则缺失,在疫情防控期间这方面无章可循的问题不可避免地暴露了出来。

四 未来展望

在当今互联网大数据、云计算、区块链等新技术不断兴起的时代,政府机构与技术类企业之间的合作越来越紧密。如何建立起合法、合规、简洁、高效的合作机制?如何在防控技术风险的前提下最大限度地发挥新技术的积极作用?新技术的引入将会对我国政府的结构、政府公共治理体系产生哪些深远的影响?类似这样的问题值得我们思考。为了能够用好新技术这把"双刃剑",处理好政府、技术企业、新技术这三者的关系,我们提出以下四点意见建议。

(一)运用协同思维,优化组织架构

在互联网时代,提高国家治理主体和治理结构的抗风险能力,既需要一个广泛的利益和风险的分享分担机制,也需要更多元化的解决复杂社会问题的"稳定器"。对新技术企业的管理,应区别于传统企业,作为政府决策者,在对相关问题进行设计规划时,必须改变自身的治理能力和运行模式,基于协同原则,充分运用协同思维,将"政府能力"转向"治理能力"。

通过此次疫情,我们看到了新技术企业的巨大发展潜力,通过与新技术企业的合作,摸索出了更高效更能发挥新技术企业优势的协同治理方式。在日后的管理中,要进一步通过协作互动来优化资源配置,实现结构整合、功能整合和机制整合;进一步在共同利益的基础

上探求合作解决问题的途径和方式，充分利用新技术企业群体在大数据管理、科技算法、远程呈现等方面的技术优势，充分调动新技术企业的主观能动性，进而提升应对和处置问题的能力，以此构建全新的公共治理架构和高效的安全预警机制。

在协同治理的同时，要对新技术企业的组织架构进行优化管理。新技术企业发展迅猛，但从长远发展的角度来看，除了不断发展其核心实力——新技术外，还需要从更深层的角度对组织架构进行适当优化，完善相关内部配套管理制度、风险应对制度、合规法务制度等，以期让快速发展的新技术有强大的组织架构和制度做为保障。在科技相关监管制度日益完善的前提下，确保新技术合法合规，维持企业的持续经营状态才是长远发展的基石。

（二）做好服务保障，协助新技术企业渡过疫情难关

2020年的这场疫情让所有行业都受到了不同程度的负面影响，新技术企业要想在疫情下发挥其核心业务的特殊性，最大化地协助政府开展疫情相关工作，离不开政府的支持性保障。政府应积极出台相应的政策文件，最大限度地利用其资源优势，敦促疫情防控期间针对保障新技术企业平稳运行的政策措施快速部署、快速落地。

可划分重要性，依序开展相关保障工作，针对直接参与疫情防控一线的重点企业，实施一批阶段性的特殊支持政策，可以从财政补贴、税收优惠、专项金融支持、保险、支持扩产增能、物资进口、防疫产品科技研发等方面进行无条件支持，切实解决新技术企业的负担及后顾之忧，让其更好地投身于防疫工作中。

针对新技术企业在疫情防控期间出现的用工问题，通过标准宣传、展示推广、系统培训和精准引导，可从失业保险返还、降低企业社保负担、实施培训补贴、灵活用工等方面，降低企业用工成本，稳定就业岗位，保障企业应急响应速度和平稳快速运行的能力；同时强化数字基础设施保障，优先保障新技术企业的复工复产，满足企业运行对数字基础设施扩容增量等需求，搭建数据融通平台，面向企业提供政策咨询、复工管理、防疫培训、招工用工、财税支持等精准服务。

(三) 充分发挥新技术企业的积极作用

积极营造适合新技术企业参与政府公共管理的良好环境，以项目制、外包制等形式与新技术企业开展广泛而深入的合作，主要包括以下两个方面：

第一，完善新技术企业参与政府公共管理的相关制度规则，使那些有意愿参与政府公共事务的企业有规可循、有规可依，同时在国家制度层面为政府和企业提供保障。第二，研究利用大数据、区块链等先进技术，改革现有政府公共管理架构。在此次新冠肺炎疫情防控中，诸如国内企业开发的"疫情通"智能机器人和智能体温检测、国外企业开发的"健康码"追踪系统等新技术、新业态第一次登上了历史舞台，发挥了十分积极的作用。未来，要继续与新技术企业开展多层次的合作，充分发挥先进技术"分布存储、共识分享"的特征，实现政府组织要素的数据化、管理模式的技术化和沟通机制的平台化，以此次疫情防控为契机，为我国政府公共管理机制的改革寻找新的方向。

(四) 强化监管，防范风险

法律是应急体系的关键手段，让新技术企业尤其是信息系统运营者在法律框架下依法行事，健全体制，落实责任，快速反应，对应急管理体制的建设具有重要的指导和推动作用。要在鼓励新技术企业发展新技术、新产业、新业态、新模式的同时，加强对新技术企业参与公共管理的监管。一是督促新技术企业履行好主体责任，坚守好公共安全底线，使其承担更多的社会责任，心存善念，遵守起码的商业道德、规则，遵守法律底线。二是各监管机构要随着新技术企业的蓬勃发展和广泛参与，及时地结合实际，因时因势明确监管对象和范围，厘清监管事权，健全制度化监管规则。三是建立完善违法严惩制度、惩罚性赔偿和巨额罚款制度、终身禁入机制，让严重违法者付出高昂成本。四是建立好社会监督机制。通过广泛的社会参与、舆论监督等形式，营造良好的监督环境和氛围，促使新技术企业参与公共管理能够在良好的范畴内运作。

未来，政府如何强化监管意识，建立健全运用互联网、大数据、人工智能等技术手段进行行政管理和公共治理的制度规则，如何保障公共数据的依法有序共享，如何保护好个人隐私，如何为海量公共数据的创新应用提供更多立法保护和政策支撑，以及如何防范技术巨头的"头部"垄断、保持更公平也更具活力的市场环境等问题，将构成国家治理体系尤其是国家监管体系的重大挑战。

（马玉春　方荣平等）

第十五章

科技向善：美团"抗疫"的实践案例[*]

一 有温度的科技数字化

数百万"外卖小哥"组成的新生代劳动者大军，最近有了官宣的新职业名称：网约配送员。人社部2020年4月26日发文明确指出，"网约配送员"是现代城市生活的"新基础设施"，该职业的确立是"互联网+服务业"和"智能+物流"产业融合发展的重要体现。

人社部在该文中还提到，美团2019年外卖单日完成订单量已经突破3000万单。巨大的市场需求使得网约配送员的就业群体规模迅速增加，每天开展业务的配送员已经达到百万级，成为吸纳就业的典型职业。

"疫情期间，我们就像是城市的摆渡人。"美团外卖骑手老计在国新办发布会上的这句话，使无数骑手产生共鸣。在疫情时期的武汉，整个城市实施网格化治理，封闭的小区就像岛屿群，他们觉得自己就像在其间摆渡的艄公。

---

[*] 本章为美团公司组织提供的集体成果，其中第一部分的作者艾野，是美团公司事务平台运营官；第二部分的作者秦朔，是知名媒体人；第三部分的作者姬广绪，是中山大学社会学与人类学学院移民与族群研究中心副研究员；第四部分的作者贺勋，是南方周末记者；第五部分的作者钟宏武，是中国社会科学院社会发展战略研究院副研究员。

除了武汉外，这幅图景也发生在其他很多中国城市。外卖骑手"摆渡"着人们的各种生活所需。有媒体对此做出评论，在疫情期间，随着一场"隔离经济"的兴起，中国基于人工智能的物流网络展现出惊人的效率。美团研究院数据显示，从 1 月 23 日至 3 月 30 日，武汉骑手共送出了近 400 万的订单。跑单量最多的那个骑手配送了超过 3500 单，平均一天服务了 53 个顾客。

在疫情大考下，以美团为代表的本地生活服务平台，正成为具有准公共产品属性的基础设施，依托布局多年的智能物流网络、强大的供应链、数以百万计直接触达消费者的外卖小哥，通过提供基础民生保障，取得了不可替代的社会价值。而在复工复产大潮下，美团发挥出多年积累的本地生活数字化能力赋能商家，全面融入新基建大局。

（一）硬实力：全球领先的本地即时配送网络

"帮我取一哈快递"，武汉封城初期，很多美团骑手在手机上收到了这一跑腿需求。春节期间，快递运力储备不足，加上物资蜂拥而来，快递站点爆了仓。武汉市民通过下跑腿订单，由外卖骑手从快递仓库将快递运到小区门口。在街道上经常可以看到很多电动车"货山"：身着黄衣的骑手驮着大大小小的快递箱在街道上穿行。

突然爆发的疫情，使本地生活服务平台被推到保障民生的重要位置上，供应链能力、配送能力、应急响应能力都受到前所未有的挑战。由于很多城市社区实行封闭式管理，"手机下单，送货到家"成了大多数人的生活方式，生活日用品、新鲜蔬菜、必备药品，都要靠外卖小哥通过无接触方式送达。促成这些刚需即时满足的背后，是基于 AI、大数据等前沿技术搭建出的即时配送网络。

4 月 20 日，国家发改委首次明确了中国"新基建"的范围，其中一项就是信息基础设施，是指基于新一代信息技术演化生成的基础设施，比如以人工智能、云计算、区块链等为代表的新技术基础设施，以数据中心、智能计算中心为代表的算力基础设施等。美团搭建的分钟级即时配送网络，正是新基建范畴内的信息基础设施。

以美团买菜为例。疫情期间，美团买菜克服武汉封城、市内交通管制、物资运转不畅等困难，全力维持武汉20多家站点的正常运营，并在北京、上海、深圳等地上线，做好市民"手机菜篮子"，在民生保卫战中贡献了重要力量。春节期间，美团买菜北京站点的需求约是年前的三倍，生鲜蔬菜经常一上架就被抢购一空。一边是巨大的消费需求，一边是不到平时30%的运力，如何才能最大限度地解决配送难题？

有些人可能会认为，即时配送只要有充足的小哥群体就可以实现。但在运力保障不足的情况下，如何争分夺秒，既能保证用户等的时间短，又能让骑手跑的距离短？

这就不得不提到美团"超级大脑"了。这个基于海量数据和人工智能算法的实时配送调度系统，会根据疫情期间天气变化、绕开封锁的道路，为骑手优化最佳配送方式和路线，并第一时间将其发到骑手手机客户端上。

"配送时间以分钟计、调度时间以毫秒计"——美团已经打造了全球领先的分钟级配送网络：平均0.55毫秒完成路径规划、每小时可以规划29亿次美团配送，送餐时间从之前的一个小时缩短到现在的平均30分钟内。为保障骑手工作的安全高效，美团还研发了智能语音助手，能够直接通过语音识别完成订单派送，并提醒骑手在行车过程中注意安全。

目前，美团配送在全国有近万家配送站点和前置仓实体网络，覆盖2800余个市县，日活跃配送骑手超过70万人。在全国人民居家防护的日子里，遍布各城市大街小巷的本地即时配送网络发挥了保民生的基础设施作用。

事实上，美团早已在布局智能物流方面落子了。2015年上半年，美团开始建立配送事业部。2019年，"美团配送品牌"正式推出。美团用了4年的时间，打造出这个全球领先的分钟级配送网络。

在运力网络方面，美团配送还针对便利店、传统商超、近场零售、写字楼等不同场景，形成了四种运力网络模式，分别为点对点网络的"巡游模式"、星型网络的"星系模式"、前置小仓+配送的"仓配一体模式"、配送+智能末端的"智能末端模式"。这些不同的运力网络模式,结合"超级大脑"即时配送系统以及无人配送车等智能装备,可以满足不同的配送场景和不同商家的需求,从而提升配送效率,降低物流成本。

从 2019 年开始,美团还进一步开放配送平台,助力更多商家数字化升级转型。在技术平台、运力网络、产业链上下游,美团面向生态伙伴开放多项能力。美团表示,配送网络的延伸和开放,能针对不同行业的需求,升级配送调度系统,完善配送基础设施,让配送像云计算一样,即需即用。

除了即时物流网络外,在战"疫"大考中,美团基于人工智能和 5G 网络而研发的无人车也实现了场景落地。为解决骑手短缺问题和满足无接触配送需求,美团在北京顺义、海淀等地投入了无人配送车"魔袋"。从美团买菜服务站点出发,主动避障行人、识别红绿灯……运行 4—5 公里之后到达住户门口,点到点配送背后是精确到楼门户的定位能力。

我国已经明确要加快 5G 网络、人工智能、物联网等新型基础设施建设的进度,无人车的未来发展充满想象空间。经过疫情练兵场,美团表示将继续提供无人配送服务,并考虑要增加餐饮外卖、日用百货、药物等多品类的无人配送服务,将不断扩大配送范围,将美团无人配送技术向全场景本地生活服务全链条延伸。

(二) 软实力:数百万名城市"摆渡人"

美国著名杂志《时代周刊》发布全球抗疫人物特写报道,美团外卖小哥高治晓作为唯一的华人面孔登上封面,成为全球抗击疫情的中国形象。报道称,如果没有这群在危险中挺身而出的外卖骑手们,很多家庭会挨饿,病人也无法得到赖以生存的物资供给。

如果说美团新基建的硬实力是科技底色十足的分钟级配送网络,那么数以百万计的骑手则构成了"有温度的新基建"。即时配送这一由移动互联网、人工智能技术与人类合作的典型模式,将智能化的路线规划与人类灵活行动能力最大限度地结合起来,大大提高了工作效率,降低了生产服务和市场交易成本。骑手不仅是智能配送网络中

"最后一公里"的重要基础设施，而且在疫情期间连接了一个个因隔离而产生的"孤岛"生态，给人们带去希望和温暖。

根据美团研究院数据，在 1 月 23 日到 3 月 30 日期间，超五成武汉骑手送过医院订单，其中 34.7% 的骑手多次参与医院配送。封城期间，骑手们用一辆辆电动车"摆渡"武汉人的生活物资。

基于 LBS 模式的智能调度系统，让骑手每天触达的几公里范围内形成了独特的社区生态，在这个范围内小哥高频率地为居民提供餐饮、商超、医药等多样化配送服务。在大街小巷里穿梭的他们，成为链接城市社区的毛细血管。生活服务业天然的"服务"基因，和疫情之下人们对安全感的渴望，也让小哥在直接触达风雨无阻、使命必达的疫情期间，在与消费者的互动中建立了"信任的连接"。他们在一次次被需要、被认可中，更愿意主动承担社会责任。

外卖小哥也收获了更多的尊重和认可。封城期间，武汉人不仅给了骑手 3.6 万次打赏、21.7 万次感谢，还有各种防疫物资、生活物资的"投喂"，关怀、夸奖、致敬等互动行为激增。八成武汉骑手认为，职业尊严得以提升。

值得注意的是，美团平台也一直用专业和理性承托着这些"逆行者"的非凡使命感。疫情以来，在住宿方面，美团为新注册骑手提供了现金住宿补贴，为新老骑手提供了覆盖全国 65 个城市、329 家酒店超低优惠住宿的"特权"，解决了骑手的住宿难题；在饮食方面，美团携手 27 家餐饮品牌在全国 2676 家门店为骑手提供优惠暖心餐。假如骑手不幸感染病毒，美团最高将给予 30 万元特殊保障金，骑手家人因疫情就医，也会给予生活关爱金、疾病慰问金、门诊急诊医疗费用报销以及最高 10 万元特殊保障金。

疫情期间各项创新配送服务、扩大骑手规模等的改变，直接导致餐饮外卖业务销售成本的增加。2019 年，有 399 万名骑手从美团获得收入。财报显示，美团外卖 2019 年餐饮外卖骑手成本为 410.4 亿元，骑手工资占到外卖佣金的 82.7%。

受疫情影响，美团预计，2020 年第一季度其业绩将出现较大的下行压力。尽管面临经营亏损的压力，然而，美团坚持帮大家"吃得更好、生活得更好"的初心和使命不会改变。随着生活服务业数字化被按下加速键，美团继续秉持社会价值先行的发展理念，持续布局有温度的数字基础设施，迎接产业数字化浪潮。

1月20日至5月25日，美团已新招有单骑手超100万人。美团调研显示，其中有六成来自受疫情影响严重的生活服务业和制造业。美团在担当就业稳定器方面的社会价值已不言而喻。

（三）赋能B端：十年深耕助数字化升级

在疫情压力值的评分中，小恒水饺创始人李恒选择了满分10分。在疫情期间，小恒水饺紧急关闭了所有门店堂食，"外卖成为唯一的现金流量池。"在疫情冲击下，小恒水饺积极拥抱外卖平台，在推出熟食饺子外，还新推出生鲜饺子，以日卖15吨的硬实力扭转危机。

未来，小恒水饺的目标是将直营店、加盟店、零售领域全面数字化。"我们现在不管是跟工程师还是软件平台合作，都在一点一点地构建小恒水饺的大数据化。"

餐饮业是受疫情影响的"重灾区"，因为堂食被禁止，发力外卖成了不少商家自救的唯一方法。越来越多的服务业商家意识到，与时俱进拥抱数字化、智能化，是未来发展的必由之路。美团也对B端数字化按下快进键，勇当数字基建排头兵。

为助力商户线上运营，美团外卖发起"春风行动"，推出每月5亿元流量红包、4亿元商户补贴；推出"商户伙伴佣金返还计划"，对全国范围内优质餐饮外卖商户按不低于3%—5%的比例返还外卖佣金；还携手金融机构累计为商户提供200亿元额度的优惠利率扶持贷款。美团外卖还与数十万户受帮扶商家共同组成"春风伙伴联盟"，首批联盟商家平均营业额增幅超过80%。

美团日前发布2019年财报，王兴特别提到供给侧数字化。他说，10年前，我们看到了生活服务业数字化的机会并投身于此。新十年的特殊开端，我们将通过科技创新加快推进生活服务业供给侧数字化，为生态体系中的所有参与者创造更长远的价值，和大家一起共创美好生活。

从 10 年前美团的诞生来看,其天生就是一个为本地中小商家提供服务的 TO B 企业,所以不同于腾讯等其他企业是在 TO C 领域建立强大优势后再去为 B 端企业提供服务,美团在创业第一天就是一家帮助中小商家进行数字化升级的产业互联网企业。

在国家发改委明确规定的新基建范畴中,融合基础设施正是在深度应用互联网、大数据、人工智能等技术支撑传统基础设施转型升级的基础上形成的。美团在 B 端构建的数字基础设施,正是融合了大数据、人工智能等技术,有助于支撑传统生活服务业升级。

目前,美团 B 端数字基础设施建设已颇有成效,构建形成了包括开店宝、美团小贷、智能 POS、小白盒、快驴进货、智慧点餐系统等在内的十几项产品和服务,助力商户数字化改造。美团还一直借助大数据、人工智能、物联网、LBS 等技术力量,通过需求侧数字化的深度积累,为商户提供营销、配送、经营、IT、供应链、金融六大服务。

一边连着逾 4.5 亿个消费者,一边连着 610 万商户,美团平台积累的海量数据促进数字能力的不断优化升级。业界普遍认为,这种充分数字化的资源和能力在未来会扮演越来越重要的角色,成为经济增长的重要基础设施。

一场疫情暴露出我国服务业数字化发展仍然存在众多短板。作为国家经济增长的重要引擎,2019 年服务业占国内生产总值的比重达到 53.9%,服务业已成为中国经济第一大产业。但其中只有相当小一部分服务业完成了数字化转型,还有 80% 的服务业没有实施数字化改造。这意味着服务业数字化仍任重道远,同时潜力巨大。

"美团坚信长期主义,短期不赚钱但是构建了一个面向未来的基础设施,这个配送网络正在发挥更大的社会价值,配送万物,而不仅仅是餐饮。"美团高级副总裁、到家事业群总裁王莆中表示。

二 不可替代的数字化生态

在商业世界里,每一家志在长远的公司都追求在市场上的不可替代性。

越是能让市场感到离不开、缺不了的公司，就越有价值。它们有长远的战略眼光，专注于核心能力的提高，并能将战略和核心能力落实到产品与服务的组合中。

美团就是一家这样的公司。作为"国民应用"之一，美团不仅是城市白领在吃的方面的标配，也成为"银发族"和孩子们的日常选择。

2019年，60岁以上的"银发族"在美团的外卖订单量同比增长30%。2019年七夕期间，全国亲子型餐厅的交易额与2018年相比翻番。最新财报显示，在2020年第一季度，美团4.5亿个交易用户的平均年度交易笔数进一步增加至26.2笔。人们对美团的需要越来越强烈。

从刚需型的餐饮和外卖起步，美团的服务逐步涵盖打车、共享单车、酒店旅游、电影、休闲娱乐等200多个品类。

美团是诞生在移动互联网年代的公司。但相比于纯粹在线的公司，美团打造的线上线下一体化即时物流配送网络，已经成为不可或缺的"新基建"之一，无论是对生活服务业生态还是数字社会都具极高的价值。

作为中国生活服务业"新基建"代表的美团，其价值也被投资者充分认可。截至5月26日，美团的市值超过8000亿港币（1043亿美元），这是继阿里巴巴和腾讯之后，中国第三家市值超千亿美元的互联网上市公司。可以说，今天的投资者更青睐的是平台型、生态型、网络化的公司。

为什么美团能够"后浪超前浪"？从公司的不可替代性来看，线上线下一体化的即时物流配送网络，因为具有更高的"护城河"而很难被复制和超越。

（一）不可替代的网络

美团这张网络的基本特征是：覆盖全国2800个县区市，有400万名骑手，配送时间以分钟计，调度时间以毫秒计。

而骑手网的背后,是基于海量数据和 AI 算法的实时调度系统,是以算力为基础、不断进化的"超级大脑"——它每天指挥超过 80 万名骑手,处理 2000 万个以上的订单。

每个订单背后其实是复杂的数据处理:订单分配给哪个骑手?骑手的合理路径与所需时间是什么?如何解决集中就餐时的并行订单?天气和路况变化时如何选择最佳配送方式和路线?依靠智能化的基础设施,地面骑手网的效率才能不断提高,让用户体验越来越好。

在新冠肺炎疫情期间,美团的这张网已经成为让社会生活正常运转、实现"无间断服务"的基础平台之一。

以武汉为例。从 1 月 23 日至 3 月 30 日,武汉的美团骑手共送出近 400 万个的外卖订单。跑单量最多的骑手配送了超过 3500 单,平均一天服务 53 名顾客。

3 月 19 日,美国《时代周刊》发布了 6 张抗疫封面图,身着黄色工服的 32 岁美团北京外卖骑手高治晓作为唯一的华人面孔登上封面。他在疫情期间每天跑 100 多公里,派送四五十单到六七十单。

《时代周刊》的封面标题是"When the world stops",报道说,高治晓每天早上必须接受健康检查,然后花 20 分钟为自己的摩托车和衣服消毒,避免病毒传播,"如果没有在危险中挺身而出的外卖骑手们,很多家庭会挨饿,病人也无法得到赖以生存的物资供给"。

和美团的网络相对照,在英国,卫生大臣想为居家隔离者送上所需,让卡车司机把超市的东西运到各家各户,避免交叉传染,这一想法却很难落地,无法作为措施实施。超市运营者说这是幻想,他们没有足够的车辆和司机实现送货上门,除非征用军队。

当世界停摆,美团的骑手网络没有停摆,他们如同城市的毛细血管,在最后几公里把商品和服务送给网格中的每一个用户,让他们足不出户,万物到家。

骑手是看得见的网络,背后的"超脑系统"则把 2800 个城市分成 1 万多个物理网络,映射到每个片区,驱动骑手使命必达。

美团的网络不只配送餐饮订单,还配送药品、鲜花、蛋糕、生鲜水果等,凡是本地生活商家有的,它都能送。它已成为开放、普惠、即需即用的社会化网络，这正是"新基建"的特征：只要修好路，连成网，上面跑的车就会越来越多。

生活服务业的"新基建"，为构建美团的整个数字化生态奠定了基础。中国的互联网平台未必都有线下网络，有线下网络（如快递公司）的未必能成为平台，美团则是合二为一。

（二）社会价值

资本市场已经充分认可美团构建的平台、网络的价值。但从生活服务业生态乃至整个社会的立场看，人们更关心的是，这样的平台和网络究竟能为社会创造什么价值？

第一重价值，也是社会认知最普遍的价值，是对数亿用户的价值，也就是帮助大家吃得更好、更丰富、更方便、更健康。以健康为例。2019 年，轻食、减脂餐、减肥餐、健康餐四个关键词在美团 App 上的搜索次数同比分别增长 235.8%、200.6%、186.4%、116.0%。订购饮品时的"减糖"功能也受到非常多用户的青睐。

第二重价值，是对骑手的价值，帮助骑手获得收入，并获得社会身份与价值的认同。

据新华视点报道，2019 年 1 月 20 日至 3 月 30 日，美团新注册骑手达 45.78 万人。在全国两会上，全国政协委员、国务院发展研究中心原副主任王一鸣在发言时向习近平总书记提到了这一数据，总书记指出，新冠肺炎疫情突如其来，"新就业形态"也脱颖而出，要顺势而为。

数据还在进一步更新，从 1 月 20 日至 5 月 24 日，美团新注册且有单的骑手超过 100 万人。2019 年通过美团获得收入的骑手总数达到 399 万人，同比增长 23.3%。2019 年共有 56.8% 的外卖骑手实现本省就业，总占比接近六成。

就业是最有效的扶贫。截至 2019 年底，在通过美团平台获得收入的外卖骑手中，有 25.7 万人来自国家建档立卡贫困户，有 25.3 万人通过劳动实现脱贫，脱贫比例达到 98.4%。为进一步助力决战脱贫攻坚，美团日前还启动了"新起点计划"，面向 52 个未摘帽贫困县提供 5 万个骑手岗位。

2019 年初，外卖骑手以"网约配送员"之名正式纳入国家职业分类目录，有了明确的职业名称。人社部发文指出，"网约配送员"是现代城市生活的"新基础设施"，该职业的确立是"互联网+服务业"和"智能+物流"产业融合发展的重要体现。

为了确保骑手利益和积极性，2019 年美团佣金收入的 80% 都用来支付骑手工资。美团外卖始创于 2013 年，持续亏损 5 年，2019 年才盈利，第四季度外卖平均每单的利润不到 2 毛钱。

美团的第三重价值，是为商户创造的价值。美团向用户递送的产品与服务来自商户，商户是美团生态的基石。有千万个商家加入，这个生态圈才能由虚入实。

餐饮等生活服务业是非常传统的行业。美团对这个行业的一个重要贡献，就是用数字化赋能商户，让它们成为数据驱动的新商户。

作为一家经营了 22 年的粤菜小吃店，位于广州的孖记士多在疫情期间一度面临关店危机，最低时只有平时营业额的 10% 左右。2 月 7 日，该小店向美团平台申请上线外卖，短短一个多月，订单量从日均只有不到 10 单飙升到日均 200 多单，外卖营收占疫情前堂食营收的 2/3。外卖平台让孖记士多挺过了难关，也提供了数字化转型升级的新契机。

大量餐饮企业的产品创新都基于和美团的合作。如小恒水饺采取了外卖盒分格、研发出凉了也不黏连的饺子皮等措施，现在 90% 的外卖用户都源自美团这样的第三方平台。又如"喜家德"，疫情前外卖在总营业额中的占比只有 6.7%，疫情中和美团深度合作，把经营范围辐射到门店周围三公里，挖掘出"放心"的价值理念，现在"喜家德"的外卖占比升至了 17%。

美团向商户提供的数字化解决方案并不限于帮助商户接入外卖系统，还包括营销、配送、IT、供应链、经营、金融服务等，打通了商户从原材料采购、生产、门店管理、市场开拓、物流配送及融资等各个经营环节。

例如，在供应链方面，美团依托快驴进货平台，帮助中小餐厅解决在食材及餐饮相关产品上的一站式采购需求，截至2019年底已覆盖全国22个省、45座城市、350个区县，服务超过百万商家，平均为商户降低成本5%—10%。

又如在金融方面，美团通过深耕大数据应用，用行为数据反映信用，为小微商家提供无担保、方便快捷的信用贷款。自疫情发生以来，美团联合金融机构提供了累计200亿元额度的优惠利率扶持贷款。截至目前，湖北地区已有超1万家小微商户获得七折优惠贷款，全国已有超2万家商户获得帮扶。

其实，美团天生就是为本地中小商家提供服务的2B企业。美团研究院日前发布的《中国小店韧性报告》显示，2019年数百万家小店在美团平台获得订单和收入。尽管在疫情期间受到很大影响，小店却展现出超乎想象的韧性：数字化正在助力小店经济实现V形复苏，5月首周美团平台上的小店订单量相比2月首周增长了28倍。

一家公司的不可替代，最终是因为它所创造的价值生态。美团在本地生活服务这个规模宏大的市场上，为利益相关方创造了不可替代的价值，同时让自身也变得不可替代。

（三）从利益共同体到命运共同体

美团即将迈向新历程，其核心是和商家、骑手、用户等利益相关方一起，从利益共同体到命运共同体，共建生活服务业数字化生态圈。

也就是说，未来美团要和利益相关方形成休戚与共的紧密关系，奉行长期主义原则，把利益相关方的发展置于和自身发展同等重要的位置，更多互动，更好赋能，合作创新，把生态流量、平台智能、平台信用、资源链接能力、数字化技术等，更好地输出给利益相关方，特别是广大商家。

"利益相关方"一词最早源于1929年通用电气公司一位经理的就职演说，学者彭罗斯（Penrose）在1959年出版的《企业成长理论》中提出"企业是人力资产和人际关系的集合"。明尼苏达大学的弗里曼（R. E. Freeman）在1984年提出"利益相关方是能够影响一个

第十五章 科技向善：美团"抗疫"的实践案例

组织目标的实现，或者受到一个组织实现其目标过程影响的所有个体和群体对象"。利益相关方的内涵在不断扩充和深化中。

2019年8月19日，181家美国公司的CEO在华盛顿召开的"商业圆桌会议"上联合签署了《公司宗旨宣言书》，宣称股东利益不再是一家公司最重要的目标，公司的首要任务是创造一个更美好的社会。具体的五项指标是：向客户传递企业价值；通过雇用不同群体并提供公平的待遇来投资员工；与供应商交易时遵守商业道德；积极投身社会事业；注重可持续发展，为股东创造长期价值。

大公司之所以更关注利益相关方，并非因为它们的道德感更强、更喜欢讲情怀，而是因为当平台型企业从独立的商业体发展为数字新基建后，其一举一动都会影响到用户的切身体验，影响到整个行业乃至社会的发展进程。这就要求它们必须从生态的整体利益，而非仅仅从自身利益出发。

中国信通院与美团研究院联合发布的《中国生活服务业数字化发展报告》指出，在数字中国战略推动下，生活服务业数字化水平将继续稳步提升，从需求侧为主转向供需并重，从单环节突破到全链条渗透，数字技术催生出更多模式创新，多元主体协同推进势在必行。

可见，与多元主体一同共建生活服务业数字化生态圈，变成了美团未来年发展的必然趋势。需要明确的是，以美团为代表的平台是服务业数字化的枢纽，而非生态圈的所有者；利益相关方与平台的关系是共生共荣而非零和游戏。

展望未来，对美团这样的互联网平台来说，必须有更强的责任意识、自律性和长远追求，这样才能做到善待"每一片绿叶"。这不是说美团平台对所有商户都要给予同样的支持，因为用户也会用脚投票，选择更好的，压缩平庸的，淘汰落伍的，而是说美团平台从立场、心态、沟通、帮扶等方面，对商户要有平等心、谦卑心，不以大欺小，以强凌弱，而是公平对待它们，彼此友好互动，共创增量。

美团数字化生态圈的建设已经悄然开始。

在疫情期间，为帮助商家更好地恢复经营，美团发起"春风行动"，推出每月5亿元流量红包、4亿元商户补贴，同时对全国范围内的优质餐饮外卖商户,尤其是经营情况受影响较大的商户,按不低于3%—5%的比例返还外卖佣金。针对商户的现金流紧张等情况,美团携手金融机构累计为商户提供了200亿元额度的优惠利率扶持贷款。之后美团又启动了针对中小商户的"春风行动"百万小店计划。从种种举措中可以看到美团构建生态圈的诚意。

这是一种双向赋能:美团需要进一步提高和扩大服务能力,帮助商家、骑手实现数字化转型;商家、骑手需要抓住数字化转型的机会,同时更加理解平台的付出和努力。

美团CEO王兴曾表示"社会的需要就是企业的机会"。可以说,一部美团的成长史,就是不断满足人们对美好生活追求的社会需求发展史。在数字化浪潮下,美团为整个行业提供的数字化基础设施,将成为生活服务业数字化生态繁荣与发展的重要推手。美团与利益相关方关系的升级与革新,将为其商业价值和社会价值创造更为广阔的空间。

毕竟,当企业对自己和利益相关方、生态圈、社会的关系有了全新认识之后,企业的内在驱动力就会被重新焕发,鞭策企业坚持长期主义,通过商业效能和资源链接,反哺行业,推动社会发展,创造生生不息的价值生态。由此,在企业采取主动行动创建美好社会的同时,企业自身也会获得永续发展的动力。

(四) 未来

在互联网时代,公司正被重新定义。

传统公司的核心竞争力离不开技术能力,互联网服务平台的核心竞争力离不开关系能力,即连接和服务所有利益相关方的能力。

在这个新时代,商业与社会的交织、融合、共存、共荣,超越了以往的任何时代,进入一种"商业—社会"的可持续生态之中。平台型企业要重新思考自身在生态中的责任、使命与价值,并自始至终将利益相关方的命运置于战略视野之内,而不是之外。

当一个平台有这样的认知并付诸实践的时候,它实际上就为自身打开了新的天空,利他主义的天空,长期主义的天空,合作性经济的天空。

《道德经》说："天下之至柔，驰骋天下之至坚。"

美团今天的不可替代，是市场占有、实体网络、智能网络等，美团未来的不可替代，应该是构建一个由伟大使命驱动的服务业数字化生态圈。

一切都刚刚开始。

三 液态社会的"流动正义"

公共卫生学认为，人口的流动和疾病的流行传播密切相关。改革开放以来，中国开始了史无前例的人口流动，这为中国经济腾飞奠定了坚实基础。然而，新冠肺炎病毒疫情让整个中国社会的流动戛然而止。在抗击病毒的战役中，"逆行者"一次次地进入民众的视听，这些人不顾风险地用自己的坚守和辛勤劳动保障着城市的正常运转，"外卖小哥"就是这个群体中的典型代表。

（一）流动时代的链接特性

全球化与信息时代的到来，资本、人口、物品、信息加速流动。流动从有限区域的有限个体发展到跨区域的链接式的多个体，既带来物流业的爆炸式发展，也引发大量混乱和脆弱性。社会学家鲍曼认为，当今社会最重要的特质就是"液态"。以前强调固态静止的空间占据，现在是流动轻盈的链接至上；旧有资本主义的大工厂式、持久耐用的商品被摒弃，现在创造利润的是轻薄短小、可高速流动的商品及服务。以现代物流业为代表的游牧式精英掌控了固定人群，掌握移动方式取代据地为王，成为新的权力工具。外卖员在疫情期间的迅速增长说明了在快速变化的全球化社会，个体从长久稳定的共同体中解放出来，社会地位不断流动，具有多重身份快速切换的流动特性。

现代社会时间与空间从生活实践中分离并且互不依赖的"时空政治"将流动作为液态社会公民的必要素养，流动成为日常生活，其合法性已经不容置疑。突发疫情所带来的社会停滞引起了民众极大的不适,外卖小哥的行动凸显出替代流动的正义性。

(二)"生存正义":失联状态下的自我存续

此次疫情的最大影响莫过于突然中断了"经济流动",这无疑会对万千家庭的经济收入和生活带来巨大的挑战。就像人类学家项飙针对此次疫情所说的,COVID-19(新冠病毒肺炎)的流行所引起的是"网格反应"(grid reactions)。居住区、片区、城区,甚至整个省区,都充当起网格的角色,将地毯式的监视强加于所有居民,使流动最小化,把他们隔离起来。

隔离中劳动力被困在有限的空间中,如何在疫情下谋生成为他们的当务之急。美团发布数据,从2020年1月20日到2020年4月9日,平台上新注册且已有收入的新增骑手达58.2万人。调研显示,新增骑手中六成以上是来自生活服务业和制造业的转移劳动力。近六成骑手选择本省就业,"守家待地"成为疫情期间多数人的就业选择。外卖成为疫情时期就业蓄水池,无论是不能返工的工厂工人,还是岌岌可危的销售服务行业员工都纷纷加入外卖员队伍,利用其流动性强、工作时间弹性的工作特性维持生计,增加收入。他们游走于"网格"的边缘,利用流动的优势获取收益,避免个人和家庭因疫情带来的社会停摆而陷入困境。

陕西宝鸡的贾鹏飞曾是在上海打拼的"80后"按摩技师。由于疫情,按摩店关张,作为4岁孩子的父亲,他决定留在宝鸡当美团骑手。小贾说,如果能有不错的收入,又能留在宝鸡照顾家人,他也会考虑长期做下去。

在访谈中类似小贾这种在疫情期间转行做外卖员的不在少数。随着经济复苏,不少平台将扩大岗位,进一步吸纳社会就业。京东宣布采取灵活多样的用工形式,面向全社会提供超过3.5万人的就业岗位;顺丰同城急送宣布向全国开放3万个岗位。布迪厄曾说:"不可靠性、不稳定性和敏感性是现代生活状况的最为充分扩展的(也是最被痛苦感觉到的)特征。"此次疫情就是不可靠性的一种展演形式,而这种不确定性是不可抗拒的、不可预知的。由于不存在长期的安全可靠性,"灵活多变""立即满足"这一极具液态特性的生存策略看起来就像是一个更加诱人的合理选择。无论未来可能会有什么好结果,多数人都会选择让好结果立即呈现。毕竟为明天付出的劳动和努力,即便算作财产,也没有人知道自己是否能够持续到得到回报的那一刻。面对突发状况,果断转行投身外卖行业,获得即时性收入成为大部分人的选择。"现在"成为特殊时期个体和家庭生活策略的关键所在,是一种不稳定状态下的自我存续。

(三)"流动正义":失联状态下的社会存续

"共同体"在鲍曼的液态社会中是一个尤为重要的概念,液态社会的个体性本质并不否认共同体的重要性。而液态社会理论中所要着力讨论的共同体和我们以往所讨论的用来界定其存在的共同的历史、共同的习俗、共同的语言和共同的文化教育不同,前者更加看重其灵巧轻便、多态建构的特性。液态社会的"共同体"更加强调通过努力实现和获得团结与认同。它本质上是一种共和主义模式的团结,是一种从事自我认同努力的行动者共同实现和获得的必然发生的团结,是一种作为共同生活和经历的结果而不是作为先天给定的条件的团结,是一种通过协商与调和差异而达成的团结。[1]

疫情期间身负流动正义的"外卖小哥"被公众舆论推向高点。日前,美国《时代周刊》发布抗疫群像,美团外卖骑手高治晓作为唯一的华人面孔登上封面。正是高治晓们游走于空荡的街头,用一单单外卖连接起了被区隔的空间和人们,让被隔离的人们渐渐感到生活可以继续,疫情拐点将至。外卖小哥既连接着丰富的美食与渴望的胃,也连接着被打断的生活与正常的往昔时光。正是每位外卖小哥的努力和付出才让社会在非稳定时期有存续的可能。这是一种行动者各自努力而达成的群体优化,是一种基于共同经历而进化出的有机团结,是外卖小哥自我保护的行为,更是"外卖小哥"为群体正名的策略性期

---

[1] [英]齐格蒙特·鲍曼:《流动的现代性》,欧阳景根译,中国人民大学出版社2018年版。

待。他们都认为互相属于对方，并且一起分享"外卖小哥"这个名称，因为他们共属一个"共同体"。这种表达着追求个体相似性渴望的"我们"的情感，是液态社会的个体避免将自己投入固态群体中的必要方法。自我生长的顽强力量推动了这个群体在国家层面的被接纳和认可。3月9日，来自中通快递北京厂洼路网点的李杰参加了国务院联防联控机制发布会，介绍一线快递员的工作情况。2月25日，人社部、市场监管总局和国家统计局正式发布"网约配送员"等16个新职业信息。这意味着外卖小哥有了官方名称，正式进入《国家职业大典》。

疫情期间"外卖小哥"的现象级涌现，是社会有机体在不稳定状态下的自我存续方式，同时也是社群在不稳定状态下寻求安全自保的本能反应。有了这个群体的付出和努力，才有了整个社会有机体在非正常时期的存续和相对稳定，这是最值得称颂和敬畏的"正义"。这里的正义既包含从个体和家庭层面的经济自足，也包含从社会共同体角度理解的"安全阀"意义。现代的不确定性风险日益成为常态，人类为了寻求确定性、安全性和稳定性的努力也无时无刻不在进行着。在这个隐形的战场上，共同体承担了最后的防御基地的功能。当社会出现波动时，人们对它们的依赖就开始显现。外卖小哥只是疫情中无数个共同体中的代表，那些战斗在抗疫一线的医务人员、志愿者等群体都发挥着重要作用。"群"的力量让我们看到中国社会中被搁置已久但绝未消亡的文化基因，条块的网格提高了社会风险发生时的管理效率，但也可能存在巨大的治理隐患。网格化的空间区隔会抑制流动，特别是经济流动，这对中国经济造成了重大影响。中国经济呈现出全面链接的经济形态，一旦出现网格化的抑制流动现象，恐怕所有的经济主体都会受到伤害，尤其是那些更加依赖流动性的行业。而且在中国当下的经济结构中，个体经济所占比重依然巨大，这会给其家庭生计带来灾难性的后果。

疫情的话题是沉重的，但在沉重的话题里我们看到代表着新时代特性的"外卖小哥"逆风而行的勇气和担当。他们的流动为停滞的城市带来生机，为这个未知但充满希望的时代做了最好的代言。他们的正义之举给城市这个生病的有机体注入了一针强心剂，并呼唤它们重新焕发出活力。他们的行动感动了所有人，我们也期待着疫情过后的民众会对这个群体有更多的理解和尊重。

四　武汉团战：医生闯烽火，我们送粮草

经此一役，杨静、华浩、李大双、曹新志、胡启等人都明白了一个道理：这是一场"团战"，那些拯救人们于危难中的英雄，也需要被守护。他们背后的支撑，是城市新基础设施在疫情的特殊时期所展现出的社会责任与担当。

驰援武汉的护士长李岩有两次刻骨铭心的记忆。

第一次是因为一款黄色防护服。李岩身高不到一米六，却分到了L号。她很快感受到濒死般的窒息，心跳急速加快，无法吸入空气。李岩迅速扑向窗口，把防护服"使劲往下抻"，露出了口罩。空气重新进入肺部，李岩不敢再让过大的防护服掩住口鼻。

第二次是在一位女病患出院时。她寡言少语，在向李岩表达谢意时，才透露了家庭情况：她的父母均因感染新冠病毒肺炎去世，她的爱人也在另一所医院接受治疗，孩子不得不暂时寄养在别处。"特别特别感谢你们给了我新生，我一定好好活下去。我不知道我爱人会怎样，但我一定会为了孩子，好好活着。"女患者说。李岩落下泪来。

李岩支援的是武汉市第七医院，该院被指定为发热患者定点诊疗医院。

武汉的新冠病毒肺炎疫情，让人们看到了一线医护人员的努力，在政府之外，大量企业在后方支援，尤其是互联网行业在"战疫"中发挥着越来越重要的作用。

据中国社会科学院钟宏武研究员研究团队统计，截至2020年2月17日，共有3413家企业为抗疫捐赠100万元以上，累计捐赠276.9亿元，相当于2019年上半年武汉市GDP的3.7%，其中平均每家企业捐赠约811万元。

基金、物资、资金都是企业传统的捐赠方式。此外，随着移动互联网和本地服务业的兴起，以美团、滴滴出行等公司为代表的"城市新基础设施"，在封城之下的武汉，发挥了重要作用。

美团作为连接线上线下的本地生活服务平台，通过"捐服务"的方式，发挥平台优势。以帮助医护人员为核心，解决医护人员就餐、出行等难题，为医疗机构开通"绿色服务通道"配送食材等。同时，为了保障武汉市民的日常生鲜、生活必需品的购买，美团骑手成为这座城市的"逆行者"，美团买菜业务保障了市民对生鲜食材的需求，而免费的心理咨询服务缓解了武汉市民的焦虑。美团一系列举措，均是围绕解决武汉当下的"痛点"实施的。

除水电煤之外，"本地生活服务"这一新城市基础设施的高效运转，离不开其背后数以千计的一线人员，是乐观、勇气和奉献精神以及使命感驱动着他们。

（一）"护医"行动

在武汉，医护人员忙得连难过的时间都没有。

武汉市第七医院第一病区主任付学东对媒体表示，所有医护人员都夜以继日地工作着，一日三餐无法正常食用。在李岩所在的河北省援鄂抗疫医疗队抵达之前，武汉市第七医院的医护人员轮值压力达到峰值，"从排班上就能看出他们有多累"。

即便是现在，每个护士也要看护 6—8 个病人，其中多为重症病患，"我们既是护士，又是家属，还是护工和保洁员"。面对患有腹泻的病患，李岩等护士一天要为他们擦洗 5 次。

医护人员每天至少工作 8 小时，吃饭、休息时间是 1 个小时，除去穿脱防护服的时间，休息时间所剩无几。"大家可能就利用这一时间到休息室里喝杯水。"李岩说，都不敢多喝，但一定得喝一口，因为穿着防护服说话基本靠"吼"，很费嗓子。

和饼干、蛋黄派相比，方便面曾是医护人员唯一的"热餐"。2020 年除夕，武汉医护人员吃方便面的画面刺痛了很多国人的心。

美团人看到了这一场景，随后美团外卖就紧急联合真功夫、豪客来、香他她煲仔饭、老乡鸡等平台上多个商家,为医护人员免费送餐。仅真功夫汉口火车站一家门店,就日供 1000 份餐食,留守员工仅有五六位,人均工作量是平时的四倍。

免费送餐第一天,是大年初三。真功夫门店副经理杨静从早七点到晚七点,和同事准时做出 1000 人次的餐食,自己忙得一整天没时间吃饭。晚上回到家后,她泡了一盒方便面当晚餐。"(绿叶)青菜好贵,要十三块钱一斤。"杨静没舍得买。

比平时更大的出餐量,对货品供应链是巨大的考验。一天,送菜的货车坏在途中,耽误了两天。杨静和员工们把自己工作餐的食材省下来,首先保障医护人员的每日餐食。他们只能把过期的青菜炒着吃,"能省一点是一点",杨静说。

在真功夫等美团平台的爱心商家做好餐食后,美团外卖的骑手会分批将其运到武汉的十余家定点医院。美团送餐司机华浩每天要为汉阳医院和武昌医院送去 200 份餐食,医生们见到华浩齐声说"谢谢!""有饭吃了。"

在非常时期,一些医院不仅缺医疗物资,还会面临生活物资的断供。2020 年 1 月 30 日晚,武汉大学人民医院东院区食堂经理李大双拨打美团快驴的 400 电话求助:"封城了,到处买不到食材,医院食堂后厨里的库存仅够吃两天了,能不能赶快帮帮忙?我们这里需要蔬菜、冻品和米面粮油!"

据李大双介绍,该院每天用餐的医护人员和患者有 2000 人次。随着一月下旬医院收治病人的增加,食材库存迅速告急。

美团快驴连夜为该院调度人、货、车进货,沟通各部门打通障碍。1 月 31 日下午 4 点,武汉大学人民医院东院区订购的 100 多样总重达 1.7 吨的食材货品配送完成。全院的吃饭问题解决了,李大双和美团都松了一口气。

在配送热饭菜的同时,美团还给武汉医护人员免费配送水果和下午茶。配送的外卖小哥曹新志说,他看懂了取餐医生眼神里的感动——因为有泪光闪动。在一次送餐后,一群医生给曹新志鞠了一躬,这可把他急坏了,"我说,千万别这样,这样子就打脸了,你们才是真正辛苦了。"

自 1 月 30 日开始，美团联合百果园，每天为武汉市汉阳医院、中医院汉阳分院等十余个重点医院和各地支援医疗队，免费赠送超过 600 份水果。

"在水果的选择中，我们第一想到的是营养、安全、方便和好吃，我们选择的水果主要有车厘子、沙糖橘、进口香蕉等，既方便医护人员食用又有营养保障。"百果园三方渠道管理部经理匡士婷说。

曹新志对医护工作强度的理解，源自他用私家车接送护士长上下班时所看到的真实状态，"整个人特别憔悴，这是其一。其二，天气这么冷，我看她们衣服都湿透了，脸上全是汗水，帽子都湿透了。她们面对着死亡，精神高度紧张。"

截至 3 月 27 日，美团医护紧急专供餐项目，已联合真功夫、探鱼、喜茶、百果园等多家品牌商家，为武汉市定点发热门诊医院以及上海、广东、空军军医大、河南等支援湖北医疗团，累计送出餐品、茶饮、水果 9.36 万份。

全国驰援武汉的医疗队越来越多，而城内公共交通全面停运，医护人员如何便利出行成为新的难题。一般而言，武汉当地医院会安排支援团队入驻附近酒店。以金银潭医院为例。安排入驻的酒店距离医院近 2 公里，步行需 20—30 分钟，使用共享单车是个省时省力的办法，但医护人员发现"外地手机号扫描无法开锁"。

1 月 29 日，有医生在朋友圈发出求助信息。当时武汉金银潭医院周边只有 10 辆单车，但需求量预计在 120 辆左右。美团得知后，不到 24 小时完成单车调度，并向多家单位发放了 10052 张免费月卡。两天后，30 万辆美团单车又宣布在湖北地区免费使用。"我们虽然不能像医护人员一样在一线救人，但也要做些力所能及的事情。"美团单车的调度师傅胡启是武汉人，除了保证医护人员有车用外，还每天对车把、坐垫、刹车、铃铛、坐垫调节器等全车的每个部位进行彻底消毒。

美团大数据显示，在武汉"封城"以后，单车用户平均骑行距离为 1.7 公里，较之前增加 60%，平均骑行时长约 19 分钟，较平时翻倍,这在一定程度上说明了武汉的医护和防疫人员正在使用单车进行更长距离的通勤。此外,在湖北骑行的外地用户平均占比增加近一倍。其中不少人为外地援鄂的一线防疫人员。

为了向白衣战士表达敬意,美团公益慈善基金会捐赠2亿元设立全国医护人员支持关怀专项。截至4月14日,美团公益慈善基金会已完成对国内18个省市区18234名援鄂医疗队医护人员的捐赠,拨付慰问金9331万元。

经此一役,杨静、华浩、李大双、曹新志、胡启等人都明白了一个道理:这是一场"团战",那些拯救人们于危难中的英雄,也需要被守护。在他们的背后是美团作为城市新基础设施在疫情的特殊时期所展现的社会责任与担当。

(二)满足"刚需"

在这场前所未有的疫情面前,有500万人离开了风暴中心武汉,也有一个人不顾一切返回了武汉。

1996年出生的李丰杰本来已经回湖北孝感过春节,但在家看到武汉疫情新闻的他坐立难安,"各地的人都来支援武汉。我觉得这件事跟我有关系,我不应该继续呆在家里。"李丰杰是美团外卖武汉一个站点的骑士长,他想回武汉,与队友一起为武汉人送一份热呼呼的饭。

当时湖北通行道路关闭,火车、客车均已停运。李丰杰陪家人过完年,初一早上7点,在吃过早餐后他就开始徒步向武汉进发,身上只带了手机和一瓶水。从天亮一直走到天黑,他没有停下休息。在进入武汉时,设卡的人告诉他"进了武汉就不能出来了",李丰杰没有犹豫。他最终花了近12个小时,步行50公里,抵达武汉配送一线。

新年里,穿梭在武汉的美团骑手们开始接到越来越多"奇怪"的订单。有一单写着:"妈妈做的饭,给爸爸送去,我爸爸是前线医生,谢谢小哥了。"接单的美团骑手老计泪目了,把这个故事发到微博上,获得近千人点赞。

买药、买体温计、买口罩、买酒精、买菜等,老计接到的用户订单上的需求都是最紧俏的物资，但他总是尽力满足。武汉街头的酒精和84消毒液基本都断货了。遇到有药店用良心价限量卖口罩，他就排队买两包。发现在少数药店还能买到体温计，老计本来想全买光，分给顾客，但一转念，只买了四个。

地方跑得多了，他熟悉各种生活必需品的情况，同时在微博上实时更新武汉周围药店口罩、消毒水、药品和蔬菜的情况。他每天在城市里的所见所闻都成了"刚需"——人们需要知道武汉怎样了，在家隔离的武汉人也需要知道外面是什么样。

耿直的老计就在微博上用图片记录所看到的一切、用文字写下真实的故事，有笑有泪、有苦有乐，在他名为@计六一六的微博里，大家看到，武汉不是一座空城，每户房、每扇窗背后都有人。老计的粉丝很快从40个涨到6万个。有人给他加油，有人叮嘱他小心，有人给他送口罩，有人留言求助——武汉封城第十天，老计收到武汉女孩小青的私信，她怀疑自己被感染了，每天以泪洗面，不敢跟父母说，于是在家自我隔离的她请求老计帮忙买药。

老计不仅很快给她送去了药，还把微博网友的温暖留言发给小青，颇有治愈力。

心理咨询师分析小青的状况源自焦虑和恐慌。这些恐惧会带来明显的病理症状，"陡然的心悸、手抖，不能呼吸等比较严重的状态；或者我发烧、嗓子痛，开始担心会不会真的得病，得病了我能否被救治，现在有没有足够的床位，或者说我要不要去医院等……"心理咨询师唐琼分析并模拟了患者心理，小青的恐慌并不是个例，武汉人正承受着较大的心理压力。

唐琼是"幸福谋方"的全职咨询师，虽然面对面沟通效果更好，但疫情这一现实不允许这么做。而互联网的优势在于不受地域限制，能帮助更多需要的人。2020年1月27日，美团联合幸福谋方、壹点灵、北京怡然心语等多家机构发起的免费在线心理援助行动上线。一大半求助者都属于应激性焦虑障碍，主要体现在市民和医护人员的家属身上。

唐琼建议民众试着让生活变得有序、有意义，不要把精力过度集中于不确定性上。"因为我们对当下最有帮助的，就是把自己的日子过好。"咨询师孔焕云提醒人们"保持好心态非常重要"，因为负面情绪会增大压力，降低人体免疫力。

老计送完单后，笃定地告诉小青："你会好的、天会好的、武汉也会好的。"

林宇的父母不这么认为，他们认为武汉太危险了，让儿子赶紧回来。林宇没听父母的，"如果我走了，这些人的生活都没法维持了。"他是美团买菜三原中央公园站门店的留守员工，他口中的"这些人"指的是站点附近三四个社区的数万名普通住户。

因为站点主要提供生鲜菜品，很快吸引了社区"叔叔阿姨"一大批忠实客户。美团承诺疫情期间不断供，"顾客阿姨"毫不吝啬地向林宇表达感激之情。在武汉，美团买菜20多个站点全部有人坚守，哪怕路上出现各种封堵，也会竭力保证武汉居民吃上蔬菜水果。

由于人手紧缺，美团买菜华中仓储服务中心的徐浩，年初二就紧急回到武汉，他每天待在仓库里，晚上睡在车里，平时就吃饺子、泡面、八宝粥等。

美团买菜汉口棉花站的刘迪兰也是天天饺子、面条。"现在青菜很紧缺，基本上顾客抢菜的时候，我们正在骑车去店里的路上；等店里忙得差不多时，菜也基本卖没了。"留守武汉保证蔬菜供应的员工，自己却吃不上一口新鲜蔬菜。

（三）有温度的城市新基础设施

每个人的生活都在这段时间经历着巨大变化——就像突然停电后启用备用电源的状态，所有的需求都被较低限度地维持着。这些变化是暂时的，更多温润而长久的改变发生在细微处：老计能分辨出以前顾客的"谢谢"与如今"谢谢"的区别，前者是顾客本身的修养，后者是发自内心的真实感激和对生活的感恩。

李丰杰以前认为人们瞧不起快递员，现在他发现大家称呼他们为维系城市呼吸的"摆渡人"。

美团研究院数据显示，从 1 月 23 日至 3 月 30 日，武汉人在美团产生了 396 万个订单。武汉人不仅给了骑手 3.6 万次打赏、21.7 万次感谢，还有各种防疫物资、生活物资的"投喂"，关怀、夸奖、致敬等互动行为激增。八成武汉骑手认为职业尊严得以提升。

无数只言片语的感谢，汇总成为骑手坚守的理由，也给了他们前行的勇气。紧缺的防护物资和消毒用品，让骑手成为帮用户跑 10 余家药店买物资的超人，让他们在定点收治医院卸货时忘记了害怕，让他们成为这个城市不可或缺的人，公司的专业与理性承托住了员工的满腔道义和热血行为。

在疫情风暴之下，以美团为代表的本地生活服务平台，正在成为具有准公共产品属性的基础设施，有人称之为"城市新基础设施"。它有效地改善了公众的生活品质，践行了美团"帮大家吃得更好，生活得更好"的使命。

在非常态时期，美团通过提供基础民生保障，将业务生态链上的紧密利益相关者拉入新基础设施时代，为本地生活用户提供了不可替代的社会价值。

西方学者研究发现，城市社区生活空间质量在很大程度上是由社区服务设施决定的。本地生活服务如果不能做到社会责任先行，那么终会被城市社区所摒弃。

当他们表现出真心、正义、无畏和同情时，再麻木的人也会有感知，再漫长的冬夜也能够熬过。"外卖老哥"老计的总结是，送什么都不重要，外卖员的存在是种安慰。

一位美团买菜的武汉员工谈及选择时表示："都害怕，我也害怕，但是总要有人往前面走一步。"一个人往前是孤胆英雄，一群人一起往前，就是"生活在继续"。

五　互联网企业如何履行社会责任

近 20 年来，随着互联网的兴起，互联网企业迅猛发展，一系列数字基础设施已渗透到人们工作生活的方方面面，改变了人们的生活方式，提高了人们的生活质量，有效促进了社会经济的进步和发展。2020年1月，新冠病毒肺炎疫情暴发后，以腾讯、美团等为代表的互联网企业发挥自身优势，在抗击疫情中发挥了重要而积极的作用，成为城市新基建。

在物资捐赠方面，腾讯、美团、百度、字节跳动、快手、拼多多等66家互联网企业通过直接捐款捐物、设立抗疫专项基金等方式，为疫情防控提供了总价值约37.7亿元的支持。在信息传播方面，丁香医生、字节跳动、腾讯、抖音、快手等在旗下APP产品上开设防疫专区，及时传递疫情最新进展，普及防疫权威知识。在心理援助方面，美团联合心理咨询机构，为奋战在湖北省一线的医护人员、确诊病人、被隔离观察患者及其家属免费提供心理倾诉、心理咨询援助服务。在保障民生方面，美团、京东、拼多多等各大电商/物流平台，高效配置资源，保障医护人员及普通百姓的一日三餐。其中美团率先推出无接触式配送服务，最大限度地努力保护用户和骑手的健康安全。疫情当前，运力十分紧张，美团无人配送中心联合美团买菜北京顺义站点，使用无人车，重点面向封闭社区进行配送。这也是美团无人配送车在室内、园区真实订单落地后，首次在公共道路上进行实际订单的配送。在复工复产复学方面，钉钉APP、腾讯教育、美团大学、飞书、中国电子兰信移动等平台，为线上办公、停工不停学等提供技术保障和服务支持。在社区管理方面，腾讯、苏州科达、新世纪物联科技等公司开发出电子出入证，门岗扫码放行，体温记录等社区通行方案，实时进行身份识别及预警记录上报，在疫情期间强化社区数字化管理。在科技赋能方面，腾讯、百度等企业积极贡献技术能力，为社区管理、药品研发、疫苗研制贡献力量。

区别于传统企业，互联网企业在公共危机事件中履行社会责任的方式具有鲜明的行业特色，主要归结为三点：

一是具有平台影响力，是推进平台企业履责的领导者。

互联网企业尤其是互联网平台企业，在履行社会责任过程中更注重发挥自身的平台影响力。一方面，以平台企业为核心，带动平台企业共同履责，形成辐射效应。以美团为例，从疫情发生到 3 月 27 日，美团联合真功夫、探鱼、喜茶、百果园等多家品牌商家，为武汉市定点发热门诊医院以及上海、广东、空军军医大、河南支援医疗团等，累计送出餐品、茶饮、水果 9.36 万份。2 月 8 日元宵佳节，中国乒乓球队还委托美团外卖小哥，为武汉汉阳医院等三家医院的医护人员送上 2900 份工作餐和元宵，表达鼓励和爱心。美团公益平台调动技术资源，为多家公益慈善组织开辟筹款通道，筹集善款超过 435 万元。另一方面，平台企业主动承担中小企业帮扶责任，大手拉小手，对平台成员的履责行为给予激励性支持。美团启动七项商户帮扶举措，包括启动 3.5 亿元专项扶持资金支持全国商户恢复经营，美团外卖减免武汉地区餐饮商户的外卖佣金 1 个月，美团生意贷为本地生活商户提供不少于 100 亿元额度规模的优惠利率贷款，美团大学推出"商家加油"计划，免费提供 2500 多门线上课程，帮助行业尽可能恢复生产。疫情期间，美团外卖启动了"春风行动"，推出每月 5 亿元流量红包、4 亿元商户补贴，针对受疫情影响较大的优质商户，按不低于 3%—5% 的比例返还外卖佣金，覆盖全国商户数量超过 60 万家，对于武汉商家在 2—3 月全面免除佣金直至封城结束。相比疫前，有七成商户外卖单量已恢复 60% 以上，还有三成实现反超。以广东为例。目前返佣和活动补贴累计金额已超过 1 亿元，经平台帮扶及商户自救，广深两地餐饮外卖商家订单恢复近九成，超五成商家订单超过疫前。美团外卖 2020 年的首要任务，是通过平台切实帮扶 300 万餐饮商户通过外卖生存下来，并活得更好。美团还将在全国不断推出商户扶持政策，继续开展佣金返还计划，帮助商户充分利用线上营销、外卖服务，尽快恢复经营，帮助中小企业渡过难关。

二是具有社会企业属性，核心业务成为城市新基建，是推动社会进步的领航者。

区别于传统企业，互联网企业的业务渗透到社会的方方面面，能承担起部分民生保障功能和城市新基建的角色。互联网企业能更多地将民生所需与业务相结合，在捐钱捐物之外，捐业务能力、捐民生服务，实现业务增长与慈善公益双赢的局面。2006 年诺贝尔和平奖获得者、孟加拉格莱珉银行创始人尤努斯提出"社会企业"的概念,强调"传统慈善方式不具备造血功能,社会企业创新性、可持续性更强"。社会企业更善于利用自身业务优势,用商业手段切实解决社会热点问题,推动社会进步。以美团为例,早在2017年,美团点评在完成新一轮40亿美元融资时就宣布"建设更加开放合作、与全社会协调发展的社会企业",其创始人王兴在第六届世界互联网大会上提出"社会的需要就是企业的机会",提倡将公司的战略布局甚至核心业务,与行业发展以及社会福祉结合在一起。在此次疫情抗击战中,美团充分发挥业务优势,在保障民生、助力社会秩序恢复方面做出重要贡献。美团外卖为武汉医护人员免费配送餐品,并率先在武汉试点"无接触配送"服务,美团单车在全国免费发放230万张免费骑行卡,在湖北调运超过30万辆单车,累计免收骑行费用超200万单,解决因武汉公交停运、机动车限行所带来的医务人员通勤问题。美团大数据显示,疫情期间武汉骑行单次时长和距离,都较以往提高了60%以上。美团买菜最大限度地维持着武汉22家站点的正常运营,保障防疫一线的食材供应。快驴进货为全国34家医疗机构、防疫部门开通"绿色服务通道",为医疗部门提供安全放心的新鲜食材,专人对接、优先配送。疫情期间,当城市被按下暂停键,美团提供的这些服务成为城市新基建,为公众送上新鲜蔬菜、必备药品、可口饭菜,更连接了一个个"孤岛"生态,为大家带去温暖和希望。

三是参与社会治理,是政府有效应对公共危机的协同者。

2019年底,党的十九届四中全会通过了《中共中央关于坚持和完善中国特色社会主义制度、推进国家治理体系和治理能力现代化若干重大问题的决定》(以下简称《决定》),对坚持和完善共建共治共享的社会治理制度做了全面、系统、深刻的阐述。《决定》指出,要建设人人有责、人人尽责、人人享有的社会治理共同体,确保人民安居乐业、社会安定有序,建设更高水平的平安中国。

在互联网时代,网络的快速发展为政府应对公共危机营造了特殊的新环境,也给政府的危机治理提出了更高的要求和挑战。政府应对公共危机遵循4R原则——缩减(Reduction)、预备(Readiness)、反应（Response）、恢复（Recovery），对应本次疫情来看，即迅速降低疫情的影响、防范疫情进一步扩散、迅速响应采取措施、疫情结束后恢复社会秩序。互联网企业具有足够庞大的受众群、足够强大的数据优势、足够灵活的业务优势，在疫情抗击过程中承担了很好的协同治理功能。一方面，互联网企业担当部分"发声人"的角色，实时更新疫情动态、及时发布科普辟谣帖，减少因信息不对称而导致的恐慌情绪；准确提供防护知识，开辟在线问诊的功能专区，缓解就医压力，帮助大众做好防护，降低感染风险。另一方面，互联网企业承担了部分民生保障、秩序恢复的功能。京东持续发挥供应链、物流、技术、服务等方面的优势，全力支持湖北及全国的抗击疫情战役，保障供应；盒马鲜生发起临时"共享员工"，与餐饮企业协同互助保卫"菜篮子"，抱团解决了餐饮企业的发展危机。

2003年，"非典"成为国际关注的突发公共卫生事件，时隔17年，当中国再次面对国际关注的"新冠病毒肺炎"疫情时，因为互联网的发展，应对机制变得更加快速和高效，互联网企业的贡献变得尤其令人瞩目，于政府而言，如何更好地引导互联网企业发挥更大的社会效用；于互联网企业而言，如何调整自身的战略定位，履行好社会责任，参与城市新基建，创造更大的社会价值，都是这次疫情大考留给它们的附加题。

（艾野等）